华杉讲透
资治通鉴 ⑬

通篇大白话，拿起来你就放不下；
古人真智慧，说不定你一看就会。

华杉 著

江苏凤凰文艺出版社

图书在版编目（CIP）数据

华杉讲透《资治通鉴》.13 / 华杉著. -- 南京：江苏凤凰文艺出版社, 2022.3（2022.5重印）
ISBN 978-7-5594-5357-0

Ⅰ.①华… Ⅱ.①华… Ⅲ.①中国历史－古代史－编年体②《资治通鉴》－研究 Ⅳ.①K204.3

中国版本图书馆CIP数据核字(2021)第265617号

华杉讲透《资治通鉴》.13

华　杉　著

责任编辑　丁小卉
特约编辑　阙先婕　禹　琦
封面设计　温海英
责任印制　刘　巍
出版发行　江苏凤凰文艺出版社
　　　　　南京市中央路165号，邮编：210009
网　　址　http://www.jswenyi.com
印　　刷　三河市龙大印装有限公司
开　　本　710毫米×1000毫米　1/16
印　　张　17
字　　数　208千字
版　　次　2022年3月第1版
印　　次　2022年5月第2次印刷
书　　号　ISBN 978-7-5594-5357-0
定　　价　49.80元

江苏凤凰文艺版图书凡印刷、装订错误，可向出版社调换，联系电话：010-87681002。

目　录

编者注：为了保证阅读流畅性，本书目录列出每卷"主要历史事件"和"主要学习点"的页码，方便读者查找，不在内文中另设标题，仅在"主要学习点"处划线提示。

卷第一百零五　晋纪二十七
（公元383年—384年，共2年）/ 001

【主要历史事件】

淝水之战，东晋击退前秦的攻击 / 006
谢安功名既盛，遭小人诋毁，被皇帝疏远 / 013
东晋初开酒禁 / 013
慕容垂自称燕王，建立后燕；东晋大举伐秦 / 018
慕容泓自称济北王，建立西燕 / 021
苻坚逼走姚苌，姚苌自称万年秦王，建立后秦 / 022
西燕肃宗烈文皇帝慕容泓逝世 / 025

【主要学习点】

尽自己的本分，然后听从命运的安排 / 009
成功的关键在于保持不败 / 022
凡事不能"期必" / 023
一切努力都是为了避免最糟糕的结局 / 033

卷第一百零六　晋纪二十八

（公元385年—386年，共2年）/ 035

【主要历史事件】

姚苌在新平杀苻坚 / 044
苻丕在晋阳即帝位 / 045
前秦叛将乞伏国仁自立政权，建立西秦 / 049
拓跋珪即代王位，建立北魏 / 053
后燕王慕容垂即皇帝位 / 053
后秦姚苌在长安即皇帝位 / 057
杨定自称陇西王 / 082

【主要学习点】

不要一味冲杀，要注意保护自己 / 045
即使是部下的忠诚，也需要不断获取 / 045
最大的奢侈品是遇上一个好的时代 / 052

卷第一百零七　晋纪二十九

（公元387年—391年，共5年）/ 065

【主要历史事件】

慕容垂大破温详 / 067
后秦主姚苌将秦州豪杰三万户迁徙到安定 / 069
乞伏国仁降服鲜卑三部落 / 072
乞伏国仁卒，其弟乞伏乾归被推为河南王 / 076
西秦迁都金城 / 077
慕容农上表从龙城边境调回 / 078
北魏王拓跋珪击败高车部落 / 080
后梁吕光自称三河王 / 081
后秦两次袭击前秦辎重地大界 / 081
北魏王拓跋珪消灭匈奴刘卫辰部 / 093

【主要学习点】

领导者要有一以贯之的战略 / 076
祭神是为了崇德报恩，而非求福避祸 / 079
人期望什么，就会排除一切去相信 / 080
好政策能让坏人变好，反之亦然 / 085
喜欢打小报告的人，都是小人 / 085
作战一定要分兵，不能挤在一起 / 088

卷第一百零八　晋纪三十

（公元392年—396年，共5年）／ 095

【主要历史事件】

前秦主苻登立昭仪、陇西人李氏为皇后／097
前秦骠骑将军没弈干率众降于后秦／097
前秦大将窦冲反叛，自称秦王，改年号为元光／103
后秦太祖姚苌去世／104
后秦主姚兴斩首前秦苻登／110
后燕斩获西燕主慕容永／111
会稽王司马道子专权奢纵／113
北魏在参合陂之战大破后燕／116
后燕主慕容垂逝世，太子慕容宝即位／120
司马昌明被妃嫔设计闷死，太子司马德宗即位／125

【主要学习点】

说大话、过干瘾就会埋没正确的意见／099
没有"客观判断"，都是选择有利的／102
趋利未必能得利，避害可能反而受害／105
领导者不能总以消除风险为目标／105
朋友不负责任的"建议"就是添乱／105
拿不准的事情一个字不说／106
学会识别"道理"背后真正的原因／108
我们的"分析"其实只是在自言自语／109
我们一生都在和自己的惰性作斗争／118

卷第一百零九　晋纪三十一
（公元397年，共1年）/ 131

【主要历史事件】

北魏攻破后燕都城中山 / 140
慕容会等劝服慕容宝与北魏作战，并领兵取胜 / 141
慕容会起兵要求太子之位，被慕容详所杀 / 144
凉王吕光误杀沮渠罗仇，沮渠蒙逊起兵反后凉 / 147
王钦讨伐王恭，反落得家破人亡 / 148
北魏军中瘟疫，但北魏王拓跋珪拒绝撤退 / 150

【主要学习点】

"议而不决""决而后议"都是破坏决议 / 137
谁也不能打败谁，失败都是败在内部 / 139
想两次就够了。想得太多，反为所惑 / 141
输掉"谁比谁弱"的比赛，你就赢了 / 147
不要为了惩罚别人而伤害自己 / 148
建立"陌生人伦理" / 153

卷第一百一十　晋纪三十二

（公元398年，共1年）/ 157

【主要历史事件】

慕容德称燕王，史称"南燕" / 159
西秦攻打后凉三城，掳掠一万余人 / 161
慕容宝被杀，兰汗自立政权，改年号为青龙 / 166
慕容盛灭兰氏一族，以长乐王身份摄政 / 169
王恭反晋，被杀 / 174
郗恢一家被杨佺期用计谋所杀 / 178
北魏王拓跋珪即皇帝位，改年号为天兴 / 179

【主要学习点】

历史读多了，就会发现人性非常简单 / 163
所有决策背后都有情绪的参与 / 166
只有你忠于下属，他才会忠于你 / 175

卷第一百一十一　晋纪三十三

（公元399年—400年，共2年）/ 181

【主要历史事件】

北魏王拓跋珪设置五经博士，搜集天下图书 / 185

苻广反叛南燕王慕容德，被斩 / 185

慕容德因出战苻广丢失滑台，退而定都广固 / 186

后燕主慕容盛规定公侯必须立功以自赎 / 188

张衮、封懿等士人不被拓跋珪重用 / 189

武威王秃发乌孤去世，国人立其弟利鹿孤 / 189

会稽被攻陷，王凝之被斩，谢道韫被擒 / 192

刘牢之、刘裕等击退孙恩 / 194

桓玄占领荆州，铲除杨佺期和殷仲堪 / 195

后凉吕光逝世，吕纂杀太子吕绍，即天王位 / 198

后燕国主慕容盛御驾亲征高句丽 / 201

后凉大司马吕弘叛乱，被吕纂击败 / 201

吐谷浑可汗视罴去世，其弟乌纥堤继位 / 203

乞伏乾归投降后秦 / 206

李暠建立西凉国，定都敦煌，建元庚子 / 207

【主要学习点】

行动要经常变化，计谋要不断更新 / 191

作为领导者，不能两头下注 / 197

任何风险都不想承担，就只能承担所有 / 197

精心谋划不如直接行动 / 197

只有绝对明确的归属，才能避免猜疑 / 200

卷第一百一十二　晋纪三十四

（公元401年—402年，共2年）/ 209

【主要历史事件】

秃发利鹿孤称河西王 / 211
吕超杀吕纂，拥吕隆为后凉君主 / 213
沮渠蒙逊设计杀了段业，篡位为北凉皇帝 / 215
后秦大败后凉，吕隆被迫降于后秦，后凉灭亡 / 218
后燕王慕容盛被刺客杀死，慕容熙即天王位 / 219
刘牢之自缢而亡 / 229
秃发利鹿孤死，其弟秃发傉檀继位，建立南凉 / 230
北魏拓跋珪大败后秦姚兴 / 232

【主要学习点】

不抓流程，就会死人 / 213
战乱时期，人口是稀缺资源 / 217

卷第一百一十三　晋纪三十五

（公元403年—404年，共2年）/ 235

【主要历史事件】

南凉王秃发傉檀，与蒙逊共出兵攻吕隆 / 239
刘裕与众人商定，伺机讨伐桓玄 / 240
桓玄逼晋安帝禅位，自称为楚帝 / 243
南凉秃发傉檀畏惧后秦之强，向后秦称臣 / 248
桓玄被杀，刘裕迎司马德宗（晋安帝） 257

【主要学习点】

每个中国人心中都有一个"皇帝梦" / 238
所谓管理，不是管别人，而是管自己 / 251
不要在意形象，要在意行为 / 253
好人不愿意"形象"太好，坏人相反 / 253

卷第一百零五　晋纪二十七

（公元383年—384年，共2年）

烈宗孝武皇帝上之下

太元八年（公元383年）

1 春，正月，前秦骁骑将军吕光从长安出发西征，以鄯善王休密驮、车师前部王弥寘为向导。

2 三月二十八日，晋国大赦。

3 夏，五月，桓冲率众十万讨伐前秦，攻打襄阳；派前将军刘波等攻打沔北诸城；辅国将军杨亮攻蜀，杨亮攻拔五座城池，又进攻涪城；鹰扬将军郭铨攻打武当。

六月，桓冲的别将攻打万岁、筑阳，攻陷。

前秦王苻坚派征南将军、巨鹿公苻睿，冠军将军慕容垂等率步骑兵五万救援襄阳，兖州刺史张崇救援武当，后将军张蚝、步兵校尉姚苌救援涪城。苻睿驻军于新野，慕容垂驻军于邓城。桓冲退屯沔南。

秋，七月，郭铨及冠军将军桓石虔在武当打败张崇，掳掠两千户人家南归。巨鹿公苻睿以慕容垂为前锋，进临沔水。慕容垂夜里命军士每人持十把火炬，系在树枝上，火光照耀数十里。桓冲惧，撤退回上明。张蚝从斜谷南下，杨亮领兵撤退。桓冲表举他哥哥的儿子桓石民兼领襄城太守，戍驻夏口，桓冲要求自己兼领江州刺史。皇帝下诏批准。

4 前秦王苻坚下诏，全国总动员，准备大举入寇，每十个男丁征兵一人；良家子年二十以下，勇敢而有才能的，全部授官为羽林郎。

【华杉讲透】

注意这里的"良家子"，什么样的人是良家子弟呢？是指不在七科谪内者，或非医、巫、商贾、百工之子女。

七科谪又是什么呢？汉武帝颁布七科谪的范围是：吏有罪，亡命，赘婿，贾人，故有市籍，父母有市籍，大父母（祖父母）有市籍。市籍，指秦汉时对市内商人专立户籍。有市籍的商人，要向官府缴纳市租，而且受到种种歧视，如算赋（人口税）、车税负担重于一般居民。汉高祖令有"市籍"的贾人，不得穿丝绸衣服、乘车，对商人"困辱之"，旨在贯彻"重农抑商"的政策。

可见商人在中国历史上的地位有多低，以至形成一种集体潜意识的心理阴影，到今天，对商人最大的赞美还是"你不像一个商人"，做商人跟做贼一样心虚。

5 苻坚下诏说："任命司马昌明（现任晋朝皇帝）为尚书左仆射，谢安为吏部尚书，桓冲为侍中；他们很快就会来上任了，可以先在长安给他们修建宅第。"

良家子应征入伍者有骑兵三万余人，拜秦州主簿金城人赵盛之为少年都统。

当时，朝臣都不赞成苻坚南行，唯独慕容垂、姚苌及良家子劝他去。阳平公苻融对苻坚说："鲜卑、羌虏是我们的仇人，时常盼着天下大变,好借机而起,他们陈述的策划,怎么可以听从呢?至于良家少年,都是富家子弟,不懂军事,只是一些谄谀之言,讨陛下欢心罢了。如今陛下信用这些人,轻举大事,臣担心功既不成,仍有后患,悔之莫及也!"苻坚不听。

八月二日,苻坚派阳平公苻融督张蚝、慕容垂等步骑兵二十五万为前锋;任命兖州刺史姚苌为龙骧将军,督益州、梁州诸军事。苻坚对姚苌说:"当初,朕就是以龙骧将军的身份建立大业,所以未尝轻易将此职授予他人,你要好好勉励自己!"左将军窦冲说:"王者无戏言,此言是不祥之兆!"苻坚默然不语。

慕容楷、慕容绍对慕容垂说:"主上骄矜已甚,叔父建中兴之业,就在此行!"慕容垂说:"对!不和你们,我又和谁一起成此大事呢?"

八月八日,苻坚从长安出发,戎卒六十余万,骑兵二十七万,旗鼓相望,前后绵延一千里。九月,苻坚到了项城,凉州之兵才到咸阳,蜀、汉之兵刚刚开始顺流而下,幽州、冀州之兵到了彭城,东西万里,水陆齐进,运输物资的船只一万艘。阳平公苻融等将兵三十万,先到颍口。

皇帝司马昌明下诏,任命尚书仆射谢石为征虏将军、征讨大都督,任命徐州、兖州二州刺史谢玄为前锋都督,与辅国将军谢琰、西中郎将桓伊等众共八万人拒敌;派龙骧将军胡彬率水军五千救援寿阳。谢琰,是谢安之子。

当时,前秦兵军势盛大,建康震恐。谢玄入京,问计于谢安,谢安态度恬静,回答说:"已经另外下达命令。"既而寂然不语。谢玄不敢再问,于是让张玄再去请示。谢安于是下令准备车驾,出游山中别墅,亲朋毕集,与张玄下围棋,就以那别墅为赌注。谢安棋力平时不如张玄,但是这一天,张玄心中恐惧,一直下到争劫,未能取胜。谢安接着游山玩水,到夜里才回来。桓冲深为担忧京师根本,派精锐三千入援京师。谢安坚决阻拦,说:"朝廷处分已定,兵甲无缺,西方军队应留下驻防。"桓冲对佐吏叹息说:"谢安有庙堂之量,但是不懂将略。如今大敌方至,还游山玩水,以清谈为务,派这些不经事的少年去拒敌,兵力又寡弱,天下事已可知,我们都要被夷狄统治了!"

6 任命琅玡王司马道子为录尚书六条事。

7 冬，十月，前秦阳平公苻融等攻打寿阳；十八日，攻克，俘虏平虏将军徐元喜等。苻融任命参军、河南人郭褒为淮南太守。慕容垂攻拔郧城。胡彬听闻寿阳陷落，退保硖石，苻融继续率军进攻。前秦卫将军梁成等率众五万屯驻于洛涧，在淮河设立栅栏以遏制从东方来的晋军援兵。谢石、谢玄等在离洛涧二十五里的地方扎营，惧怕梁成部队，不敢前进。胡彬粮尽，秘密派使者告诉谢石等人说："如今贼军强盛，我已粮尽，恐怕见不到朝廷大军了！"前秦人截获使者和密信，送到阳平公苻融处。苻融派使者飞驰向前秦王苻坚汇报说："贼兵少，容易擒获，只怕他们跑掉了，应火速增兵！"苻坚于是留大军在项城，自己带轻骑八千，日夜兼程，赶到寿阳与苻融会合。

苻坚派尚书朱序（之前投降前秦的晋将）去说降谢石等人，让朱序告诉他们："强弱异势，不如速降。"朱序私底下对谢石等人说："如果秦兵百万之众全部抵达，确实难以与他们为敌。如今，乘他们各路大军尚未抵达集结，应火速攻击；如果击败其前锋，则可夺他士气，最终可以击破他们。"谢石听闻苻坚在寿阳，非常惧怕，想要按兵不战，跟前秦军对峙，比其锐气，等他自己惰怠。谢琰劝谢石听朱序的意见。

十一月，谢玄派广陵相刘牢之率精兵五千人直奔洛涧，离洛涧还有十里，梁成在洛涧对岸列陈以待。刘牢之直接上前渡水，攻击梁成，大破前秦军，斩梁成及弋阳太守王咏，又分兵截断前秦军撤退的渡口，前秦军步骑崩溃，争赴淮水，士卒死者一万五千人。抓获前秦扬州刺史王显等，缴获全部器械和军事物资。于是谢石等诸军水陆继进。前秦王苻坚与阳平公苻融登寿阳城瞭望，只见晋兵部阵严整，又望见八公山上草木，以为都是晋兵，苻坚回头对苻融说："这也是劲敌啊！怎么说他们很弱呢！"这时候，他怅然若失，脸上开始有惧色。

前秦兵在淝水岸边列阵，晋兵不得渡河。谢玄遣使对阳平公苻融说："君悬军深入，却逼近水边列阵，这是准备打持久，不是要和我速战速决。如果你稍微退一退，让晋兵得以渡河，以决胜负，不亦善乎！"

前秦诸将都说:"我众彼寡,不如在岸边拦住他,让他不能上岸,可以万全。"苻坚说:"我们可以引兵稍微退却,等他们渡河渡到一半,然后我以铁骑冲上去杀他们,没有不胜的!"苻融也以为然,于是指挥部队后退。前秦兵一退,就没法再指挥他们停止,谢玄、谢琰、桓伊等引兵渡水攻击。苻融驰马来回穿梭,想要指挥部队,战马摔倒,为晋兵所杀,前秦兵于是崩溃。谢玄等乘胜追击,一直追到青冈。前秦兵大败,相互踩踏而死者,遍布原野,阻塞河川。逃跑的人听到刮风的声音和鹤的鸣叫,都以为晋兵到了,昼夜不敢停息,草行露宿,加上饥冻,死者达七八成。

当初,前秦兵稍微退却,朱序就在阵地后面大喊:"秦兵败了!"前秦军于是崩溃奔逃。朱序与张天锡、徐元喜都奔还晋国。缴获前秦王苻坚所乘云母车及仪服器械、军资珍宝畜产不可胜计,收复寿阳,抓获前秦淮南太守郭褒。

苻坚被流箭射中,单骑逃到淮北,饿得不行,乡民有人献上一壶泡饭、一盘猪脚,苻坚吃了,赏赐绸缎十匹、棉花十斤。那人拒绝说:"陛下不愿安乐,自取危困。臣为陛下子,陛下为臣父,岂有儿子给父亲东西吃而求回报的呢?"也不回头,扬长而去。苻坚对张夫人说:"我如今还有什么脸面来治理天下呢?"潸然流涕。

【华杉讲透】

这就是历史上著名的淝水之战,我们来分析一下。

先说兵力,前秦兵说起来有九十万大军,但是南北绵延一千里,东西万里,他们不能同时抵达战场,就算抵达了战场,战场也没有那么大的面积展开全部部队。所以,晋军如果提前集结数万部队,在前秦军前锋抵达时迎头痛击,前秦军实际在战场上并没有那么大的兵力优势,因为大部队还没到。这是淝水之战的形势。

所以,前秦兵不能求速战,一定要等军队全部集结,岿然不动,不动如山,在强大的压力下,等晋军出乱子,或者政治上招降瓦解。因为一旦上了战场,任何意外都可能发生。兵法首先不是战法,而是不战之法；首先不是战胜之法，而是不败之法。战国末年，王翦灭楚，就是率领六十万大军，闭营驻扎，坚守不战，等楚军求战不能，开始撤退，王翦才挥师追击。

军队最大的危险，不在于交战，而在于撤退。因为一撤退，士兵就会没有斗志，指挥也有困难，敌人一旦追击，就容易崩溃。

如此倾国大决战，改变战局的往往是一些意外情况。淝水之战，是由三个意外造成的。第一个意外是刘牢之大破梁成，刘牢之有五千人，梁成有五万人，兵力差十倍。梁成先布好阵地，而且在洛涧河岸列阵，刘牢之就这么直接冲过河去把他杀得大败，而且砍下了他的头。这是完全"不科学""不符合兵法"的，大概符合另一条兵法——骄兵必败，梁成轻敌了，他想不到刘牢之敢直接就上。

这个意外一发生，兵法上叫"治气"，晋军士气大振，前秦军士气沮丧，苻坚也开始害怕了。所以才有后面一撤退，朱序大喊"秦兵败了"，前秦兵就一哄而散，争相逃命，根本没有像样的战斗，晋军就是一路"砍瓜切菜"。

第二个意外是苻坚的撤退。为什么要同意退呢？兵半渡可击也，这是符合兵法的，他的计划有道理。但关键还是他急于求成的心态，还有初战失败之后，对马上来一场胜利的"要面子"心理。总之他发出了后退的命令。

决策啊，决策！对于军事行动，最高领袖要避免自己直接做决策，因为最高领袖做决策，往往他的风险偏好会加大，领袖要脸面，而又没有人能问责于他。苻坚最后对张夫人悲叹的，不也是他的脸面吗？如果不是他亲临前线，而由另一位大将决策，他会想到不能出问题，因为出了问题他负不起责任，他会比君王保守得多！

但是，大军后退应该有侧翼埋伏。固然等谢玄渡河渡到一半时，可以扑上去冲杀，但也要假设他能渡过来，那侧翼的埋伏还可以给他拦腰一击。苻坚、苻融二人，都是自己仓促决定，没有深思熟虑，这就有漏洞。

古代没有电子通信工具，后面的军队接到后退命令后感到很惶惑，不知道前方发生了什么，朱序大喊一声，他们就心理崩溃了。

第三个意外是苻融马失前蹄，被斩了。军队没有指挥，就是待宰的羔羊，晋军冲上来，就是虎狼冲进羊群了。羊的数量再多，都是待宰的命。这只能说是天意了。

再说谢安，他那么恬静，是胸有成竹吗？还是"鸵鸟政策"？或者是他不懂军事？都不是，他该做的都做了，把结果交给命运罢了，战胜也好，亡国也好，他都接受结果。他跟谢玄说另有旨意，实际上没有，因为他的牌已经打完了，他再说什么都是瞎指挥。他拒绝桓冲的援兵，因为多那三千人也没用。他就用恬静的态度来稳定军心，大家静候佳音吧！如果等来的是噩耗，那也没办法。从某种程度上说，谢安或许也已经做好了住进长安新居的准备，谁知道他心里在想什么呢？

<u>谋事在人，成事在天。我们能控制的部分很少，我们只是尽自己的本分，然后听从命运的安排。</u>

伟哉谢安！

8 当时，前秦诸军崩溃，唯独慕容垂率领的三万人保持完整，苻坚带一千余骑兵投奔慕容垂。世子慕容宝对慕容垂说："家国倾覆，天命人心皆归于您，只是时运未至，所以深藏不露罢了。如今秦主兵败，委身于我，这是上天借之以恢复燕祚，机不可失，希望您不要意气用事，因为他对您微小的恩惠，而忘记自己的家国社稷之重！"

慕容垂说："你说得对。但是，他一片赤心，把命都交给我，我怎么能这时候谋害他！如果上天要抛弃他，我们何必担心他不灭亡？不如在他危急的时候保护他，以报答他的恩德，再慢慢等待机会！既不辜负我报恩的本心，也可以义取天下。"

奋威将军慕容德说："秦强而吞并燕，秦弱而燕图谋秦，这是报仇雪耻，并非辜负本心；兄长为何得而不取，把自己的数万军队交给别人呢？"

慕容垂说："我当初为太傅（慕容评）所不容，置身无所，逃死于秦，秦主以国士待我，恩礼备至。后来，又被王猛诬陷，无以自明。唯独秦主能证明我的清白，此恩怎么能忘！如果氐人国运必穷，我当怀柔集合关东人心，以恢复先祖基业，关西本来就不是我们的。"

冠军行参军赵秋说："明公当恢复燕祚，这在图谶书上都有预言。如今天时已至，还等什么！如果杀死秦主，占领邺城，鼓行而西，三秦也就不是苻氏所有了！"

慕容垂亲党多劝慕容垂杀苻坚，慕容垂一概不听，将全部兵权缴还苻坚。平南将军慕容暐屯驻郧城，听闻苻坚战败，抛弃部众逃走；到了荥阳，慕容德又劝说慕容暐起兵恢复燕祚，慕容暐也不听。

【华杉讲透】

伟哉慕容垂！这就是孟子说的浩然之气，就是集义，就是孟子的话："行一不义，杀一无罪，而得天下，仁者不为也。"不管多大利益，哪怕是得天下当皇帝的利益，但要我行一不义之事，杀一无辜之人去得到，我也不做。

什么是义？义者，宜也，该怎样就怎样。什么是"该"？"该"就是是非善恶，致良知，凭着大是大非的标准去做，勇往直前。

什么是"集义"？"集义"就像集邮，一件一件地去做，每件事都合乎义，没有任何选择性，绝不随机应变，而是坚持原则，始终不变。他已经落到我手里，一刀杀了他，我就能当皇帝，但是，杀他不义，我就绝对不会做，而且毫不动心，为什么呢？因为杀了他，我就不能安心，自己的心都不能安，要天下来做什么？这也是孟子的话："学问之道无他，求其放心而已。"就是把自己放失的心找回来。而慕容垂，无论在燕国还是在秦国，始终如一。心在胸腔里，自己把定，就有浩然之气，充塞四体，连通天地，仿佛全宇宙的能量都与我相通，活在他人想象之外！

止、定、静、安、虑、得，止于至善，志有定向，心静而不受诱惑，随遇而安，深谋远虑，得其所止，慕容垂要的是兴复燕国，而不是征服前秦。

伟哉慕容垂！这也是孟子说的，"圣之时者"，无可无不可，取天下也可，不取天下也可，绝不势在必得，也不机关算尽，只顺着自己的良知，守住自己的原则，居仁行义。

孔子说，自己四十而不惑，孟子说，自己四十而不动心。淝水之战，两大伟人，慕容垂能在巨大的诱惑面前不动心，谢安能在巨大的危险面前不动心，这是真正的强者！读史至此，心醉神驰，切己体察，慕容垂的不动心，我能做到；谢安的不动心，我做不到。君子以多识前言往行，以畜其德，此畜德之时也！

9 谢安得驿书，知前秦兵已败，当时正与客人下围棋，把信装好，放在坐垫上，了无喜色，继续下棋。客人问他信上说什么，徐徐回答："小儿辈遂已破贼。"下完棋，回到内室，过门槛的时候，木屐底下的木齿在门槛上撞断了他都不知道。

十一月二日，谢石等回到建康，俘虏了前秦乐工，能演奏以前的音乐，于是皇家宗庙，才开始齐备金石之乐。

十一月十日，任命张天锡为散骑常侍，朱序为琅琊内史。

10 前秦王苻坚收集离散士兵，到了洛阳，部众恢复到十余万，补充了文武百官、仪仗器物，军容又粗略恢复旧观。

11 慕容农对慕容垂说："您在别人危险的时候，不落井下石，义声足以感动天地。我听闻预言书上说：'燕复兴当在河阳。'摘取果实，在它还没成熟的时候，与它自己从树枝上掉落的时候相比，相差不过十来天，但是其难易程度和滋味的美恶，相去甚远！"慕容垂心中同意他的话，到了渑池，对苻坚说："北方边鄙之民，听闻王师不利，相互煽动，臣请奉诏书前往，以稳定局势，安抚人心，并顺路拜谒我祖先陵庙。"苻坚同意。

权翼进谏说："国家军队刚刚失败，四方皆有离心，应该征召名将，把他们全部集中到京师，以固根本，镇枝叶。慕容垂勇略过人，又世代为东方豪强，当初不过是因为避祸而来，他的野心岂是一个冠军将军能满足的？养这种人，就譬如养鹰，饿了它就依附于人，而每闻风飙之起，常有凌霄之志，正应该拴紧它的锁链，岂可解开放纵，任其所欲呢！"

苻坚说："你说得对。但是朕已经许诺他了，匹夫犹不食言，何况万乘之君呢？如果天命有废兴，那也不是谁的智慧勇力所能改变的。"

权翼说："陛下重小信而轻社稷，臣见其往而不返，关东之乱，就从这开始了。"

苻坚不听，派将军李蛮、闵亮、尹国率众三千护送慕容垂。又派骁骑将军石越率精卒三千人戍卫邺城，骠骑将军张蚝率羽林军五千人戍卫并州，镇军将军毛当率众四千人戍卫洛阳。权翼秘密派遣壮士埋伏于河桥南空仓中，准备刺杀慕容垂，慕容垂疑心，从凉马台结草筏渡河，派典军程同穿着自己的衣服，骑着自己的马，与童仆走河桥。伏兵发动，程同驰马狂奔，得以逃脱。

【华杉讲透】

慕容垂是义，苻坚这就不是义了，为什么呢？责任不同。苻坚身负天下之重任，权翼所说的，把猛将和军队都集中到京师，先固根本，以镇枝叶，是明明白白的战略，怎么能放虎归山呢？这里有两个问题。

第一，君王直接行使权力的弊端，因为慕容垂突然提出来，仓促之间，苻坚考虑不周，容易作出轻率的许诺。如果事先有流程规定，就有一个缓冲的余地。

第二，我还要引用孟子的话："大人者，言不必信，行不必果，惟义所在。"孔子有类似的话："言必信，行必果，硁硁然小人哉！"前一句话讲"大人"，就是领导者，说的话都可以不算，只在乎是否合乎义，也就是"你不要拿我的话当挡箭牌"的意思。后一句，硁硁然小人哉！硁，是敲打石头的声音，意思是脑袋是石头做的吗？我们经常听人声称"言必信，行必果"。虽然他可能不知道后面还有一句，但是他的潜意识里一定有后面这句，他不会言必信、行必果的。苻坚没有懂得这个潜规则，就成了"硁硁然小人哉"。

这是我们的文化特色，因为没有程序，凭个人权力，容易考虑不周，所以就用"言不必信，行不必果，惟义所在"来打补丁。他说了算，正是他说话不算话的原因，是一个硬币的两面。要读懂中国文化，就要把握这些微妙的尺度。

让我们再回到宋神宗为《资治通鉴》写的序言："其所载明君、良臣，切摩（切磋）治道，议论之精语，德刑之善制，天人相与之际，休咎庶证（吉凶、善恶各种现象）之原，威福盛衰之本，规模利害之效，良将之方略，循吏之条教，断之以邪正，要之于治忽，辞令渊厚之体，箴谏深切之义，良谓备焉。"

这就是"天人相与之际，休咎庶证之原，威福盛衰之本，规模利害之效"了。

我们怎么学习？就是从历史故事中学习。历史不在于其事实，而在于其象征，包括传说、隐喻和寓言，正是这些故事，不管是真实的，还是虚构的，组成了这个社会的秩序和规则。

12 十二月，前秦王苻坚回到长安，先在城外哭祭阳平公苻融，然后才入城，赐苻融谥号为哀公。大赦，免除阵亡将士家属的赋税差役。

13 晋国大赦。任命谢石为尚书令。谢玄进号为前将军，谢玄坚决辞让，不接受。

14 谢安的女婿王国宝，是王坦之的儿子。谢安厌恶他的为人，总是压制他，不予重用，让他做尚书郎。王国宝自以为出身望族，按惯例只在吏部做官，不到其他部门，坚决推辞不接受，由此怨恨谢安。王国宝的堂妹为会稽王司马道子王妃，皇帝与司马道子都嗜好饮酒，经常在一起鬼混，互相取悦，王国宝于是向司马道子说谢安的坏话，让他离间皇帝与谢安的关系。谢安功名既盛，而那些心中阴险、一心往上爬的人，多诋毁谢安，皇帝由此猜忌谢安，对他稍稍疏远。

15 晋国开始解除酒禁，允许民间酿酒。增加人头税，每人每年缴纳五石米。

16 前秦将领吕光深入西域，越过沙漠三百余里，焉耆等诸国皆投降。唯独龟兹王帛纯抵抗，婴城固守。吕光进军攻城。

17 前秦王苻坚南下入寇时，任命乞伏国仁为前将军，兼领先锋骑兵。正巧乞伏国仁的叔父乞伏步颓在陇西起兵造反，苻坚派乞伏国仁还师讨伐。乞伏步颓听闻，大喜，到路上迎接乞伏国仁。乞伏国仁摆设酒宴，大声说："苻氏穷兵黩武，疲敝人民，就要灭亡了，我当与诸君共建一方事业。"之后苻坚战败，乞伏国仁于是胁迫诸部，有不服从的，就发兵攻击兼并，部众发展到十余万人。

18 慕容垂到了安阳，派参军田山送信给长乐公苻丕。苻丕听说慕容垂向北而来，疑心他要作乱，但还是起身亲自迎接。赵秋劝慕容垂就在座位上逮捕苻丕，然后占据邺城起兵，慕容垂不听。苻丕这边，也在密谋袭击慕容垂，侍郎、天水人姜让进谏说："慕容垂并未造反，而明公擅自诛杀他，不是臣子该做的；不如待之以上宾之礼，再严兵守卫，秘密上表，向皇上汇报他的动向，待皇上批示后，再图下一步行动。"苻丕听从，接慕容垂住进邺西的馆舍。

慕容垂秘密与前燕故臣谋议复国，正巧丁零部落翟斌起兵背叛前秦，准备进攻豫州牧、平原公苻晖于洛阳，前秦王苻坚以驿马车送来诏书，命慕容垂将兵征讨。石越对苻丕说："王师新败，民心未安，负罪亡匿之徒，都盼着天下大乱，所以丁零部落振臂一呼，十天之中，部众就已有数千人，这就是证明。慕容垂是燕国有声望的元老，有兴复旧业之心。如今再给他军队兵权，这是如虎添翼啊！"苻丕说："慕容垂在邺城，就像卧榻边藏着猛虎蛟龙，叫人时常担心有肘腋之变。如今把他远远地放出去，不是更好吗？况且翟斌凶悖，必定不肯屈居于慕容垂之下，让他们两虎相争，我从而制之，这是卞庄子的谋略（卞庄子事见公元204年记载）。"于是拨付给慕容垂老弱残兵两千人，以及一些已经损坏的武器，又派广武将军苻飞龙率氐人骑兵一千人为慕容垂副将，密令苻飞龙说："慕容垂为三军统帅，卿为监视图谋慕容垂之大将，去吧，好好干！"

慕容垂申请进入邺城先祖宗庙祭拜，苻丕不许，慕容垂于是身穿便衣进入，守卫宗庙的官吏禁止，慕容垂怒，将亭吏斩首，并烧毁庙亭，扬长而去。石越对苻丕说："慕容垂敢轻侮一方大员，杀吏烧亭，反形已露，可借此铲除他。"苻丕说："淮南之败，慕容垂侍卫天子，此功不可忘。"石越说："慕容垂尚且不忠于燕，还能尽忠于秦吗？失去今天的机会，必为后患。"苻丕不听。石越退下后，对人说："苻公父子，就喜欢这些小仁小义，不顾大计，终当为人所擒。"

慕容垂留慕容农、慕容楷、慕容绍于邺城，行军到安阳汤池，闵亮、李毗从邺城来，将苻丕与苻飞龙的密谋告诉慕容垂。慕容垂借此激怒其部众说："我尽忠于苻氏，而他却一心要图谋我们父子，我想要息事宁人，又能做到吗？"于是借口说兵力太少，停留在河内招兵，十天之内，部众就发展到八千人。

平原公苻晖遣使责备慕容垂，催他进兵。慕容垂对苻飞龙说："如今寇贼离我们并不远，应当白天隐蔽，晚上行军，出其不意。"苻飞龙同意。

十二月二十七日，夜，慕容垂派世子慕容宝将兵居前，小儿子慕容隆勒兵跟着自己，令氐兵每五人为一伍；秘密与慕容宝约定，听到鼓声，就前后合击氐兵及苻飞龙，将他们全部杀死，军中参佐军官，家在西边的，全部遣回，并写信给前秦王苻坚，解释杀苻飞龙的缘故。

当初，慕容垂跟从苻坚进入邺城，因为他的儿子慕容麟之前屡次向燕主出卖他，慕容垂立刻杀了慕容麟的生母，但是还不忍心杀慕容麟，把他安置在外舍，很少见他。这回杀苻飞龙，慕容麟多次进言献策，都对慕容垂有所启发，慕容垂很欣赏他的才能，对他跟其他儿子一样宠爱了。

慕容凤及前燕旧臣的儿子燕郡人王腾、辽西人段延等听闻翟斌起兵，各自率部下前往投奔。平原公苻晖派武平武侯毛当讨伐翟斌。慕容凤说："我今天将雪先王之耻，请派我去斩此氐奴。"于是披上铠甲，长驱直进，丁零部众尾随其后，大败前秦兵，斩毛当；于是进攻陵云台戍卫部队，攻克，缴获足够装备一万余人的盔甲武器。

十二月二十八日，慕容垂渡过黄河，焚毁桥梁，有部众三万，派辽东鲜卑可足浑谭留守河内郡沙城。慕容垂派田山进入邺城，密告慕容农等，让他们起兵相应。当时天色已晚，慕容农与慕容楷都留宿在邺城中；慕容绍先出城，到蒲池，盗取苻丕骏马数百匹，接应慕容农、慕容楷。

十二月二十九日，慕容农、慕容楷带领数十名骑兵，微服出邺城，与慕容楷一起投奔列人县。

太元九年（公元384年）

1 春，正月一日，前秦长乐公苻丕大会宾客，请慕容农，却找不到，才察觉有变。派人四处去找，过了三天，才知道慕容农已经在列人，并且起兵反叛了。

慕容凤、王腾、段延等都劝翟斌奉慕容垂为盟主，翟斌听从。慕容垂想要攻打洛阳，不知道翟斌到底是真心还是假意，于是拒绝说："我来是为了救援豫州，不是来和你会合。你既然要建大事，成功则享福，失败则受祸，我不参与你的事。"

正月二日，慕容垂到了洛阳，平原公苻晖已经知道他杀了苻飞龙，关闭城门，拒绝让他进城。翟斌又派长史郭通前往游说慕容垂，慕容垂还是不接受。郭通说："将军之所以拒绝我的请求，是不是觉得翟斌兄弟是山野异类，没有奇才远略，一定成不了气候呢？怎么不想一想将军今日凭借他们，正可以成就大业！"慕容垂于是许诺。于是翟斌率部众来与慕容垂会合，劝慕容垂称尊号。慕容垂说："新兴侯（慕容㑺）是我的主君，我当迎接他回来复位。"

慕容垂认为洛阳四面受敌，想要攻取邺城作为根据地，于是引兵向东。前扶余王余蔚为荥阳太守，以及昌黎鲜卑卫驹各自率部众投降慕容垂。慕容垂到了荥阳，属下执意请上尊号，慕容垂于是依晋中宗（司马睿）先例，称大将军、大都督、燕王，承制行事（执行皇帝职权），设立统府（最高统帅府），群下称臣，文件、表章、奏折、诰命，封拜官爵，都如王者规格。任命弟弟慕容德为车骑大将军，封范阳王；哥哥的儿子慕容楷为征西大将军，封太原王；翟斌为建义大将军，封河南王；余蔚为征东将军，统府左司马，封扶余王；卫驹为鹰扬将军；慕容凤为建策将军。率众二十余万，从石门渡过黄河，长驱直指邺城。

慕容农刚刚逃奔列人时，住在乌桓人鲁利家，鲁利摆上饭菜招待，慕容农笑而不食。鲁利对他妻子说："死婆娘！郎君是贵人，咱家穷，没有好酒好菜招待，怎么办？"他妻子说："郎君有雄才大志，如今无故而来，肯定是有什么事，不是为饮食而来。你赶快出去，四处看看有没有什么危险，以防万一。"鲁利听从。

慕容农对鲁利说："我想要在列人起兵，以图兴复燕国，你能跟我干吗？"鲁利说："是生是死，我都跟着您。"慕容农又去找到乌桓人张骧，对他说："我家大王（慕容垂）已举大事，翟斌等都推奉他，远近响应，所以前来通知你。"张骧再拜说："能再次事奉旧主，怎么敢不尽死效忠！"于是慕容农驱使列人居民为士卒，砍下桑树、榆树树枝为兵器，撕下衣襟为军旗，派赵秋去游说屠各人毕聪。毕聪与屠各人卜胜、张延、李白、郭超，东夷人余和、敕勒、易阳及乌桓人刘大等人各率部众数千来投奔。慕容农暂时任命张骧为辅国将军，刘大为安远将军，鲁利为建威将军。

慕容农自己将兵攻破馆陶，缴获其军事物资和兵器，派兰汗、段赞、赵秋、慕舆悌攻取康台牧马场，缴获战马数千匹。兰汗，是燕王慕容垂的堂舅；段赞，是段聪之子。于是步骑云集，部众发展到数万人，张骧等共同推举慕容农为使持节、都督河北诸军事、骠骑大将军，监统诸将，根据各人才能任用部署，上下肃然。

慕容农因为燕王慕容垂还没到，不敢封赏将士。赵秋说："军无赏，士不往。如今来投奔的人，都是想要建一时之功，求万世之利，您应该代表大王行使职权，封官拜爵，以扩大燕国中兴的基础。"慕容农听从，于是趋赴者相继而来。慕容垂听闻，非常赞赏。慕容农西招库傉官伟于上党，东引乞特归于东阿，北召光烈将军平睿及平睿的兄长汝阳太守平幼于燕国；库傉官伟等人全部响应。慕容农又派兰汗等人攻打顿丘，攻克。慕容农号令整肃，对百姓财产秋毫无犯，人民无不喜悦。

长乐公苻丕派石越将步骑兵一万余人讨伐慕容农。慕容农说："石越有智勇之名，如今不向南抵御大军，而跑到我这里来，是畏惧大王，觉得我好欺负；他一定轻敌，不设防备，可以以计取之。"众人请修治列人城墙，慕容农说："善用兵者，能凝聚军心，而不靠外物。如今我们起义兵，到处都是敌人，当以山河为城池，修筑一个列人城来干什么呢？"

正月七日，石越到了列人西，慕容农派赵秋及参军綦毋滕攻击石越前锋，得胜。参军、太原人赵谦对慕容农说："石越盔甲武器虽然精良，但人心危骇，容易击破，应该马上出击。"慕容农说："他们的盔甲披在身上，我们的盔甲在战士们心里，如果白天作战，士卒看见他们的盔甲武器的精良，就会害怕，不如等天黑了再打，必克。"下令军士严备以待，不得妄动。石越建立营栅，先巩固营盘，慕容农笑着对诸将说："石越兵精士众，不乘其刚到的锐气攻击我，反而立栅栏，我知道他的无能了。"

到了傍晚，慕容农鼓噪而出，列阵于城西。牙门将刘木请先攻石越营栅，慕容农笑道："人见了美食，谁不想吃，怎么能单独请你一个！不过，你既然猛锐可嘉，就把当先锋的好处给你。"刘木于是率壮士四百腾栅而入，前秦兵败走；慕容农督大众尾随，大败前秦兵，斩石越，将其首级送到慕容垂处。石越与毛当，都是前秦骁将，所以前秦王苻坚派他们协助自己的两个儿子镇守；既而相继阵亡，于是人情骚动，各地盗贼蜂起。

正月二十六日，后燕王慕容垂到了邺城，改前秦年号建元二十年为燕国元年，服装颜色和朝廷礼仪，一切恢复燕国旧制。任命前岷山公库傉官伟为左长史，前尚书段崇为右长史，荥阳人郑豁等为从事中郎。慕容农带兵到邺城与慕容垂会师，慕容垂就将他所自称的官职正式任命于他。立世子慕容宝为太子，封堂弟慕容拔等十七人及外甥宇文翰、舅父的儿子兰审等皆为王；其余宗族及功臣封公爵者三十七人，侯、伯、子、男爵八十九人。可足浑潭征兵得二万余人，攻打野王，攻拔，率军来会师，准备攻打邺城。平幼及弟弟平睿、平规也率众数万人到邺城与慕容垂会师。

长乐公苻丕派姜让为使者，责备后燕王慕容垂，并游说他说："犯了错能改，今天也不晚。"慕容垂说："孤受主上（苻坚）不世之恩，所以希望能保全长乐公，让他全军能回到京师，然后修复燕国基业，与秦国永为邻好。为什么你们看不清天下大势，不把邺城归还燕国？如果执迷不悟，战事一起，恐怕想要单马求生，也不可得也。"姜让厉色斥责说："将军当初不为自己家国所容，投命于圣朝，燕国土地，有一尺一寸是将军的吗？主上与将军种族不同，风俗相异，但是一见倾心，亲密如同宗室亲戚，宠信超过功勋旧臣，自古君臣际遇，有如此情深义厚的吗？一天之中，因为王师小败，就有异图。长乐公苻丕，是主上长子，担负陕县以东守土之责，岂可束手不为，将东方一百多座城池的土地都送给将军吗？将军如果不顾一切，自可展示你的军力试试，我又何必多言！只可惜将军以七十之年（慕容垂时年五十九岁），首级将悬挂于白旗之上，本是盖世之忠臣，转眼间就成为叛逆之恶鬼！"慕容垂默然不语。左右请杀姜让，慕容垂说："他也是各为其主而已，有什么罪！"礼送姜让回去，带信给苻丕，并上表给前秦王苻坚，陈述利害关系，请送苻丕回长安。苻坚及苻丕怒，回信痛斥慕容垂。

2 晋国鹰扬将军刘牢之攻打前秦谯城，攻拔。桓冲派上庸太守郭宝攻打前秦魏兴、上庸、新城三郡，全部攻拔。将军杨佺期进兵占据成固，攻击前秦梁州刺史潘猛，潘猛退走。杨佺期是杨亮之子。

3 正月二十八日，后燕王慕容垂攻打邺城，攻下外城，长乐公苻丕退守中城。关东六州郡县大多送人质请降于燕。正月二十九日，慕容垂任命陈留王慕容绍代理冀州刺史，屯驻广阿。

4 丰城宣穆公桓冲听闻谢玄等立下战功，耻于自己之前的失言，惭恨成疾；二月二十七日，桓冲去世。朝议欲以谢玄为荆州、江州二州刺史。谢安认为自己父子名位太盛，又担心桓氏失去职权，心生怨恨，于是任命梁郡太守桓石民为荆州刺史，河东太守桓石虔为豫州刺史，豫州刺史桓伊为江州刺史。

5 后燕王慕容垂率领丁零、乌桓部众二十余万人，架云梯，挖地道，攻打邺城，始终不能攻拔；于是修筑长围，将邺城团团包围，分老弱士兵于肥乡，筑新兴城以放置辎重物资。

6 前秦征东将军（苻丕）府官属怀疑参军高泰是燕国旧臣，有二心。高泰惧怕，与同郡人、虞曹从事吴韶逃归渤海。吴韶说："燕军近在肥乡，应该去投燕军。"高泰说："我是为了避祸而已；离开一个君王，又去事奉另一个君王，这事我不干！"申绍见了，叹息说："无论离开还是投效，都遵守道义，这可以说是君子了！"

7 后燕范阳王慕容德攻打前秦枋头，攻取之后，留下驻防部队，还师。

8 东胡人王晏占据馆陶，为邺城中前秦军声援，鲜卑、乌桓及郡县居民占据坞堡壁垒，很多人都不服从刚建立的后燕政权。后燕王慕容垂派太原王慕容楷与镇南将军、陈留王慕容绍征讨。慕容楷对慕容绍说："鲜卑、乌桓及冀州百姓，本来都是燕国臣民。如今复国大业刚刚开始，人心还未融洽，所以稍有差异。应该用政治手段解决，不可直接采取军事行动。我先在一个地方集结部队，展示军威，然后你巡行抚慰人民，示以大义，他们一定听从。"

慕容楷于是屯兵于辟阳。慕容绍率数百骑兵前往游说王晏，陈述祸福之道，王晏跟随慕容绍，到慕容楷大营投降，于是鲜卑、乌桓及坞堡民众投降者数十万人。慕容楷留下老弱，设置郡守、县令以抚慰他们，征发其丁壮十余万，与王晏一起到邺城。慕容垂大喜，说："你们兄弟文武兼备，足以继承先王的事业！"

9 三月，朝廷任命卫将军谢安为太保。

10 前秦北地长史慕容泓听闻后燕王慕容垂攻打邺城，逃奔到关东，收集鲜卑人，队伍发展到数千人。还军屯驻华阴，击败前秦将军强永，其部众开始壮大起来。慕容泓自称都督陕西诸军事、大将军、雍州牧、济北王，推举慕容垂为丞相、都督陕东诸军事、领大司马、冀州牧、吴王。（慕容泓并不服从慕容垂，而是与慕容垂并立。史称慕容垂政权为"后燕"，慕容泓政权为"西燕"。）

前秦王苻坚对权翼说："我不听您的话，让鲜卑人闹到如此地步。关东那边，我不再跟他们争了，这慕容泓又怎么办？"于是任命广平公苻熙为雍州刺史，镇守蒲阪。征召雍州牧、巨鹿公苻睿为都督中外诸军事、卫大将军、录尚书事，配兵五万；任命左将军窦冲为长史，龙骧将军姚苌为司马，讨伐慕容泓。

平阳太守慕容冲也在平阳起兵，有部众两万，进攻蒲阪；苻坚派窦冲讨伐。

11 库傉官伟率所部数万人到邺城，后燕王慕容垂封他为安定王。

12 前秦冀州刺史、阜城侯苻定驻守信都，高城男爵苻绍正在自己的封国，高邑侯苻亮、重合侯苻谟驻守常山，固安侯苻鉴驻守中山。后燕王慕容垂派前将军、乐浪王慕容温督诸军攻打信都，不能攻克。夏，四月三日，再派抚军大将军慕容麟增兵助攻。苻定、苻鉴，是前秦王苻坚的堂叔；苻绍、苻谟，是苻坚的堂弟；苻亮，是苻坚的堂侄。慕容温，是后燕王慕容垂弟弟的儿子。

13 慕容泓听闻前秦兵将至，害怕了，率众要逃奔关东。前秦巨鹿憨公苻睿粗猛轻敌，想要驰兵阻击。姚苌进谏说："鲜卑人心思归，所以起兵作乱，应该把他们驱逐出关，不能拦阻他们。你去抓一只老鼠的尾巴，它还能反口咬人。他们自知困穷，一定和我军死战；万一失利，悔之莫及！我们只需敲着战鼓，跟在他们身后，他们一定奔逃溃败，没有军心和我们作战。"苻睿不听，与慕容泓战于华泽，苻睿兵败，被慕容泓斩杀。

姚苌派龙骧长史赵都、参军姜协到前秦王苻坚处谢罪；苻坚怒，处死二人。姚苌惧，逃到渭北牧马场。于是天水人尹纬、尹详，南安人庞演等纠集羌族豪酋，率其户口归附姚苌的，有五万余家，推举姚苌为盟主。姚苌自称大将军、大单于、万年秦王，大赦，改年号为白雀，任命尹详、庞演为左、右长史，南安人姚晃及尹纬为左、右司马，天水人狄伯支等为从事中郎，羌训等为掾属，王据等为参军，王钦卢、姚方成等为将帅。

【华杉讲透】

兵法云："百战百胜，非善之善者也。"为什么呢？百战百胜，但是可能败一次就输光了。所以，成功的关键不在于取得胜利，而在于保持不败。要保持不败，关键就在于不犯错。成功的原因在于不断地埋下成功的伏笔，失败的原因在于不断地埋下定时炸弹。

苻坚让前燕皇族在军队掌握兵权，在州郡掌握政权，就是不断地埋下定时炸弹，淝水一败，这些炸弹全部引爆了。

苻坚认栽了，关东土地全部不要了，燕国复国，他从心理上接受了。但是，这关西是我秦国本部，怎么着也不能再让你们作乱吧？

注意，这是一个心态——关东还给你们，关西你们不能乱来——这个心态，导致了后来的错误。这种心态，只是一厢情愿，自己的一条心理底线，当心理底线被突破，就会心理失常，犯下新的错误。你的心理底线，只在你自己心里，跟别人一点关系也没有，也不是大家的共识。你守住那条底线，是自欺欺人，最终可能自欺成功，欺人失败。

另外，我们经常说"我们"如何如何，"你们"如何如何，或者"大家"如何如何，但是根本在于没搞清谁是"我们"，谁是"你们"，谁是"大家"。这是一个博弈的棋局，参与者犯下的错误，往往就是没搞清楚其他参与者是谁，不知道自己在与谁博弈。

苻坚认为，关东归"你们"燕国，关西归"我们"秦国，甚至心中想："够可以了吧！你们还想怎样？"但是，他没搞清楚慕容泓跟慕容垂不属于同一个"你们"，更没想到姚苌跟他也不属于同一个"我们"。

再接着说苻睿犯的错。姚苌的建议，《孙子兵法》上讲得很清楚，叫"归师勿遏"，什么意思呢？就是兵法上的"治气"，与士气有关，退回本国的军队，不宜去遏止他。因为那些人要回家，个个归心似箭，你去拦他，他跟你拼命。那应该怎么办呢？《孙子兵法》上叫作"击其惰归"，就是在他回家的路上打他，"击其惰归"与"归师勿遏"方向不同。他要回家，你从后面追着打，他想赶紧跑回家，不想跟你打，那你在气势上就占便宜。这是"击其惰归"。但如果你是在他前面的路上拦住他，挡了他回家的路，他回不去，便要跟你拼命。这时候他的气势就强过你了。姚苌的计划，是"击其惰归"，这是有必胜把握的，只是战果大小问题，最糟糕的无非是让他们全部跑掉了，而最佳结果呢，就是尾随在后面一口一口把它们全部吃掉了。苻睿不听，因为他恃勇轻敌，那是他活该找死。但是苻坚接下来犯的错误，就是加速了自己亡国之祸的到来。

苻坚的错误，就是斩了送来坏消息的赵都、姜协，他为什么要斩这二人呢？因为情绪，突破了他的心理底线，他就心理失常了。一个有史以来最宽仁的君王，突然变成了最苛刻的暴君。如此一来，他的行为反应在臣属看来就是不可预测的。一个人的行为变得不可预测，别人就不知道怎么跟你相处，就要采取最大限度的自保策略，姚苌就叛变了。姚苌叛变，成为推倒苻坚的最后一根稻草。

所以，从整个局势中，我们能学到的有两点。一是凡事不能"期必"，不能期待事物必然会怎样，而是要随时调整自己的站位。苻坚因为"期必"，一旦事与愿违，就发泄情绪，于是失败。二是博弈论的思维方式，注意识别博弈中不同的参与方，而且随时会有人退出、有人加入。苻坚斩赵都、姜协，就是自己制造出一个新的参与方——姚苌。

14 前秦窦冲攻打慕容冲于河东，大破之；慕容冲率鲜卑骑兵八千人逃奔慕容泓。慕容泓部众发展到十余万人，遣使对前秦王苻坚说："吴王（慕容垂）已平定关东，你可速速准备大驾，奉送家兄皇帝（慕容儁）回国，我当率关中燕人翼卫乘舆，返回邺城首都，与秦国以虎牢关为界，永为邻好。"苻坚大怒，召见慕容儁，斥责他说："慕容泓的信上就是这么写的，你如果要走，朕当给你资助。你的宗族，真可谓人面兽心，不能指望他们能好好地做一个国士！"慕容儁叩头流血，涕泣谢罪。过了好久，苻坚说："这都是那三个小子干的，不是你的错。"恢复慕容儁的官位，还像从前那样对待他。苻坚命慕容儁写信招抚晓谕慕容泓、慕容冲及慕容垂。

慕容儁秘密遣使对慕容泓说："我是笼中之人，必定是回不来了；况且，我也是燕室之罪人而已，不值得你们再留恋。你勉力建立大业，以吴王慕容垂为相国，中山王慕容冲为太宰、兼领大司马，你可为大将军、兼领司徒，以皇帝名义，行使封官拜爵的职权，等我死后，你便即皇帝位。"慕容泓于是向长安进军，改年号为燕兴。（慕容泓、慕容垂并立，两人年号都不一样，慕容儁支持慕容泓，但是不接受慕容垂。）

15 后燕王慕容垂认为邺城仍然坚固，集会僚佐商议。右司马封衡建议引漳水灌城，慕容垂听从。

慕容垂出去打猎，在华林园饮酒休闲，前秦兵秘密出兵掩袭，箭如雨下，慕容垂几乎不能逃出，冠军大将军慕容隆率领骑兵冲杀，慕容垂仅仅逃得一命。

16 晋国竟陵太守赵统攻打襄阳，前秦荆州刺史都贵逃奔鲁阳。

17 五月，前秦洛州刺史张五虎以所据守的丰阳城投降晋国。

18 晋国梁州刺史杨亮率众五万伐蜀，派巴西太守费统等将水陆兵三万为前锋。杨亮屯驻巴郡，前秦益州刺史王广派巴西太守康回等抵御。

19 前秦信都守将苻定、高城男爵苻绍都投降后燕，后燕慕容麟引兵向西，攻打常山。

20 后秦王姚苌进兵屯驻北地，前秦华阴、北地、新平、安定羌族、匈奴人向姚苌投降的，有十余万人。

21 六月一日，东晋崇德太后褚氏崩逝。

22 前秦王苻坚亲自率步骑兵二万攻击后秦，驻军于赵氏坞，派护军将军杨璧等分道攻击；后秦兵屡战屡败，斩后秦王姚苌之弟、镇军将军姚尹买。后秦军中无井，前秦兵堵塞安公山谷，又筑堤堰阻断同官水，准备渴死后秦军。后秦人恐惧，开始有渴死的。这时天降大雨，后秦营中积水三尺，而绕营百步之外，积水仅一寸多而已，后秦军势又振作起来。前秦王苻坚叹息说："上天也保佑贼寇吗？"

23 慕容泓的谋臣高盖等人认为慕容泓的德望不如慕容冲，而且执法苛峻，于是杀慕容泓，立慕容冲为皇太弟，承制行事，设置百官；任命高盖为尚书令。

后秦王姚苌派他的儿子姚嵩到慕容冲处做人质，请和。

24 晋国将军刘春攻打鲁阳，前秦荆州刺史都贵奔还长安。

25 后秦王姚苌率众七万攻击前秦，前秦王苻坚派杨璧等拒战，被姚苌击败；俘虏杨璧及右将军徐成、镇军将军毛盛等将吏数十人，姚苌都给予礼遇，释放他们回去。

26 后燕抚军大将军慕容麟攻陷常山，前秦苻亮、苻谟都投降。慕容麟进军包围中山，秋，七月，攻克，生擒苻鉴。慕容麟声威大振，留屯中山。（至此，冀州只剩苻丕固守邺城孤城，其余全部被后燕占领。）

27 前秦幽州刺史王永、平州刺史苻冲率二州部众攻击后燕。后燕王慕容垂派宁朔将军平规迎击王永，王永派昌黎太守宋敞逆战于范阳，宋敞兵败，平规进军占据蓟南。

28 前秦平原公苻晖率洛阳、陕城部众七万撤回长安。

29 前秦王苻坚听闻慕容冲大军逼近长安，于是引兵撤回，派抚军大将军高阳公苻方驻防骊山，拜平原公苻晖为都督中外诸军事、车骑大将军、录尚书事，配兵五万以抵御慕容冲。慕容冲与苻晖战于郑西，大破之。苻坚又派前将军姜宇与小儿子、河间公苻琳率众三万在灞上迎战慕容冲。苻琳、姜宇都战败阵亡，慕容冲于是进据阿房城。

30 前秦巴西郡太守康回数次战败，退还成都。前秦梓潼太守垒袭献出涪城，投降晋国。晋国荆州刺史桓石民占据鲁阳，派河南太守高茂向北，驻防洛阳。

31 七月二十八日，晋国葬康献皇后于崇平陵。

32 后燕翟斌恃功骄纵，索求无厌；又因为邺城久攻不下，暗中起了二心。太子慕容宝请求铲除翟斌，后燕王慕容垂说："河南盟誓，不可违背。如果他作乱，罪在于他。如今事情并没有发生却杀他，那人们一定会说我嫉贤妒能；我正要收揽天下豪杰以成大业，不可示人以狭隘，让天下英雄失望。他有阴谋，我以智慧来防范，他也掀不起什么大浪。"

范阳王慕容德、陈留王慕容绍、骠骑大将军慕容农都说："翟斌兄弟恃功而骄，必为国患。"慕容垂说："骄则速败，能为什么患？他有大功，就让他自取灭亡吧。"于是对翟斌礼遇更加隆重。

翟斌指使丁零人及其党羽向慕容垂请求委任他为尚书令。慕容垂说："翟王之功，确实应居于上辅之位；但是朝廷尚未建立，这个官职也不可凭空任命。"翟斌怒，秘密与前秦长乐公苻丕通谋，约定由丁零人扒开漳水的堤坝；事情泄露，慕容垂杀翟斌及其弟翟檀、翟敏，其他人全部赦免。翟斌哥哥的儿子翟真，夜里率本营部众向北奔往邯郸，又引兵还向邺城包围圈，准备与苻丕内外相应。太子慕容宝与冠军大将军慕容隆击破翟真，翟真撤回邯郸。

太原王慕容楷、陈留王慕容绍对慕容垂说："丁零人一向并无大志，只是对他们宠信过度，反而让他们骄纵作乱而已。现在如果我们逼得急，他们就屯聚为寇，缓一缓，他们就自己溃散了。溃散之后再攻击他们，则攻无不克。"慕容垂听从。

33 龟兹王帛纯被前秦大军包围窘急，用厚重的贿赂，求救于狯胡。狯胡王派他的弟弟呐龙、侯将馗率骑兵二十余万，并引温宿、尉头等诸国联军合七十余万救援龟兹。前秦吕光与联军战于城西，大破之。帛纯出走，王国、侯国投降的有三十余国。吕光进入龟兹城，城里如长安市邑，宫室壮丽。吕光抚慰西域，威恩远著，远方诸国，前代所不能让他们屈服的，都来归附，并献上汉朝所赐的符节凭证。吕光都上表朝廷，改授前秦符节，立帛纯的弟弟帛震为龟兹王。

34 八月，翟真自邯郸北走，后燕王慕容垂派太原王慕容楷、骠骑大将军慕容农率骑兵追击，八月三日，在下邑追上翟真。慕容楷想要出战，慕容农说："我军士卒又饥又倦，况且我观察贼营，看不见丁壮士兵，恐怕其他地方有埋伏。"慕容楷不听，进军交战，后燕兵大败。翟真继续向北行军，前往中山，屯驻于承营。

35 邺城中粮食及草料全部吃尽，削松木喂马。后燕王慕容垂对诸将说："苻丕穷寇，必定不会投降，不如我们撤退，屯驻新城，给他让开一条西归之路，以报答秦王当年的恩情，我们也好集中力量讨伐翟真。"

八月十五日夜，慕容垂解围，趋赴新城。派慕容农巡行清河、平原，督促征收租赋，慕容农明立法令规章，立意公平，穷人富人分别有恰当的赋税，军令严整，秋毫无犯，因此粮食、布帛络绎不绝于道路，军中给养物资，供应丰富。

36 八月二十七日，晋国南昌文穆公郗愔薨逝。

37 太保谢安奏请说，乘苻氏倾败之机，开拓中原，任命徐州、兖州二州刺史谢玄为前锋都督，率豫州刺史桓石虔等伐秦。谢玄到了下邳，前秦徐州刺史赵迁弃彭城逃走，谢玄进据彭城。

38 前秦王苻坚接到吕光平定西域的消息，任命吕光为都督玉门以西诸军事、西域校尉。但是，道路断绝，诏书也送不出去。

39 前秦幽州刺史王永求救于振威将军刘库仁，刘库仁派妻兄公孙希率骑兵三千人前往救援，大破平规于蓟南，公孙希乘胜长驱直入，进军占据唐城，与慕容麟相持。

40 九月，谢玄派彭城内史刘牢之攻打前秦兖州刺史张崇。九月十一日，张崇抛弃鄄城，逃奔后燕。刘牢之进据鄄城，黄河以南的城堡武装都来归附。

41 东晋太保谢安上疏，要求自己亲自统军北征。朝廷加授谢安为都督扬州、江州等十五州诸军事，假黄钺。

42 慕容冲进逼长安，前秦王苻坚登城瞭望，叹息说："这么多贼寇是从哪里冒出来的啊！"大呼斥责慕容冲说："奴何苦来送死！"慕容冲说："奴隶厌倦了做奴隶的苦，所以想要把你取而代之罢了！"慕容冲少年时有宠于苻坚，苻坚派遣使臣，称奉皇帝诏书，送他一件锦袍。慕容冲派詹事出使，称奉皇太弟令，回答说："孤今心在天下，岂顾一袍之小惠！你如果能知晓天命，君臣束手，早送皇帝（慕容㻛）回来！自当宽恕苻氏，以回报过去的恩情。"苻坚大怒说："我不用王猛、苻融之言，使白虏敢放肆到这种地步！"

【华杉讲透】

慕容冲和他的姐姐，分别以男色、女色陪侍苻坚，这是慕容氏的奇耻大辱，苻坚却认为是爱情，还想通过送一件锦袍，唤起旧情，感动慕容冲。领导者容易有这种幻觉，觉得天下人都爱戴他，不知道大家都是被逼的。爱恨情仇，苻坚以为是爱，而对慕容姐弟来说是恨；苻坚以为是情，而对慕容姐弟来说是仇，国仇家恨。

43 冬，十月一日，日食。

44 十月十五日，晋国大赦。

45 谢玄派阴陵太守高素攻打前秦青州刺史苻朗，晋军到了琅玡，苻朗前来投降。苻朗，是苻坚的堂侄。

46 翟真在承营，与公孙希、宋敞遥相呼应。长乐公苻丕派宦官、冗从仆射、清河人光祚，将兵数百前往中山，与翟真会盟结交。又派阳平太守邵兴将数千骑兵，招集冀州郡县旧部，与光祚约期在襄国会合。当时，后燕军疲弊，前秦军势又振作起来，冀州郡县都观望成败，赵郡人赵粟在柏乡起兵响应邵兴。后燕王慕容垂派冠军大将军慕容隆、龙骧将军张崇将兵邀击邵兴，命骠骑大将军慕容农从清河引兵前往会师。慕容隆与邵兴战于襄国，大破之；邵兴撤走到广阿，与慕容农相遇，被生擒。光祚听到消息，循着西山逃归邺城。慕容隆于是进击赵粟等，全部击破，冀州郡县又归附后燕。

47 前秦振威将军、匈奴酋长刘库仁听说公孙希已击破平规，准备大举出兵救援长乐公苻丕，征发雁门、上谷、代郡士兵，屯驻繁畤。前燕太子太保慕舆句的儿子慕舆文、零陵公慕舆虔的儿子慕舆常当时都在刘库仁阵营，知道三郡士兵不愿远征，乘机作乱，夜，攻打刘库仁，将他杀死，偷了他的骏马，逃奔后燕。公孙希的部众闻乱自溃，公孙希逃奔翟真。刘库仁的弟弟刘头眷接替刘库仁，继续统治部众。

48 前秦长乐公苻丕派光祚及参军封孚到晋阳，召骠骑将军张蚝、并州刺史王腾前来救援，张蚝、王腾认为自己兵少，不能前往。苻丕进退路穷，与僚佐谋议。司马杨膺建议向晋国投降，苻丕没有同意。

这时，谢玄派龙骧将军刘牢之等占据碻磝，济阳太守郭满占据滑台，将军颜肱、刘袭驻军于黄河以北；苻丕派将军桑据屯驻黎阳抵御。刘袭夜袭桑据，桑据败走，晋军于是攻克黎阳。苻丕惧怕，于是派堂弟苻就与参军焦逵去向谢玄求救，写信说："我想要请您给我粮食支援，兵借一条道，让我能西赴国难，等您的援军抵达，我就把邺城交接给您。如果西路不通，长安陷没，也请仍让我率所部驻防邺城。"焦逵与参军姜让秘密对杨膺说："如今我军丧败如此，长安阻绝，消息不通，朝廷存亡不可知。屈节竭诚求取粮食和援军，还担心人家不给；而苻公豪气不减，两头都要，事情必定弄不成。应该以臣子身份向朝廷正式上表，许诺王师一到，大王即刻随军归顺南方；如果大王不听，我们可以逼迫他，把他绑起来交给晋军。"杨膺自以为能制服苻丕，于是修改书信，送出奏章。

49 谢玄派晋陵太守滕恬之渡黄河北上，据守黎阳。滕恬之，是滕修的曾孙。朝廷因为兖州、青州、司州、豫州既已平定，加授谢玄为都督徐州、兖州、青州、司州、冀州、幽州、并州七州诸军事。

50 后秦王姚苌听闻慕容冲攻打长安，集会群僚商议下一步行动，都说："大王应该先取长安，建立根本，然后经营四方。"姚苌说："不对。燕人因为他们的部众都有思归之心，所以起兵，如果他们得胜，一定不会久留关中。我们应该移师屯驻岭北，广收粮食物资，等待秦亡燕去，然后拱手而取。"于是留其长子姚兴驻守北地，派宁北将军姚穆驻守同官川，自己将兵攻打新平。

当初，新平人杀其郡将，前秦王苻坚下令削去城墙一角，以作为他们的耻辱，新平当地绅士豪杰，都深以为耻，想要立忠义以雪耻。等后秦王姚苌到了新平，新平太守、南安人苟辅想要投降，新平人辽西太守冯杰、莲勺县令冯羽、尚书郎赵义、汶山太守冯苗进谏说："当年田单仅剩一城，还最终兴复齐国。如今秦国之州镇，还有一百多座城池，为什么要做叛臣呢！"苟辅喜道："这也是我的志向，只是担心长时间没有救兵，郡人无辜横死。诸君能这样，我又岂顾惜自己的生命呢！"于是凭城固守。后秦堆筑土山，挖掘地道，苟辅也在城内堆土山，挖地道，或战于地下，或战于山上，后秦士兵死者一万余人。苟辅诈降以引诱姚苌，姚苌即将入城，察觉不对劲，转身返回；苟辅发动伏兵阻击，几乎生擒姚苌，又杀死后秦兵一万余人。

51 陇西隐士王嘉，隐居倒虎山，有特异功能，能预知未来，秦国人都把他当神一样。前秦王苻坚、后秦王姚苌以及慕容冲都派使者去迎接他。十一月，王嘉入长安，众人听闻，都认为是苻坚有福，所以圣人相助，三辅坞堡壁垒及四山氐人、羌人归附苻坚的有四万余人。苻坚将王嘉及道安和尚安置在外殿，一举一动，都向他们咨询。

52 后燕慕容农从信都向西，攻击丁零部落翟辽于鲁口，击破翟辽。翟辽撤退，屯驻无极，慕容农屯驻藁城，加强对翟辽的军事压力。翟辽，是翟真的堂兄。

53 鲜卑人在长安城中的还有一千余人，慕容绍的哥哥慕容肃与慕容㒞阴谋集结鲜卑人作乱。十二月，慕容㒞向苻坚报告，说儿子结婚，请苻坚到他家里喝喜酒，准备在酒宴上伏兵刺杀苻坚。苻坚接受邀请，结果那天下了大雨，没去成。后来阴谋泄露，苻坚召慕容㒞及慕容肃进宫，慕容肃说："一定是事情泄露了，进宫咱们就都得死。如今城内已经戒严，不如杀了使者，飞驰出门，出门之后，部众自然就集结起来了。"慕容㒞不听，于是两人一起进宫。苻坚说："我对你们怎么样？你们居然要这样待我！"慕容㒞还支支吾吾解释。慕容肃说："家国大事，谈什么私人感情！"苻坚先杀慕容肃，然后杀慕容㒞及其宗族，城内鲜卑无论男女老幼，全部杀死。后燕王慕容垂的幼子慕容柔，之前过继给宦官宋牙家为养子，所以没有连坐，与太子慕容宝之子慕容盛乘机逃出长安，投奔慕容冲。

【华杉讲透】

升米恩，斗米仇，这是中国民间的常识智慧，对人不能无缘无故的太好。因为一个人得到太多之后，他的期望值就提高了，甚至资源条件也变了。苻坚灭燕之后，对前燕皇室，如果只是饶他们不死，封一个侯，做一个富家翁，不得做官，严密监视，那他们既感激又恐惧，小心谨慎地保命，就像刘禅那样"乐不思蜀"。苻坚却给了他们高位实权，让他们有了复国的野心和条件。现在双方已经撕破脸了，而苻坚还能把慕容㒞、慕容垂和慕容泓区别开来，还差点到慕容㒞家去喝喜酒，这真是让人无法理解了。

这是苻坚的性格。性格即命运，古希腊人认为，每个人都有一个独特的守护神缠身，赫拉克利特说："性格就是一个人的守护神。"不管一个人的性格是偶然的副产品，还是出生时抽中的并由某个神灵保管的一根签，反正一个人的守护神决定了一个人的生命过程。

苻坚只能用这段话来解释了，他的神跟一般人不一样，所以他会犯别人不可能犯的神经。

慕容㒞呢，他也是窝囊，苻坚召他进宫，用脚指头想都知道发生了什么，他却要老老实实地进宫去送死，这是为什么呢？也是性格，懦弱的性格和侥幸心理。懦弱者必侥幸，明摆着没事是小概率事件，被杀是大概率事件，他偏偏要去赌那个小概率事件。

什么是明智？英国思想家伯克说："明智者的所有目的，无非是避免最糟糕的结局。"不能奔着最好的结局去。而苻坚和慕容㒞，都是始终追求最好。追求最好的结局，则下不保底；避免最坏的结局，则上不封顶。人要理解这一点太难了，因为人的天性追求控制，然后就自欺欺人地相信自己能掌控，实际上我们连自己都控制不了，怎么可能掌控未来？

我们必须端正一个态度，就是：我们的一切努力，都是为了避免最糟糕的结局，把最糟糕的可能性尽可能堵死，然后接受过去一切不可改变的经历，接受现在一切不可控制的事件，接受将来一切出乎预料的结果，并真心悦纳这种命运。

54 后燕慕容麟、慕容农合兵袭击翟辽，大破之，翟辽单骑逃跑，投奔翟真。

55 后燕王慕容垂见前秦长乐公苻丕还据守着邺城不走，于是重新引兵包围邺城，并让开西边道路，示意苻丕自己回去。

焦逵见了谢玄，谢玄想要让苻丕送一个儿子来做人质，然后出兵；焦逵恳切陈述苻丕的忠诚，并说了杨膺的意思，如果苻丕不同意，就逮捕他。谢玄于是派刘牢之、滕恬之等率众二万人救援邺城。苻丕报告说城内饥荒，谢玄分水陆两路运米二千斛给苻坚。

56 前秦梁州刺史潘猛放弃汉中，投奔长安。

卷第一百零六　晋纪二十八

（公元385年—386年，共2年）

烈宗孝武皇帝中之上

太元十年（公元385年）

1 春，正月，前秦王苻坚祭祀太庙，宴请群臣，当时长安饥荒，百姓相食，诸将都把肉含在嘴里带回家，吐出来给妻子、儿女吃。

2 慕容冲在阿房即皇帝位，改年号为更始。慕容冲如愿以偿，自鸣得意，对属下想赏就赏，想罚就罚，随心所欲。慕容盛时年十三岁，对慕容柔说："要做十个人的领导，才干至少也要超过九人，才坐得稳这个位置。如今中山王（慕容冲）才能并不如别人，又没有什么功勋，却骄傲到这个地步，恐怕很难成功！"

3 后秦王姚苌留诸将继续攻打新平，自己引兵袭击安定，生擒前秦安西将军、渤海公苻珍，岭北诸城全部投降姚苌。

4 甲寅日，前秦王苻坚与西燕主慕容冲战于仇班渠，大破西燕军。

乙卯日，战于雀桑，苻坚再次取胜。

甲子日，战于白渠，前秦兵大败。西燕兵包围前秦王苻坚，殿中将军邓迈等力战，击退西燕兵，苻坚才逃得一命。

壬申日，慕容冲派尚书令高盖夜袭长安，攻入南城。前秦左将军窦冲、前禁将军李辩等击破高盖军，斩首八百级，士兵把尸体分来吃了。

乙亥日，高盖引兵攻渭北诸营垒，前秦太子苻宏与高盖战于成贰壁，大破西燕军，斩首三万级。

5 后燕带方王慕容佐与宁朔将军平规联军攻打蓟城，前秦幽州刺史王永兵屡战屡败。

二月，王永派宋敞烧毁和龙及蓟城宫室，率众三万人投奔壶关；慕容佐等于是进入蓟城。

6 慕容农引兵与慕容麟会师于中山，一起攻打翟真。慕容麟、慕容农先率数千骑兵到承营，观察形势。翟真望见，带兵出营列阵。诸将准备撤退，慕容农说："丁零人并非不劲勇，但是翟真懦弱，如今我们简选精锐，往翟真所在处冲击，翟真一定撤走，他一走，部众就溃散了，这时候我们堵住城门冲杀，可以把他们杀尽。"于是派骁骑将军慕容国率骑兵一百余人冲击，翟真果然退走，他的部众争着要进城门，自相踩踏，死者超过三分之二；后燕军于是攻陷承营外城。

7 癸未日，前秦王苻坚与西燕主慕容冲战于长安城西，大破西燕军，一路追杀到阿城。前秦诸将请乘胜入城，苻坚担心慕容冲有埋伏，引兵回长安。

8 乙酉日，前秦益州刺史王广任命蜀人江阳太守李丕为益州刺史，据守成都。己丑，王广率所部兵马奔还陇西，依附他的哥哥、秦州刺史王统，有三万余蜀人跟随他北上。

9 刘牢之到了枋头。杨膺、姜让阴谋泄露,长乐公苻丕将二人逮捕处死。刘牢之收到消息,盘桓犹豫,不敢前进。

10 前秦平原悼公苻晖数次被西燕主慕容冲打败,前秦王苻坚责备他说:"你是我最有才干的儿子,带着大军与白虏小儿作战,却屡战屡败,还活着干什么?"三月,苻晖愤恨自杀。

前禁将军李辩、都水使者陇西人彭和正,担心长安守不住,召集西州人屯驻于韭园;苻坚召他们进城,他们不去。

11 西燕主慕容冲攻打前秦高阳愍公苻方于骊山,杀死苻方,俘虏前秦尚书韦钟,任命他的儿子韦谦为冯翊太守,让他招集三辅地区百姓。冯诩坚主邵安民等责备韦谦说:"你家是雍州望族,如今从贼,为他们做这些不忠不义之事,有什么面目活在世上呢?"韦谦把这话转告韦钟,韦钟自杀,韦谦投奔晋国。

前秦左将军苟池、右将军俱石子与西燕主慕容冲战于骊山,兵败。西燕将军慕容永斩苟池,俱石子逃奔邺城。慕容永,是慕容廆的弟弟慕容运的孙子;俱石子,是俱难的弟弟。

前秦王苻坚派领军将军杨定攻击慕容冲,大破西燕军,俘虏鲜卑一万余人回来,全部活埋处死。杨定,是杨佛奴的孙子、苻坚的女婿。

12 荥阳人郑燮献出城池,投降晋国。

13 后燕王慕容垂攻打邺城,久攻不下,准备自己向北前往冀州,于是命令抚军大将军慕容麟屯驻信都,乐浪王慕容温屯驻中山,召骠骑大将军慕容农回邺城;于是远近之人听到消息,都认为后燕又不行了,又生出叛离之心。

慕容农到了高邑,派从事中郎眭邃外出办事,到了约定日期,却没有回来。长史张攀对慕容农说:"眭邃是亲近的参佐官员,竟敢欺罔,一去不回,请回军讨伐。"慕容农不回应,下令缮写委任状,任命眭邃为高阳太守，部下中凡是家在北方的，全部委任官职，遣返家乡任职。一共举补太守三人，长史二十余人，退堂后，慕容农对张攀说："你的看法不对，当今岂是自相鱼肉之时？等我北归时，眭邃等一定在道旁迎接，你到时候看吧。"

乐浪王慕容温在中山，兵力甚弱，而丁零人布满四面八方，分据诸城。慕容温对诸将说："以我军兵力，攻则不足，守则有余。骠骑大将军（慕容农）、抚军大将军（慕容麟）首尾连兵，不久就会消灭贼寇，我们只需聚粮厉兵，等待时机。"于是抚旧招新，劝课农桑，百姓前往归附者相继于道路，郡县壁垒争送军粮，仓库充溢。翟真夜袭中山，慕容温击破翟真，翟真从此不敢再来。慕容温于是派兵一万人运粮供应慕容垂，并且营建中山宫室。

刘牢之攻打后燕黎阳太守刘抚驻守的孙就栅，后燕王慕容垂留慕容农据守邺城包围圈，自己带兵救援。前秦长乐公苻丕接到消息，乘虚出兵，夜袭后燕营，慕容农击败前秦军。刘牢之与慕容垂交战，不能取胜，退屯黎阳。慕容垂再回到邺城。

14 吕光认为龟兹是富饶的乐土，想要留下来定居。天竺和尚鸠摩罗什对吕光说："这是凶亡之地，不可久留。将军只管东归，中途自有福地可居。"吕光于是大宴将士，商议进止，众人都想回家。于是以骆驼二万余头，满载外国珍宝奇玩，驱使骏马一万余匹东归。

15 夏，四月，刘牢之进兵到了邺城。后燕王慕容垂迎战，战败；于是撤去包围，退屯新城。四月八日，慕容垂又放弃新城，向北逃遁。刘牢之不通知前秦长乐公苻丕，即刻引兵追击。苻丕听闻，发兵继进。

四月十三日，刘牢之在董唐渊追上慕容垂。慕容垂说："秦、晋两军，就像两块瓦片一样结合在一起，都指望着对方强大。一旦取胜，则双方都豪气顿生，一旦失利，则一起崩溃，因为他们并不是一条心。如今两军相继，兵势尚未合二为一，应该即刻攻击他们。"刘牢之军急行军二百里，到了五桥泽，争抢后燕辎重；慕容垂邀击，大破晋军，斩首数千级。刘牢之单马逃走，赶上前秦救兵抵达，仅逃得一命。

后燕冠军将军、宜都王慕容凤每次作战，都奋不顾身。前后大小二百五十七战，没有一战不立功。慕容垂告诫他说："如今复国大业就要完成，你应当先爱惜自己！"任命他为车骑将军慕容德的副将，以抑制他的锐气。

邺城中饥荒严重，前秦长乐公苻丕率众到枋头，接受晋军粮秣。刘牢之入屯邺城，收集被打散的部队，兵势又稍微振作起来；但是朝廷认为他打了败仗，将他征召回朝。

后燕、前秦相持一年多，幽州、冀州大饥，人相食，村邑萧条。后燕军士很多都饿死，后燕王慕容垂禁止人民养蚕，以桑葚为军粮。

慕容垂准备向北移动到中山，任命骠骑大将军慕容农为前驱，之前暂时授官的官吏眭邃等都来迎接事奉，上下和好如初，张攀这才敬服慕容农当初的智略。

16 会稽王司马道子喜好专权，又为奸谄者所挑拨，与太保谢安有矛盾。谢安想要避开他，这时前秦王苻坚来求救，谢安于是申请自己亲自将兵去救援。四月十五日，谢安出镇广陵郡步丘，修筑一座堡垒，命名为新城，作为自己驻所。

17 晋国蜀郡太守任权攻陷成都，斩前秦益州刺史李丕，收取益州。

18 前秦新平郡粮食吃光了，箭也用完了，而外无援兵。后秦王姚苌派人对前秦太守苟辅说："我正以义取天下，岂会仇视忠臣？你只管率领城中之人回长安，我只是要这座城池而已。"苟辅相信了他的话，率领百姓五千口出城。姚苌将他们包围，全部活埋杀死，男女一个都不留，只有前辽西太守冯杰的儿子冯终得以逃脱，奔还长安。前秦王苻坚追赠苟辅等人官爵，都谥为节愍侯；任命冯终为新平太守。

19 翟真从承营移军屯驻在行唐，翟真的司马鲜于乞杀死翟真及诸翟氏兄弟，自立为赵王。丁零部众又一起杀死鲜于乞，立翟真的堂弟翟成为主君；其部众大多投降后燕。

20 五月，西燕主慕容冲攻打长安，前秦王苻坚亲自上阵督战，被飞箭射中，遍体鳞伤。慕容冲纵兵暴掠，关中士民流散，道路断绝，千里之内，都没有炊烟。有坞堡壁垒三十余座，推举平远将军赵敖为盟主，相与结盟，冒着危险派兵送粮，协助苻坚，又多为西燕兵所杀。苻坚对他们说："我听说，来的人很少有能平安抵达的，这诚然是忠臣之义。但如今寇难频繁，不是一人之力所能抵挡的。白白相继落入虎口，又有何益？你们应该为国自爱，蓄粮厉兵，以待天时，或许善良的人不会始终倒霉，总有走好运的那一天吧！"

被慕容垂裹挟的三辅居民，派人密告苻坚，请派兵攻打慕容冲，想要纵火为内应。苻坚说："我痛感诸卿的忠诚！但是，我猛士如虎豹，利兵如霜雪，却受困于这乌合之虏，岂不是天意吗？我担心白白让诸卿坐自夷灭，我不忍心啊！"来人坚决请求，苻坚于是派骑兵七百人前往接应。而在慕容冲营中纵火的人，因风向转变，反而被火烧死，活下来的只有十分之一二；苻坚祭奠，为他们哭丧。

前秦卫将军杨定与慕容冲战于长安城西，被慕容冲生擒。杨定，是前秦骁将。苻坚大惧，因为谶书上有预言说"帝出五将久长得"，于是留太子苻宏守长安，对他说："上天晓谕我，要我出城。你好好守城，不要与贼寇交战，我当出陇西，收兵运粮给你。"于是率数百骑兵与张夫人及中山公苻诜，还有两个女儿苻宝、苻锦出奔五将山，宣告州郡，约期在初冬时节，共同发兵救援长安。

苻坚路过韭园，发动袭击，守将李辩投奔西燕，彭和正惭愧，自杀而亡。

21 闰五月，朝廷任命广州刺史罗友为益州刺史，镇守成都。

22 闰五月四日，后燕王慕容垂到了常山，包围翟成于行唐。命带方王慕容佐镇守龙城。六月，高句丽入寇辽东，慕容佐派司马郝景将兵救援，被高句丽打败，高句丽于是攻陷辽东、玄菟。

23 前秦太子苻宏在长安无法支持，率领骑兵数千人与母亲、妻子、宗室西奔下辨；百官逃散，司隶校尉权翼等数百人逃奔后秦。西燕主慕容冲进入长安城，纵兵大掠，死者不可胜计。

24 秋，七月，旱灾，饥荒，井水都干涸了。

25 后秦王姚苌从故县进入新平。

26 前秦王苻坚到了五将山，后秦王姚苌派骁骑将军吴忠率骑兵将他包围。前秦士兵都散走，只有侍御十几人在侧，苻坚神色自若，坐在那里，召厨师进食。过了一会儿，吴忠到了，将苻坚逮捕，送到新平，幽禁于别室。

太子苻宏到了下辨，南秦州刺史杨璧拒绝让他入城。杨璧的妻子，是苻坚的女儿顺阳公主。她抛弃丈夫，跟从苻宏。苻宏奔往武都，投奔氐族豪强强熙，向他借道，投奔东晋。朝廷下诏，将他安置在江州。

27 前秦长乐公苻丕率众三万，从枋头准备回邺城。龙骧将军檀玄攻击，战于谷口。檀玄兵败，苻丕再次进入邺城。

28 后燕建节将军余岩叛变，自武邑北上，趋赴幽州。后燕王慕容垂派使者飞驰下令幽州守将平规说："你固守城池，不要出战，等我击破丁零之后，自己来讨伐他。"平规出战，被余岩击败。余岩进入蓟城，掳掠一千余户人家而去，于是占据令支。

七月二十八日，翟成的长史鲜于得斩翟成出降；慕容垂屠行唐城，将翟成的部众全部坑杀。

29 太保谢安因病申请回朝,朝廷下诏批准。八月,谢安到了建康。

30 八月十九日,晋国大赦。

31 八月二十二日,建昌文靖公谢安薨逝。朝廷下诏,加授特殊礼仪,葬礼规格按大司马桓温旧例。

八月二十五日,任命司徒、琅玡王司马道子兼领扬州刺史、录尚书、都督中外诸军事,任命尚书令谢石为卫将军。

32 后秦王姚苌派使者向前秦王苻坚索要传国玉玺,说:"这次是我姚苌应了上天历数,可以把传国玉玺给我。"苻坚瞋目呵斥说:"小羌敢逼天子,五胡次序,没有你羌人的名字。御玺已经送去晋国,你得不到了!"姚苌又派右司马尹纬去游说苻坚,要他把帝位禅让给自己。苻坚说:"禅代,那是圣贤之事。姚苌叛贼,哪有资格?"苻坚和尹纬谈话,问尹纬:"在朕的朝廷,当初你是什么官职?"尹纬回答说:"尚书令史。"苻坚叹息说:"你跟王猛是一类,宰相之才,而朕不知道你,所以也是活该亡国!"苻坚自以为平生对姚苌有恩,尤其愤恨,数次骂姚苌求死,对张夫人说:"岂能让敌人侮辱我的女儿。"于是先杀苻宝、苻锦。姚苌派人在新平佛寺将苻坚缢杀(时年四十八岁),张夫人、中山公苻诜都自杀,后秦将士皆为之哀恸。姚苌想要隐瞒弑君的罪行,谥苻坚为壮烈天王。

【司马光曰】

议论的人,都以为前秦王苻坚之亡,原因在于不杀慕容垂、姚苌,臣独以为不然。许劭说魏武帝曹操是治世之能臣、乱世之奸雄。如果苻坚治国没有失其道,则慕容垂、姚苌也都是前秦之能臣也,哪能作乱呢?苻坚之所以亡,是因为骤然取胜之后变得骄傲的缘故。魏文侯问李克,吴国为什么会灭亡,李克回答说:"数战数胜。"魏文侯:"数战数胜,是国家之福,怎么会反而灭亡呢?"李克说:"数战则人民疲敝,数胜则君主骄傲，以骄傲的君主率领疲敝的人民，没有不亡的。"前秦王苻坚，就是这种情况。

【华杉讲透】

慕容垂劝诫慕容凤，不要一味冲杀，要注意保护自己。苻坚也是一个不懂得保护自己的人，任由自己的豪情纵横。出师西域和南征东晋，这两项需要倾国之力的重大军事行动，他居然同时进行。南征的失败，让他的国家瓦解。而西征的成功，也差点让吕光留在西域自己称王了，没给苻坚带来什么好处。

苻坚是一个什么人呢？概括地说，是一个轻率的人。他把国家全交给王猛，也是轻率的，只是运气好，赶上了王猛这么一个好人。他临死时叹息说没有早遇见尹纬，他还是想把自己的国家交给一个好人罢。麻烦事都交出去，自己挑自己爱做的事来做，一厢情愿地认为，我对他那么好，他不应该背叛我，这是很多老板都有的痴心妄想，也是一种幼稚病。

生于忧患，死于安乐。领导者永远不能放下自己的责任，不能贪图安逸和快意人生。没有什么是理所应当，一切都是来之不易；没有什么是一劳永逸，一切都需要不断获取。比如部下的忠诚不是理所应当，它需要不断获取，不是说他是忠臣，他就该、就会永远忠于你。

33 长乐公苻丕在邺城，准备西赴长安，幽州刺史王永在壶关，遣使招苻丕，苻丕于是率领邺城中男女六万余口西入潞川。骠骑将军张蚝、并州刺史王腾迎接苻丕进入晋阳。王永留平州刺史苻冲守壶关，自己率一万骑兵到晋阳与苻丕会合。苻丕才知道长安失守，苻坚已死，于是发丧，即皇帝位。苻丕追谥苻坚为宣昭皇帝，庙号世祖，大赦，改年号为大安。

34 后燕主慕容垂任命鲁王慕容和为南中郎将，镇守邺城。派慕容农出蠮螉塞，经由凡城，向龙城进军，集合各路人马，征讨叛将余岩；

慕容麟、慕容隆从信都出师，攻略渤海、清河。慕容麟攻击渤海太守封懿，生擒封懿，之后屯驻在历口。封懿，是封放的儿子。

35 鲜卑刘头眷击破贺兰部于善无，又在意亲山击破柔然部。刘头眷的儿子刘罗辰对刘头眷说："近来用兵，所向无敌。但是内部尚有心腹之患，希望您早做图谋！"刘头眷问："心腹之患是谁？"刘罗辰说："堂兄刘显，残忍之人，必将为乱。"刘头眷不听。刘显，是刘库仁之子。

过了不久，刘显果然杀刘头眷自立，又准备杀拓跋珪。刘显的弟弟刘亢泥的妻子是拓跋珪的姑姑，她把消息告诉拓跋珪的母亲贺氏。刘显的智囊梁六眷，是代王拓跋什翼犍的外甥，也派他的部下穆崇、奚牧密告拓跋珪，并且把自己的爱妻、骏马托付给穆崇，说："如果事情泄露，就用这来帮我证明自己。"

贺氏夜里设酒宴邀请刘显，把刘显灌醉，让拓跋珪秘密与旧臣长孙犍、元他、罗结轻骑逃去。凌晨时分，贺氏故意惊扰马厩中群马，让刘显起来查看。贺氏哭泣说："我儿子刚才还在这里，现在却都不见了，是你们谁杀了他吗？"刘显因此就没有派人急追。

拓跋珪得以逃奔贺兰部，投靠他的舅舅贺讷。贺讷惊喜地说："复国之后，当记着老臣我的功劳！"拓跋珪笑道："诚如舅舅所言，不敢忘记。"

刘显怀疑是梁六眷泄露了他的阴谋，将要囚禁梁六眷。穆崇宣称："梁六眷不顾恩义，协助刘显为逆，我抢得他的妻子和骏马，足以解恨！"刘显于是放过了梁六眷。

贺氏的堂弟、外朝大人贺悦率领自己的部属投奔拓跋珪。刘显怒，要杀贺氏，贺氏逃奔刘亢泥家，藏匿在神车（供奉神像的车）中三天，刘亢泥举家为她求请，得以免死。

故南部大人长孙嵩率所部七百余家背叛刘显，投奔五原。当时拓跋寔君之子拓跋渥也聚众自立，长孙嵩想要去归附他；乌渥对长孙嵩说："逆父之子（拓跋寔君弑父，见公元376年记载），不值得跟从，不如归附拓跋珪。"长孙嵩听从。

后来，刘显所部又有变乱，故中部大人庾和辰保护贺氏，投奔拓跋珪。

贺讷的弟弟贺染干忌恨拓跋珪得人心，派他的党羽侯引七突密谋杀死拓跋珪；代郡人尉古真知道消息，密告拓跋珪，侯引七突不敢发动。贺染干怀疑是尉古真泄露了他的阴谋，将他逮捕刑讯，用两个车轮夹他的头，伤了一只眼睛，尉古真始终没有承认，才免一死。贺染干举兵包围拓跋珪；贺氏出来，对贺染干说："你们准备怎么待我？要杀我的儿子吗？"贺染干惭愧而去。

36 九月，前秦主苻丕任命张蚝为侍中、司空，王永为侍中、都督中外诸军事、车骑大将军、尚书令，王腾为中军大将军、司隶校尉，苻冲为尚书左仆射，封西平王；又任命左长史杨辅为右仆射，右长史王亮为护军将军；立妃子杨氏为皇后，儿子苻宁为皇太子，苻寿为长乐王，苻锵为平原王，苻懿为渤海王，苻昶为济北王。

37 吕光从龟兹还师，到了宜禾，前秦凉州刺史梁熙准备关闭边境，不让他回国。高昌太守杨翰对梁熙说："吕光刚刚击破西域，兵强气锐，听说中原丧乱，必有异图。河西地方万里，带甲十万，足以自保。如果吕光走出流沙地区，就难以抵挡了。高梧谷口是个险要关口，应该先把守高梧谷口，夺取水源地；他们没有饮水，可以坐而制服。如果认为高梧谷口太远，把守伊吾关，也能挡住他们。如果让他们通过这两个关口，就是有张良出谋划策，也无计可施了！"梁熙不听。

美水县令、犍为人张统对梁熙说："如今关中大乱，京师是存是亡，也不可知。吕光之来，其志难测，将军准备怎么抵挡呢？"梁熙说："我也很担忧，不知道怎么办。"张统说："吕光智略过人，如今拥思归之士，乘战胜之气，其兵锋不易抵挡。将军世受朝廷大恩，忠诚夙著；为王室建立功勋，就在今日！行唐公苻洛，是皇上的堂弟，勇冠一时，我为将军考虑，不如尊奉苻洛为盟主以收人心，推行忠义以率群豪，则吕光虽至，也不敢有异心了。利用吕光的精锐部队，再联合毛兴（河州刺史)、王统（秦州刺史）、杨璧（南秦州刺史），合四州之众，横扫凶逆，安宁王室，这是齐桓公、晋文公那样的事业。"梁熙又不听，杀苻洛于西海。

吕光听闻杨翰之谋，惧怕，不敢前进。杜进说："梁熙文雅有余，智谋不足，终究不能用杨翰之谋，不足为虑。应该乘其上下离心之际，速进以取之。"吕光听从。进军到了高昌，杨翰献出高昌郡迎降。到了玉门，梁熙发出正式檄文，指责吕光擅自还师，任命儿子梁胤为鹰扬将军，与振威将军南安人姚皓、别驾卫翰率众五万人在酒泉布防，抵御吕光。敦煌太守姚静、晋昌太守李纯献出本郡，投降吕光。吕光也以正式檄文回复凉州，指责梁熙不能奔赴国难，反而阻遏归国部队；派遣彭晃、杜进、姜飞为前锋，与梁胤战于安弥，大破并生擒梁胤。于是四面山区的匈奴人、夷人都归附于吕光。

武威太守彭济发动兵变，逮捕梁熙投降。吕光杀梁熙。

吕光进入姑臧，自领凉州刺史，表举杜进为武威太守。其余将佐各自接受职位。凉州郡县全部投降吕光，唯独酒泉太守宋皓、西郡太守索泮坚守城池，不肯投降。吕光攻陷城池，将二人抓获，斥责索泮说："我受诏平定西域，而梁熙阻绝我归路，他是朝廷之罪人，你为什么要跟从他？"索泮说："将军受诏平定西域，并没有受诏祸乱凉州，梁公有什么罪，将军要杀他？我只苦于自己力量不足，不能为君父报仇而已，岂能像彭济那样做？主灭臣死，也是理所应当。"吕光杀索泮及宋皓。

主簿尉祐，奸佞倾险，与彭济一起抓捕梁熙，吕光宠信尉祐。尉祐向吕光诬陷诛杀凉州名士姚皓等十余人，凉州人由此不悦。吕光任命尉祐为金城太守，尉祐到了允吾，突袭占据城池叛变；姜飞击破允吾，尉祐逃奔占据兴城。

【华杉讲透】

乱世之中，人何以自处？吕光、梁熙、杨翰、张统、彭济、尉祐，也是几种"原型人物"，一台戏，通常都有这些角色，这一段，拍一部电影正好！

吕光平定西域，得胜还朝，没有一点毛病，他就算有什么想法，也没证据。而梁熙要阻绝他的归路，这是自己有想法了。有了想法，就要有行动，越早挡住他越好，杨翰献的计策，一夫当关，万夫莫开，当然是守住关口。梁熙居然不听。不听的原因，杜进说："梁熙文雅有余，机鉴不足，终不能用翰之谋，不足忧也。"看死了他没出息！他不听，并不是他觉得这计策不好，他也不知道好不好，他就是犹豫、拖延，不到最后一刻，他就无法做出行动。事实上这是一种"拖延症"，等到吕光大军都逼近了，他才派儿子去迎战，他儿子怎么会是吕光的对手呢？这是死定了的昏招。

张统的计策呢，要梁熙做齐桓、晋文，这计策大错，首先梁熙没这个想法，天下大乱，他此时正想割据凉州为王，根本就不想奉苻洛为盟主。再说，要他奉苻洛以令吕光，还要毛兴、王统、杨璧都因苻洛而听他号令，梁熙没这个本事，苻洛更没有这个号召力。苻洛是造反被灭，免死流放凉州的罪臣，他哪有这个政治资本呢？所以张统的计策纯属书生之见，想当然，没有任何可行性。

不过，张统倒提醒了梁熙，他马上就把苻洛杀了。他不是拖延症吗？杀苻洛怎么这么快呢？因为有拖延症的人，对容易决策的事情行动尤其快，他在拖延不决中，就会找些容易的事来干，缓解焦虑。而且杀了苻洛，也可以防止其他人利用苻洛作为政治号召。

杨翰很痛快，一看梁熙不值得追随，马上投降吕光。乱世之中，走一步看一步，杨翰这一步走得很对。

彭济杀梁熙投降吕光是正确的选择，不能让自己给梁熙殉葬。杀了他，省得打仗，避免生灵涂炭。

尉祐是纯粹的坏人，这种人养不熟，走到哪都是害人，"奸佞倾险"，奸猾、巧言令色、心怀险恶，什么人都敢骗，什么坏事都敢干。

38 前秦叛将乞伏国仁自称大都督、大将军、单于，领秦州、河州二州牧，改年号为建义，任命乙旃童泥为左相，屋引出支为右相，独孤匹蹄为左辅，武群勇士为右辅，弟弟乞伏乾归为上将军，把他控制的地盘分置为武城等十二个郡，筑勇士城为首都。

39 前秦尚书令魏昌公苻纂从关中逃奔晋阳；前秦主苻丕拜苻纂为太尉，封东海王。

40 冬，十月，西燕主慕容冲派尚书令高盖率众五万讨伐后秦，战于新平南，高盖大败，投降后秦。当初，高盖以杨定为义子，等到高盖战败投降，杨定逃奔陇右，又重新收集他的旧部。

41 归顺后燕的苻定、苻绍、苻谟、苻亮，听闻前秦主苻丕即位，都自河北派遣使臣，前来谢罪。中山太守王兖，本是新平氐人，固守博陵，为前秦抗拒后燕。

十一月，苻丕任命王兖为平州刺史，苻定为冀州牧，苻绍为冀州都督，苻谟为幽州牧，苻亮为幽州、平州二州都督，全部加封为郡公。左将军窦冲据守兹川，有部众数万人，与秦州刺史王统、河州刺史毛兴、益州刺史王广、南秦州刺史杨璧、卫将军杨定都从陇西派遣使者，邀约苻丕，一起夹击后秦。苻丕任命杨定为雍州牧，窦冲为梁州牧，加授王统为镇西大将军，毛兴为车骑大将军，杨璧为征南大将军，全都开府仪同三司，加授王广为安西将军，都进位为州牧。

杨定不久移驻历城，将辎重物资储存在百顷，自称龙骧将军、仇池公，遣使来向晋国称藩；皇帝司马昌明下诏，将他所自称的官爵全部正式授给他。其后，杨定又攻取天水、略阳土地，自称秦州刺史、陇西王。

42 绎幕人蔡匡占据城池，背叛后燕，后燕慕容麟、慕容隆一起攻打他。晋国泰山太守任泰秘密派部队救援蔡匡，到了蔡匡营垒以南八里，后燕军才察觉。诸将都认为蔡匡未能攻下，而外敌又突然杀到，深感忧虑。慕容隆说："蔡匡仗恃外有救兵，所以坚守不降。如今计算下来，任泰的兵不过数千人，趁他们还未会合，即刻发动攻击，任泰一败，蔡匡自然就降了。"于是放下蔡匡，攻击任泰，大破晋军，斩首一千余级。

蔡匡于是投降，后燕王慕容垂杀蔡匡，并在他的城内大肆屠杀。

43 慕容农到了龙城，休养士马十余日。诸将都说："殿下来的时候，行军非常迅速，如今到了龙城，却久留不进，为什么呢？"慕容农说："我来时迅速进兵，是担心余岩越过大山，抢夺劫掠，侵扰良民而已。现在看来，余岩的才干也不超过一般人，不过是诓骗一些饥饿的民众，乌合为群而已，并没有什么纲纪。我已经扼住他的咽喉，时间一长，他们自己就分崩离析了，不能有所作为。如今这里的农田刚刚成熟，如果不收割就走，白白浪费了这些军粮；等收割之后，再去将他枭首，也不过再等十来天而已。"（柏杨注：农民苦苦耕种，军队却去收割，军队固然得意，农民用什么下肚，男女老幼，饿死一途。）

不久，慕容农率步骑兵三万到了令支，余岩部众震骇，渐渐有人翻墙出城，归附慕容农。余岩计穷出降，慕容农将他斩首，接着进击高句丽，收复辽东、玄菟二郡。还师回到龙城上，上疏请缮修祖先陵庙。后燕王慕容垂任命慕容农为使持节、都督幽州平州二州、北狄诸军事、幽州牧，镇守龙城；命平州刺史、带方王慕容佐镇守平郭。慕容农于是创立法制，凡事都从宽从简，司法清廉公正，减省赋税徭役，劝课农桑，居民迅速富足起来，四方流民先后前来投奔的有数万人。之前幽州、冀州流民很多都进入高句丽，慕容农任命骠骑司马、范阳人庞渊为辽东太守，招抚他们回来。

【华杉讲透】

史书上经常有这样的记载，一个镇守一方的大将，在自己境内创立法制，务从宽简，司法公正，减省赋税徭役，劝课农桑，鼓励生产，百姓就迅速富足起来，然后四面八方的百姓都来投奔。

一个好的社会，就这么简单，但是却那么难得到！为什么呢？因为统治者总是要作恶，或者总是要闯祸。有一个流行的问题，问什么是真正的奢侈品，说不是财富地位，而是健康的身体，云云。读史读多了，你会体会到，什么是真正的奢侈品？是国家有一个好的政府！因为一好的政府能让一切都好，一个坏的政府能搞到天下大乱，十室九空，赤地千里。

所以，人生最大的奢侈品，是遇上一个好的时代，而好的时代，就需要有好的政府。

44 后燕慕容麟攻打前秦王兖于博陵，城中粮食吃尽，弓箭也射光了，功曹张猗翻墙逃出城外，聚众响应慕容麟。王兖在城墙上数落他说："你是秦国臣民，我是你的主君，你起兵应贼，还自号为'义兵'，为何如此名实相反？古人求忠臣必于孝子之门，你的母亲还在城里，你都弃而不顾，更不会在乎背叛我了！现在，人们或许能看到你取得荣华富贵，但又怎能忘记你做过的不忠不孝之事呢！我想不到中州礼义之邦，竟然还有你这样的人！"

十二月，慕容麟攻下博陵，抓获王兖及苻鉴，处死。昌黎太守宋敞率乌桓、索头部众救援王兖，还没到，博陵就陷落了，宋敞撤回。前秦主苻丕任命宋敞为平州刺史。

45 后燕王慕容垂向北进入中山，对诸将说："乐浪王慕容温招抚流散人民，充实仓廪，供应军粮，又营建宫室，就算是萧何的功劳，也不见得超过他！"

十二月二十三日，慕容垂定都中山。

46 前秦苻定据守信都，抵御后燕，后燕王慕容垂任命堂弟、北地王慕容精为冀州刺史，率军攻打。

47 拓跋珪的曾叔祖拓跋纥罗与弟弟拓跋建及诸部酋长，共同请求贺讷推举拓跋珪为主君。

太元十一年（公元386年）

1 春，正月六日，拓跋珪大会于牛川，即代王位，改年号为登国。任命长孙嵩为南部大人，叔孙普洛为北部大人，分治其众。任命上谷人张衮为左长史，许谦为右司马，广宁人王建、代人和跋、叔孙建、庾岳等为外朝大人，奚牧为治民长，都掌管宫廷宿卫及参与军国会议。长孙道生、贺毗等侍从左右，传达诏书教令和转呈奏章。王建，是代王拓跋什翼犍的女婿；庾岳，是庾和辰的弟弟；长孙道生，是长孙嵩的侄子。

【华杉讲透】

代国复建，不久改称魏国，史称"北魏"。北魏不在五胡十六国之内，因为五胡十六国都是短命政权，北魏历史长达一百七十一年，于是成为南北朝时期的北朝，跟南朝的宋、齐、梁、陈对应。

2 后燕王慕容垂即皇帝位。

3 后秦王姚苌进入安定。

4 前秦南安人秘宜率领羌族、胡人五万余人攻打乞伏国仁，乞伏国仁将兵五千人逆击，大破秘宜军。秘宜奔还南安。

5 当初，鲜于乞杀翟真时，翟辽逃奔晋国黎阳郡，黎阳太守滕恬之对他非常宠爱信任。滕恬之喜欢打猎，不爱惜士卒，翟辽暗地里对滕恬之的下属施以恩惠，收买人心。滕恬之南攻鹿鸣城时，翟辽在后面关闭城门，不让他回来。滕恬之向东投奔鄄城，翟辽追击，将他抓获，于是占据黎阳。晋国豫州刺史朱序派将军秦膺、童斌与淮河、泗水一带各郡，连兵征讨翟辽。

6 前秦益州牧王广（去年离开益州，投靠兄长王统）从陇西引兵攻打河州牧毛兴于枹罕,毛兴派建节将军卫平率领他的宗族一千七百人夜袭王广,大破之。二月,秦州牧王统派兵协助王广攻打毛兴,毛兴婴城固守。

7 后燕大赦,改年号为建兴,设置公卿、尚书、百官,修缮宗庙、社稷。

8 西燕主慕容冲在长安,自得其乐,又畏惧后燕主慕容垂强大,不敢东归,于是开始督促农耕,修筑宫室,作长远打算,鲜卑人都很怨愤(因为他们起兵是为了回到东方老家)。左将军韩延利用众人的不满,攻打慕容冲,杀之(得年二十八岁),立慕容冲的将领段随为燕王,改年号为昌平。

9 当初,凉州旧主张天锡南逃,前秦长水校尉王穆藏匿他的世子张大豫,带着张大豫一起逃奔河西,依附鲜卑部落酋长秃发思复鞬,秃发思复鞬将张大豫送到魏安。魏安人焦松、齐肃、张济等聚兵数千人迎立张大豫为主君,攻打吕光所属的昌松郡,攻拔,生擒太守王世强。吕光派辅国将军杜进出击,杜进兵败,张大豫进逼姑臧。王穆进谏说:"吕光粮丰城固,甲兵精锐,进逼再紧,也捞不到什么利益;不如席卷岭西,招兵买马,积聚粮食,然后再挥师东向,与之争锋,用不了一年,就可将吕光制服。"张大豫不听,自号为抚军将军、凉州牧,改年号为凤凰,任命王穆为长史,传檄郡县,又派王穆游说晓谕岭西诸郡,建康太守李隰、祁连都尉严纯等都起兵响应张大豫,有部众三万人,据守杨坞。

10 代王拓跋珪徙居定襄郡盛乐城,致力农耕,让人民休养生息,国人都很喜悦。

11 三月,晋国大赦。

12 晋国泰山太守张愿叛变，献出泰山郡，投降翟辽。

当初，谢玄想要让朱序屯驻梁国，自己屯驻彭城，以支援黄河沿岸据点，与洛阳相呼应。朝廷会议，认为军事行动时间太久，人民难以负担各种徭役，想要让谢玄留下戍卫部队，就把大军撤回。现在，翟辽、张愿相继叛变，北方骚动，谢玄谢罪，自请解职，皇帝下诏安慰挽留，令他回到淮阴。

13 后燕主慕容垂追尊生母兰氏为文昭皇后，想要把嫡母文明皇后段氏的牌位迁出宗庙，以兰氏配享太祖（慕容皝），下诏让百官商议，都认为是理所应当。博士刘详、董谧则认为："尧的生母为帝喾的妃子，而且排位为第三，所以她的地位不能超过帝喾正妻姜原。明圣之道，以至公为先；文昭皇后应该另立祭庙。"慕容垂怒，逼他们同意，刘详、董谧说："皇上要怎么做，不需要问臣下意见。既然要问，臣等就按经典礼制来回答，不敢有二。"慕容垂于是不再问诸儒，将段氏牌位迁出，以兰氏替代。又认为景昭皇后可足浑氏倾覆社稷，将她废黜；尊烈祖（慕容儁）的昭仪段氏为景德皇后，配享烈祖。

【崔鸿曰】

齐桓公葵丘之盟，命诸侯不可以妾为妻。丈夫对于妻子，尚且不可以妾代之，更何况做儿子的，能改变他的嫡母吗？《春秋》说，母以子贵，是说嫡母去世，才可以妾母继位，但是，死后也不能享祀宗庙，所以春秋时期，鲁庄公的妃子成风生下鲁僖公，但鲁僖公继位后，仍然以嫡母姜氏配享鲁庄公，没有用自己的生母。君父之所为，臣子们必定上行下效，就像有物体就有影子，有声音就有回响。慕容宝后来逼杀其母，就是慕容垂做的示范吧！尧、舜之禅让，还招来子之、姬哙的大祸（燕王姬哙效仿尧舜，禅位给子之，闯下大祸，见公元前396年记载），更何况违背礼制，纵容自己私心的呢？当初文姜得罪鲁桓公（文姜与哥哥齐襄公通奸，被鲁桓公察觉，齐襄公杀死鲁桓公），《春秋》并不因此废黜她的正妻地位。可足浑氏虽有罪于前朝，但她作为国君夫人之礼已经完成；慕容垂因为自己的私仇而废黜她，又立哥哥的一个没有生儿子的妾为皇后，都是违背礼法的行为。

14 匈奴部落酋长刘显去年从善无南走马邑，其族人刘奴真率所部投降代国。刘奴真有一个哥哥叫刘犍，之前居住在贺兰部，刘奴真对代王拓跋珪说，请征召刘犍回国，自己可以把部属让给他统领。拓跋珪同意。刘犍回来，掌握部众之后，派弟弟刘去斤去贺兰部落，送给贺讷黄金和骏马。贺染干对刘去斤说："我待你兄弟如此恩厚，你如今既然统领部众，应该带来跟从我。"刘去斤许诺。刘奴真怒曰："我祖父以来，世代为代国忠臣，我将部众让给你们，也是为了大义。如今你们倒行逆施，阴谋叛国，大义何在？"于是杀死刘犍及刘去斤。贺染干收到消息，引兵攻打刘奴真，刘奴真投奔代国。拓跋珪遣使责备贺染干，贺染干于是停止行动。

15 西燕左仆射慕容恒、尚书慕容永袭击段随，杀之；立宜都王慕容桓的儿子慕容颙为西燕王，改年号为建明，率鲜卑男女四十余万人离开长安，向东回乡。

慕容恒的弟弟、护军将军慕容韬，将慕容颙诱骗到临晋，杀死。慕容恒怒，离开慕容韬。慕容永与武卫将军刁云率众攻打慕容韬。慕容韬战败，逃奔慕容恒大营。慕容恒立西燕主慕容冲之子慕容瑶为帝，改年号为建平，谥慕容冲为威皇帝。但人心不服，众人都离开慕容瑶，投奔慕容永。慕容永抓获慕容瑶，杀之，立慕容泓的儿子慕容忠为帝，改年号为建武。慕容忠任命慕容永为太尉，代理尚书令，封河东公。慕容永持法宽容公平，鲜卑人心悦诚服。慕容永到了闻喜，听闻后燕主慕容垂已经称帝，不敢前进，修筑燕熙城居住。

16 鲜卑人既已东去，长安城中空虚。前荥阳太守、高陵人赵谷等招集杏城卢水匈奴部落酋长郝奴，率部众四千户进入长安，渭河以北人民纷纷响应，郝奴任命赵谷为丞相。扶风人王骥有部众数千，据守马嵬，郝奴派弟弟郝多攻打。夏，四月，后秦王姚苌也从安定出兵，攻打王骥，王骥逃奔汉中。姚苌抓获郝多，继续进兵，郝奴惧怕，请降，拜为镇北将军、六谷大都督。

17 四月二十二日，晋国任命尚书仆射陆纳为左仆射，谯王司马恬为右仆射。陆纳，是陆玩之子。

18 前秦河州刺史毛兴袭击流亡的益州刺史王广，王广战败，逃奔秦州；陇西鲜卑人匹兰生擒王广，送到后秦。毛兴准备再次攻打王统于上邽，枹罕诸氐人对频繁的军事行动感到厌恶和悲苦，于是一起杀死毛兴，推举卫平为河州刺史，遣使到晋阳，向前秦朝廷请求得到承认。

19 后燕主慕容垂封其子慕容农为辽西王，慕容麟为赵王，慕容隆为高阳王。

20 代王拓跋珪改称魏王（北魏帝国建立）。

21 张大豫从杨坞进兵，屯驻于姑臧城西，王穆及秃发思复鞬的儿子秃发奚于率众三万屯驻于城南。吕光出击，大破张大豫军，斩首秃发奚于等二万余级。

22 前秦大赦，任命卫平为抚军将军、河州刺史，吕光为车骑大将军、凉州牧。使者都被后秦俘虏，不能将诏书送达。

23 后燕主慕容垂任命范阳王慕容德为尚书令，太原王慕容楷为左仆射，乐浪王慕容温为司隶校尉。

24 后秦王姚苌即皇帝位于长安，大赦，改年号为建初，国号大秦。追尊其父姚弋仲为景元皇帝，立妻蛇氏为皇后，儿子姚兴为皇太子，设置百官。

姚苌与群臣宴饮，酒酣耳热之际，说："诸卿当年与朕同为前秦臣子，如今忽然变成了君臣关系，你们不觉得羞耻吗？"赵迁说："上天不以陛下做他的儿子为耻，臣等又怎么会以做陛下的臣子为耻？"姚苌大笑。

25 魏王拓跋珪向东前往陵石，护佛侯部落酋长侯辰、乙佛部落酋长代题都叛变逃走。诸将请追击，拓跋珪说："侯辰等累世服役，有罪也应暂且容忍他们。如今国家草创，人心还未安定，愚昧的人往往会退缩，犯不上去追！"

26 六月二十日，晋国任命前辅国将军杨亮为雍州刺史，镇卫洛阳皇家陵墓。荆州刺史桓石民派将军晏谦攻打弘农，攻陷。晋国开始在湖县、陕城驻军。

27 西燕刁云等杀西燕主慕容忠，推举慕容永为使持节，大都督中外诸军事，大将军，大单于，雍州、秦州、梁州、凉州四州牧，录尚书事，河东王，向后燕称臣。

28 后燕主慕容垂派太原王慕容楷、赵王慕容麟、陈留王慕容绍、章武王慕容宙，分别攻打前秦苻定、苻绍、苻谟、苻亮等；慕容楷先写信给他们，分析形势，陈述祸福之道，苻定等投降。慕容垂将他们全部封为列侯，说："以酬报秦主（苻坚）之德。"

29 前秦国主苻丕任命都督中外诸军事、司徒、录尚书事王永为左丞相，太尉、东海王苻纂为大司马，司空张蚝为太尉，尚书令、咸阳人徐义为司空，司隶校尉王腾为骠骑大将军、仪同三司。

王永传檄四方公侯、州牧、郡守、垒主、民豪，共讨姚苌、慕容垂，令各率所统，于十月上旬到临晋会师。于是天水人姜延、冯翊人寇明、河东人王昭、新平人张晏、京兆人杜敏、扶风人马朗及建忠将军高平、牧官都尉扶风人王敏等纷纷承檄起兵，各有部众数万，遣使到晋阳觐见，苻丕全部就地拜为将军、郡守，封列侯。冠军将军邓景拥众五千占据彭池，与窦冲首尾呼应，以击后秦。苻丕任命邓景为京兆尹。邓景，是邓羌之子。

30 后秦主姚苌迁徙、安定居民五千余户到长安。

31 秋，七月，前秦平凉太守金熙、安定都尉没弈干与后秦左将军姚方成战于孙丘谷，姚方成兵败。后秦主姚苌任命他的弟弟、征虏将军姚绪为司隶校尉，镇守长安；自己领兵到安定，攻击金熙等，大破前秦军。金熙本是东胡人；没弈干是鲜卑多兰部落酋长。

32 前秦枹罕各氐族部落酋长认为卫平衰老，难以成就功业，商议将他废黜，而又忌惮他宗族强盛，多日不能决断。氐人啖青对诸将说："大事应该即刻决定，不然就会生变乱。诸位只管请卫公来开会，看我怎么做。"

正好七夕大宴，啖青抽剑上前，说："如今天下大乱，我辈休戚与共，不是贤主，不能带领大家成就大事。卫公年老，应该回到原来的官位，把权柄让给贤能的人。狄道县长苻登，虽然是王室远亲，但志气豪迈，智略过人，请大家一起拥戴他，率军前往临晋会师。诸君有不同意的，就马上说出来！"于是撸起袖子，举起宝剑，摆出一副谁反对就斩谁的样子。众人全部听从，都不敢抬头仰视。于是推举苻登为使持节、都督陇右诸军事、抚军大将军、雍州河州二州牧、略阳公，率众五万，向东进军，攻打南安，攻陷，遣使飞驰请命于前秦。苻登，是前秦主苻丕同族子弟。

33 南安郡变民首领秘宜与莫侯悌眷率其众三万余户向乞伏国仁投降，乞伏国仁拜秘宜为东秦州刺史，莫侯悌眷为梁州刺史。

34 七月十日，魏王拓跋珪回到盛乐，代题又带着他的部落来降，过了十几天，又跑去投奔刘显；拓跋珪命代题的孙子倍斤代替他统领其部众。

刘显的弟弟刘亢泥率众降魏。

35 八月，后燕主慕容垂留太子慕容宝守中山，任命赵王慕容麟为尚书右仆射，录留台（奉命留守京师，主管政事）。

八月一日，慕容垂率领范阳王慕容德等向南夺取土地，派高阳王慕容隆向东夺取平原郡。

丁零部落酋长鲜于乞据守曲阳西山，听闻慕容垂南伐，出击望都，剽掠居民。赵王慕容麟亲自出兵征讨，诸将都说："殿下调走京师守卫部队远征，万一无功而返，有损您的威望，不如派一个部将去。"慕容麟说："鲜于乞听说皇上大驾在外，无所畏忌，必定不设防备，一举可取，不足为忧。"于是声言要去鲁口，夜里突然回师直奔鲜于乞，天明时分，到达鲜于乞大营，即刻发动攻击，生擒鲜于乞。

36 翟辽入寇谯县，晋国豫州刺史朱序将他击退。

37 前秦主苻丕任命苻登为征西大将军、开府仪同三司、南安王，持节、州牧、都督，将他之前所自称的官爵全部正式授予他。又任命徐义为右丞相。留王腾守晋阳，右仆射杨辅戍卫壶关，率众四万，进军屯驻平阳。

38 当初，后秦主姚苌的弟弟姚硕德，统率他所部羌人居住在陇上，听闻姚苌起兵，也自称征西将军，聚众于冀城，呼应姚苌；任命堂孙姚详为安远将军，据守陇城，族孙姚训为安西将军，据守南安郡赤亭，与前秦秦州刺史王统对峙。姚苌从安定引兵与姚硕德会师攻打王统，天水屠各人、略阳羌人、匈奴人有一万余户响应，前秦略阳太守王皮向后秦军投降。

39 当初，前秦灭代，将代王拓跋什翼犍的小儿子拓跋窟咄迁到长安，后来拓跋窟咄跟从慕容永向东迁徙，慕容永任命拓跋窟咄为新兴太守。刘显派他的弟弟刘亢泥去迎接拓跋窟咄，随后派出大军跟随，进逼北魏南方边境，诸部骚动。魏王拓跋珪左右侍从人员于桓等与部落中的一些人密谋逮捕拓跋珪，响应拓跋窟咄，禁卫军将领、代人莫题等也秘密与拓跋窟咄交通往来。于桓的舅舅穆崇向拓跋珪告密，拓跋珪诛杀于桓等五人，对莫题等七个姓氏的叛徒，都不予追究。拓跋珪恐惧内部变乱，向北越过阴山，重新依靠贺兰部，派外朝大人、辽东人安同求救于后燕，后燕主慕容垂派赵王慕容麟前往救援。

40 九月，王统献出秦州，投降后秦。后秦主姚苌任命姚硕德为使持节、都督陇右诸军事、秦州刺史，镇守上邽。

41 吕光接到前秦王苻坚凶讯，全军缟素，谥苻坚为文昭皇帝。冬，十月，大赦，改年号为大安。

42 西燕慕容永遣使觐见前秦主苻丕，求借道东归。苻丕不许，与慕容永战于襄陵，前秦兵大败，左丞相王永、卫大将军俱石子都战死。

当初，东海王苻纂从长安来，麾下有壮士三千余人，苻丕猜忌他。这次战败之后，苻丕担心自己被苻纂所杀，率骑兵数千人向南奔向东垣，准备袭击洛阳。晋国扬威将军冯该从陕县拦击，杀苻丕，抓获他的太子苻宁、长乐王苻寿，送到建康。皇帝下诏，赦免不诛，交给苻宏收容（苻坚的皇太子苻宏当初被安置在江州，见公元385年记载）。

苻纂与他的弟弟、尚书、永平侯苻师奴率前秦部众数万人，放弃晋阳，移师到杏城据守，其余王公百官全部被慕容永生擒。慕容永遂进据长子，即皇帝位，改年号为中兴。准备将俘虏的苻丕的皇后杨氏封为上夫人，杨氏引剑刺向慕容永，被慕容永所杀。

43 十月十六日，晋国被废黜的皇帝、海西公司马弈薨逝于吴县。

44 后燕宦官吴深占据清河城造反,后燕主慕容垂攻城,不能攻克。

45 后秦主姚苌回到安定。

46 前秦南安王苻登既攻克南安,夷人、汉人归附他的有三万余户,于是进攻姚硕德于秦州,后秦主姚苌亲自前往救援。苻登与姚苌战于胡奴阜,大破姚苌军,斩首二万余级,将军啖青射姚苌,射中。姚苌伤重,退逃到上邽自保,姚硕德接替他统领姚苌部众。

47 后燕赵王慕容麟的援军还未抵达北魏,拓跋窟咄稍稍向前推进,进逼魏王拓跋珪,贺染干又入侵北魏北部,与拓跋窟咄呼应。北魏各部众惊慌扰动,北部大人叔孙普洛逃亡投奔刘卫辰。慕容麟听闻后,立即命北魏使节安同等人先行归国。北魏人知道后燕军在附近了,众心稍微安定下来。拓跋窟咄进兵屯驻高柳,拓跋珪引兵与慕容麟会师,发起攻击,拓跋窟咄大败,逃奔刘卫辰,刘卫辰杀拓跋窟咄。拓跋珪兼并了拓跋窟咄全部部众,任命代人库狄干为北部大人。慕容麟引兵回中山。

刘卫辰基地在朔方,士马强盛。后秦主姚苌任命刘卫辰为大将军、大单于、河西王、幽州牧,西燕主慕容永又任命刘卫辰为大将军、朔州牧。

48 十一月,前秦尚书寇遗护送渤海王苻懿、济北王苻昶从杏城奔往南安,南安王苻登为苻丕发丧,改穿丧服,谥前秦主苻丕为哀平皇帝。苻登提议立苻懿为主,众人说:"渤海王虽然是先帝之子,但年纪尚幼,不能承担这多难之秋。如今三虏(后秦、后燕、西燕)虎视眈眈,宜立长君,非大王不可。"苻登于是在陇东筑坛,即皇帝位,大赦,改年号为太初,设置百官。

49 慕容柔、慕容盛及慕容盛的弟弟慕容会都在长子,慕容盛对慕容柔、慕容会说:"主上已中兴幽州、冀州,东西不能统一,我们居于嫌疑之地,无论智愚,都不免于祸。不如及时东归,不要坐以待毙。"于是一起逃回后燕。之后过了一年多，西燕主慕容永将留在长子的前燕主慕容儁及后燕主慕容垂的子孙全部诛杀，男女一个不剩。

50 张大豫从西郡进入临洮，掳掠居民五千余户，据守俱城。

51 十二月，吕光自称使持节、侍中、中外大都督、督陇右、河西诸军事、大将军、凉州牧、酒泉公。

52 前秦主苻登立世祖（苻坚）牌位于军中，牌位放在一辆四面都有帐幔的祭车上，青色车盖，车前竖立黄旗，以虎贲勇士三百人守卫，凡是有所决策，都向苻坚牌位请示之后执行。苻登引兵五万，东击后秦，将士们头盔、铠甲上都刻上"死""休"字；每次作战，用短剑长矛，结成方圆大阵，哪个地方损失了，就从中间派人补充，所以人自为战，所向无前。

当初，长安将败，中垒将军徐嵩、屯骑校尉胡空各自聚众五千，结成营垒自保；既而接受后秦官爵。后秦主姚苌以王礼葬前秦主苻坚于两个营垒之间。苻登军到，徐嵩、胡空都率众投降。苻登拜徐嵩为雍州刺史，胡空为京兆尹，以天子之礼改葬苻坚。

53 十二月十八日，后燕主慕容垂攻打吴深据守的城垒，攻拔，吴深单马逃走。慕容垂进军屯驻聊城的逢关陂。

当初，前燕太子洗马温详投奔晋国，被任命为济北太守，屯驻东阿。后燕主慕容垂派范阳王慕容德、高阳王慕容隆攻击，温详派堂弟温攀防守黄河南岸，儿子温楷防守碻磝，抵御前燕军。

54 后燕主慕容垂任命魏王拓跋珪为西单于，封上谷王，拓跋珪拒绝接受。

卷第一百零七　晋纪二十九

（公元387年—391年，共5年）

烈宗孝武皇帝中之下

太元十二年（公元387年）

1 春，正月八日，晋国任命朱序为青州、兖州二州刺史，代谢玄镇守彭城；朱序请求将镇所移到淮阴，朝廷批准。任命谢玄为会稽内史。

2 正月十日，晋国大赦。

3 后燕主慕容垂在黄河沿岸展示军事实力，高阳王慕容隆说："温详之徒，都是白面儒生，乌合之众，只是仗恃着黄河之险保护自己。如果大军渡河，他们一看到我军军旗，必定震骇崩溃，都不用交战。"慕容垂听从。

正月二十一日，慕容垂派镇北将军兰汗、护军将军平幼于碻磝西四十里渡河，慕容隆则率大军在黄河北岸列阵。温攀、温楷果然逃走，前往东阿城，平幼追击，大破晋军。温详连夜带着妻子、儿女逃奔彭城，其部众三万余户全部降后燕。慕容垂任命太原王慕容楷为兖州刺史，镇守东阿。

当初，慕容垂在长安时，前秦王苻坚曾经与他拉着手亲密交谈，慕容垂出去后，冗从仆射光祚对苻坚说："陛下不怀疑慕容垂吗？慕容垂不是能久居人下的人。"苻坚把这话告诉慕容垂。后来，前秦主苻丕从邺城奔往晋阳，光祚与黄门侍郎封孚、巨鹿太守封劝都来投奔苻丕。封劝，是封弈之子。慕容垂第二次包围邺城时，前秦故臣、西河人朱肃等各率其部众投奔晋国。朝廷下诏，任命光祚等为河北诸郡太守，都扎营于济北、濮阳，由温详节制。温详战败，这些人都到后燕军大营投降。慕容垂全部赦免，仍像过去一样对待他们。慕容垂见了光祚，流涕沾襟，说："秦主待我深厚，我也尽心尽力事奉他；但是被苻丕、苻晖二公猜忌，我惧怕自己被害死，才不得不辜负他，每次想到这事，半夜都不能入睡。"光祚也跟着悲恸。慕容垂赐光祚金帛，光祚坚决推辞，慕容垂说："你还怀疑我吗？"光诈说："臣当年只是忠于自己的职责，没想到陛下至今还记着，臣怎敢逃避死罪？"慕容垂说："这是你的一片忠心，也正是我所企求的，刚才的话是玩笑罢了。"对光祚更加优厚，任命他为中常侍。

4 翟辽派他的儿子翟钊入寇陈留、颍川，朱序派将军秦膺将他击退。

5 前秦主苻登立妃毛氏为皇后，渤海王苻懿为皇太弟。皇后，是毛兴之女。苻登遣使拜东海王苻纂为使持节、都督中外诸军事、太师、领大司马，封鲁王，苻纂的弟弟苻师奴为抚军大将军、并州牧，封朔方公。苻纂对使者怒道："渤海王是先帝之子，南安王为什么不拥立他，而自立为帝？"长史王旅进谏说："南安王已经自立，绝无中途更改之理，如今寇虏未灭，不可在宗室之中自为仇敌。"苻纂这才接受任命。于是卢水匈奴人彭沛谷、屠各人董成、张龙世，新平羌人雷恶地等，都归附苻纂，苻纂有部众十余万。

6 后秦主姚苌将秦州豪杰三万户迁徙到安定。

7 当初,安次变民首领齐涉聚众八千余家,据守新栅,投降后燕,后燕主慕容垂拜齐涉为魏郡太守。不久齐涉又叛变,与晋国叛将泰山太守张愿联合。张愿亲自率领一万余人进屯祝阿的瓮口,又联络翟辽,共同响应齐涉。

高阳王慕容隆对慕容垂说:"新栅坚固,一时半会儿难以攻下。如果屯兵于其城下的时间太长,张愿拥帅流民,又与丁零人(翟辽)联合,为患更深。张愿部众虽多,但都是新近归附,不能力战。我们乘他初到,应该先攻击他。张愿父子仗恃自己骁勇,必定不肯避去,可以一战而擒。击破张愿,则齐涉不能独存。"慕容垂听从。

二月,慕容垂派范阳王慕容德、陈留王慕容绍、龙骧将军张崇率步骑兵二万与慕容隆会师,一起攻击张愿。行军到了斗城,离瓮口还有二十余里,解鞍休息。张愿引兵掩杀过来,后燕军惊慌,慕容德军退走,慕容隆勒兵不动。张愿的儿子张龟冲击慕容隆军阵地,慕容隆派将领王末逆击,斩张龟。慕容隆徐徐进战,张愿撤退。慕容德跑了一里多路,再整兵回来,与慕容隆会合,对慕容隆说:"贼兵士气正锐,应该暂且缓一缓。"慕容隆说:"张愿乘我不备,发动突袭,本来应该是他取得大胜;而我军士卒因为后有黄河阻隔,没有退路,势迫之下,人人奋力自战,所以能将他们击退。现在贼军新败,气竭势衰,都有进退之心,不能齐心奋战,我们应该乘胜追击。"慕容德说:"我都听你的。"于是进军,战于瓮口,大破张愿军,斩首七千八百级,张愿脱身,退保三布口。后燕军进军历城,青州、兖州、徐州郡县壁垒大多降后燕。慕容垂任命陈留王慕容绍为青州刺史,镇守历城。慕容德等还师,新栅人冬鸾逮捕齐涉,送给后燕军。慕容垂诛杀齐涉父子,其他人全部赦免。

【华杉讲透】

与温详、张愿的这两次战斗,体现了慕容隆高超的军事素养,就是知胜与知战。《孙子兵法》说:"胜可知而不可为。"能否取胜,在战斗之前就能判断。如果判断下来是不能取胜的，则胜利不可强求。慕容隆在打温详之前，就知道对方不堪一战，压上去，他自己就垮了。

知胜之后，还要知战。"知战之地，知战之日，则可千里而会战。"知道在什么地点、什么时间交战。慕容德认为张愿军士气正锐，应该避其锋芒，缓一缓再打。慕容隆则知道此时必须打，最终慕容德心服口服。

8 三月，前秦主苻登任命窦冲为南秦州牧，杨定为益州牧，杨璧为司空、梁州牧，乞伏国仁为大将军、大单于、苑川王。

9 后燕上谷人王敏杀太守封戢，代郡人许谦驱逐太守贾闰，各以本郡归附刘显。

10 后燕任命乐浪王慕容温为尚书右仆射。

11 夏，四月三日，晋国尊皇帝的母亲李氏为皇太妃，仪服与太后相同。

12 后秦征西将军姚硕德迫于前秦益州刺史杨定的军事压力，退守泾阳。杨定与前秦鲁王苻纂共同攻打，战于泾阳，姚硕德大败。后秦主姚苌从阴密出师救援，苻纂退屯敷陆。

13 后燕主慕容垂从碻磝回到中山，慕容柔、慕容盛、慕容会都从长子赶来（去年逃出长子，今年抵达中山）。慕容垂大喜，四月十五日，发布大赦令庆祝。

慕容垂问慕容盛："长子那里人心如何？能攻取吗？"慕容盛说："西军人心扰扰，都有东归之志，陛下只需修仁政等待时机而已。一旦大军前往，士兵们必定丢下武器，前来投奔，就像孝子归附慈父一样。"慕容垂喜悦。

四月十八日，封慕容柔为阳平王，慕容盛为长乐公，慕容会为清河公。

14 高平人翟畅逮捕太守徐含远，以郡投降翟辽。后燕主慕容垂谓诸将说："翟辽以不过一个城池的地盘，竟然能在三国之间反反复复，不可不征讨。"五月，任命章武王慕容宙为监中外诸军事，辅佐太子慕容宝镇守中山，慕容垂亲自率诸将南攻翟辽，任命太原王慕容楷为前锋都督。翟辽的部众都是燕、赵之人，听闻慕容楷到了，都说："太原王（慕容恪）的儿子，就是我们的父母啊！"相继归附慕容楷。翟辽惧怕，遣使请降。慕容垂任命翟辽为徐州牧，封河南公；大军继续前行，到黎阳，受降而还。

井陉人贾鲍，招引北山丁零翟遥等五千余人，夜袭中山，攻陷外城。章武王慕容宙以奇兵出其外，太子慕容宝鼓噪于内。内外夹击，大破之，俘虏其全部部众，唯有翟遥、贾鲍单马逃脱。

15 刘显地广兵强，雄踞北方。正赶上兄弟争权，北魏长史张衮对魏王拓跋珪说："刘显志在吞并我国，如今不乘其内溃而取之，必为后患。但是，只凭我们的力量，还不足以单独攻克，请与燕国联盟攻击。"拓跋珪听从，又派安同出使，向后燕请兵。

16 晋帝司马昌明下诏，征召会稽处士戴逵，戴逵累次推辞，不肯接受；郡县官员反复敦促逼迫，戴逵逃走，藏匿于吴县。谢玄上疏说："戴逵自求其志，如今王命如果不能收回，他势将承受风霜之患。陛下既然爱他、器重他，应该让他身名并存。请撤销诏命。"皇帝批准。戴逵，是戴逯的哥哥。

17 前秦主苻登任命他的哥哥苻同成为司徒、守尚书令，封颍川王；弟弟苻广为中书监，封安成王；儿子苻崇为尚书左仆射，封东平王。

18 后燕主慕容垂从黎阳回到中山。

19 后燕叛将吴深杀后燕清河太守丁国,章武人王祖杀太守白钦,渤海人张申占据高城叛变;后燕主慕容垂命乐浪王慕容温征讨。

20 苑川王乞伏国仁率骑兵三万人袭击鲜卑酋长密贵、裕苟、提伦三部于六泉。秋,七月,与没弈干、金熙战于渴浑川。没弈干、金熙大败,三部皆降。(《晋书》记载:乞伏国仁去大密贵等三部,没弈干、金熙又来打乞伏国仁,结果两军在渴浑川遭遇。)

21 前秦主苻登驻军于瓦亭,后秦主姚苌攻击彭沛谷的堡垒,攻拔,彭沛谷逃奔杏城。姚苌回到阴密,命太子姚兴镇守长安。

22 后燕赵王慕容麟讨伐王敏于上谷,斩王敏。

23 刘卫辰献马于后燕,被刘显在中途抢走。后燕主慕容垂怒,派太原王慕容楷将兵协助赵王慕容麟攻击刘显,击破刘显军。刘显逃奔马邑西山,北魏王拓跋珪引兵与慕容麟会师,攻击刘显于弥泽,刘显又战败,逃奔西燕。慕容麟兼并了他的全部部众,缴获马、牛、羊成千上万。

24 吕光的将领彭晃、徐炅攻击张大豫于临洮。张大豫战败,逃奔广武,王穆逃奔建康。八月,广武人抓获张大豫,送到姑臧,斩首。王穆袭据酒泉,自称大将军、凉州牧。

25 八月十八日,晋国立皇子司马德宗为太子,大赦。

26 后燕主慕容垂立刘显的弟弟刘亢泥为乌桓王,以安抚其众,迁徙八千篷帐到中山。

27 前秦冯翊太守兰椟率众二万，从频阳进入和宁，与鲁王苻纂谋划攻打长安。苻纂的弟弟苻师奴劝苻纂称帝，苻纂不听。苻师奴杀苻纂，取代了他的权位，兰椟于是与苻师奴绝交。西燕主慕容永攻打兰椟，兰椟遣使请救于后秦。后秦主姚苌准备亲自带兵前往救援，尚书令姚旻、左仆射尹纬说："苻登近在瓦亭，恐怕他乘虚袭击我们身后。"姚苌说："苻登兵多，不是一朝一夕可以制服的；苻登性格迟重，没有决断，必定不能轻军深入。两月之内，我一定破贼而返，苻登就算来了，也成不了什么事。"九月，姚苌进军到泥源。苻师奴逆战，大败，亡奔鲜卑。后秦兼并了他的全部部众，屠各人董成等都投降。

28 前秦主苻登进据胡空堡，戎人、汉人归附他的有十余万人。

29 冬，十月，翟辽又背叛后燕，派兵与王祖、张申寇掠清河、平原。

30 后秦主姚苌进击西燕主慕容永于河西，慕容永撤走。兰椟又列兵拒守，姚苌进攻，十二月，姚苌生擒兰椟，进入杏城。

31 后秦将领姚方成攻打前秦雍州刺史徐嵩的堡垒，攻拔，抓获徐嵩，数落他。徐嵩骂道："你姚苌罪该万死，当初苻黄眉要斩你，先帝（苻坚）制止，还让你担任朝廷和地方重要官职，荣宠至极。你还不如犬马，能识得养育之恩，亲自下毒手，做出大逆之事。你们这些羌人，还能指望你们有人性、讲道理吗？何不速速杀我？"姚方成怒，三斩（先斩脚，再斩腰，最后斩首）徐嵩，将他的士卒全部坑杀，把他们的妻子和女儿赏给自己的军士。后秦主姚苌掘出前秦主苻坚的尸体，鞭挞无数，剥去衣裳，裸着身体，用荆棘包裹，重新挖一个土坑埋葬。

32 凉州发生大饥荒，一斗米值五百钱，人相食，人口死亡超过三分之二。

33 吕光的西平太守康宁自称匈奴王，杀湟河太守强禧后叛变。张掖太守彭晃也叛变，向东联合康宁，向西交通王穆。吕光准备亲自将兵攻击彭晃，诸将都说："如今康宁在南，伺机而动。如果彭晃、王穆未能诛灭，康宁又来了，我军进退狼狈，形势就有大危险。"吕光说："确实就像你们说的那样。但是，我今天不去，就是坐等他们来。如果三寇连兵，东西交至，则城外都不归我们所有，大势去矣。如今彭晃初叛，与康宁、王穆交情还不紧密，这时候迅速出击，胜利比较容易些。"于是亲自率骑兵三万，倍道兼行。到了张掖，攻城二十天，攻陷，诛杀彭晃。

当初，王穆起兵，遣使招敦煌处士郭瑀，郭瑀叹息说："如今人民都要被夷狄统治了，我怎么忍心不救他们呢！"于是与同郡人索嘏起兵响应王穆，还给王穆运去粮食三万石。王穆任命郭瑀为太府左长史、军师将军，索嘏为敦煌太守。不久王穆又听信谗言，引兵攻打索嘏，郭瑀进谏，王穆不听，郭瑀出城大哭，举手回顾城池说："我不再见你了！"回到家，拿被子盖住脸，也不跟人说话，绝食而死。

吕光听到消息，说："两个强盗相互攻击，就要被我擒了，不能因为害怕屡战之劳苦，而失去这一劳永逸的机会。"于是率步骑兵二万人攻打酒泉，攻克，进兵屯驻凉兴；王穆引兵向东撤退，走到半途，部众溃散，王穆单骑逃走，被驿马县令郭文抓获斩首，将首级送给吕光。

太元十三年（公元388年）

1 春，正月，康乐献武公谢玄去世（享年四十六岁）。

2 二月，前秦主苻登驻军于朝那，后秦主姚苌驻军于武都。

3 翟辽遣司马眭琼到后燕谢罪；后燕主慕容垂因为他数次反复，斩眭琼，和他绝交。翟辽于是自称魏天王，改年号为建光，设置百官。

4 后燕青州刺史、陈留王慕容绍，迫于晋国平原太守辟闾浑的军事压力，退出历城，屯驻黄巾固。后燕主慕容垂改授慕容绍为徐州刺史。辟闾浑，是辟闾蔚的儿子。因为苻氏之乱，占据齐地，投降晋国。

5 三月十五日，后燕主慕容垂任命太子慕容宝为录尚书事，将国事委任给他，自己只是掌握大原则而已。

6 后燕赵王慕容麟攻击许谦，许谦大败，逃奔西燕。后燕于是废除代郡，将居民全部迁移到龙城。

7 吕光平定凉州的时候，杜进功劳最大。吕光任命杜进为武威太守，贵宠用事，群僚莫及。吕光的外甥石聪从关中来，吕光问他说："中州人对我施政评价如何？"石聪说："只听说有杜进，没听说有舅舅。"吕光由此猜忌杜进，杀了他。

吕光与群僚宴饮，谈及政事，参军、京兆人段业说："明公用法太严峻。"吕光说："吴起刻薄寡恩，但楚国因此强大，商鞅严刑峻法，但秦国因此振兴。"段业说："吴起丢了性命，商鞅家破人亡，都是因为他们的残酷所致。明公正开建大业，就算是向尧、舜学习，还担心大事不成，如果效法吴起、商鞅之为治，岂是凉州百姓所盼望的吗？"吕光面色严肃，向他道歉。

【华杉讲透】

孔子说"忠恕之道"，忠道，就是己欲立而立人，己欲达而达人，就是成就他人；恕道呢，就是己所不欲，勿施于人。作为一个领导者，要想成就大业，还要基业长青，就要让自己值得大家追随。像吕光这样，因为一句话的猜忌，就诛杀功臣，又想效仿吴起、商鞅，以全天下奉一人，那就是最坏的领导了。如果一个人当领导，是所有人的灾难，他当然也就难以善终。

吕光当然不是吴起、商鞅那样的人，他没那个学问，也没那个本事。他关心舆论对他的评价,这就不是商鞅在乎的。他先是对杜进好到天上去,转眼又把他无罪诛杀;段业给他指出错误,他能改容道歉。这些都证明他也不是想定了要怎么做,并没有一以贯之的战略,也是看心情罢了。如果领导处理问题,往哪边走,杀谁或不杀谁,都是看心情,那大家也就跟着混,小心不要惹恼他,随他把大家带到哪儿罢了。

8 夏,四月二十九日,晋国任命朱序为都督司州、雍州、梁州、秦州四州诸军事、雍州刺史,镇守洛阳。任命谯王司马恬接替朱序任都督兖州、冀州、幽州、并州诸军事,兼青州、兖州二州刺史。

9 苑川王乞伏国仁击破鲜卑越质叱黎于平襄,生擒越质叱黎的儿子越质诘归。

10 丁亥日(四月无此日),后燕主慕容垂立夫人段氏为皇后,任命太子慕容宝兼任大单于。段氏,是右光禄大夫段仪之女;她的妹妹嫁给范阳王慕容德。段仪是慕容宝的舅舅。追谥前妃段氏为成昭皇后。

11 五月,前秦皇太弟苻懿去世,谥号为献哀。

12 翟辽移师屯驻滑台。

13 六月,苑川王乞伏国仁去世,谥号为宣烈,庙号烈祖。其子乞伏公府年纪尚幼,群下推乞伏国仁的弟弟乞伏乾归为大都督、大将军、大单于、河南王。大赦,改年号为太初(和公元386年苻登即位的年号一样)。

14 北魏王拓跋珪击破库莫奚于弱落水南。秋,七月,库莫奚袭击魏营,拓跋珪又将他击破。库莫奚,本属宇文部,与契丹同类而异种,他的祖先都被前燕主慕容皝击破,迁居到松漠之间(千里松林和瀚海沙漠之间）。

15 前秦、后秦从春天开始就相持不下，屡次交战，互有胜负，这时各自撤兵归国。关西豪杰因为后秦长时间也没有成功，大多离去，归附前秦。

16 河南王乞伏乾归立其妻边氏为王后，设置百官，模仿汉制，任命南川侯出连乞都为丞相，梁州刺史悌眷为御史大夫，金城人边芮为左长史，东秦州刺史秘宜为右长史，武始人翟勍为左司马，略阳人王松寿为主簿，堂弟乞伏轲弹为梁州牧，弟弟乞伏益州为秦州牧，乞伏屈眷为河州牧。

17 八月，前秦主苻登立儿子苻崇为皇太子，苻弁为南安王，苻尚为北海王。

18 后燕护军将军平幼，会同章武王慕容宙讨伐吴深，吴深战败，撤退到绎幕固守。

19 北魏王拓跋珪有秘密图谋后燕之志，派九原公拓跋仪出使中山，后燕主慕容垂诘问说："魏王为什么不自己来？"拓跋仪说："先王与燕并事晋室，世代为兄弟，臣今天出使，从道理上说也没有什么错。"慕容垂说："如今我威加四海，岂得与昔日相比！"拓跋仪说："燕国如果不修德礼，欲以兵威自强，这是将帅之事，不是我这个使臣所能知道的了。"拓跋仪回去后，对拓跋珪说："燕主衰老，太子暗弱，范阳王自负才气，不会甘心臣服于少主。燕主死后，内部一定会斗争，那时候再图谋他们就可以了，今天则未可。"拓跋珪很赞赏他的看法。拓跋仪，是拓跋珪叔父拓跋翰的儿子。

20 九月，河南王乞伏乾归迁都金城。

21 后燕变民集团首领张申攻打广平,王祖攻打乐陵;九月二十五日,后燕高阳王慕容隆将兵征讨。

22 冬,十月,后秦主姚苌回到安定。前秦主苻登率军到新平谋取粮食,率领一万余人包围姚苌大营,在四面大哭;姚苌命营中的军士也放声和前秦军对哭,苻登于是撤退。

23 十二月十五日,晋国尚书令、南康襄公谢石去世。

24 后燕太原王慕容楷、赵王慕容麟将兵与高阳王慕容隆会师合口,攻击张申。王祖率诸垒一起救援,夜袭后燕军,后燕人逆击,将王祖军击退。慕容隆要乘胜追击,慕容楷、慕容麟说:"王祖老贼,或许诈败,在中途设伏,不如等天亮再说。"慕容隆说:"他们不过是一群强盗,乌合而来,侥幸一战,并非有严格军令约束,能统一军令进退。如今失利而去,都已不再接受指挥,我们乘势追击,不过数里,就可将他们全部擒获。张申所仗恃的,就一个王祖而已,王祖一破,张申就投降了。"于是留慕容楷、慕容麟监视张申营垒,慕容隆与平幼分道追击,到了天明时分,大获而还,悬挂所斩获的首级,展示给张申。十二月二十九日,张申出降,王祖也投降了。

25 前秦任命颍川王苻同成(苻登的哥哥)为太尉。

太元十四年(公元389年)

1 春,正月,后燕任命阳平王慕容柔镇守襄国。辽西王慕容农在龙城五年,政治修明,百业振兴,于是上表说:"臣之前出征到龙城,就留下镇守,所统将士,已经安逸多年了,青州、徐州、荆州、雍州遗寇繁多,愿早日派人来接替我的职位,让我能回去作战,竭诚报效国家,生无余力,死无遗恨,才是臣之志向。"

正月五日,后燕主慕容垂召慕容农为侍中、司隶校尉。任命高阳王慕容隆为都督幽州、平州二州诸军事,征北大将军,幽州牧,建留台(留守政府)于龙城,任命慕容隆为录留台尚书事。又任命护军将军平幼为征北长史,散骑常侍封孚为司马,并兼留台尚书。慕容隆因循慕容农的旧规,修订扩充,辽水、碣石一带,由此安定下来。

2 后秦主姚苌因为前秦屡战屡胜,认为是得了前秦王苻坚之神助,于是也在军中立苻坚的像,祷告说:"臣的哥哥姚襄命臣复仇,新平之祸,臣是执行姚襄的命令,不是臣的罪过。苻登,是陛下疏远的亲属,尚且想要复仇,臣敢忘记自己的亲哥哥吗?况且,陛下命臣以龙骧将军的职务建立大业,臣敢违背吗?如今为陛下立像,陛下不要追计臣的过错了。"

前秦主苻登登上军营指挥楼,远远地对着姚苌说:"为臣弑君,而立像求福,有用吗?"又大喊:"弑君贼姚苌为什么不出来?我与你决一死战!"姚苌不回应。到了后来,因为作战还是不利,军中每夜数次惊营,于是斩下苻坚神像的首级,送给苻登。

【华杉讲透】

什么叫病急乱投医?姚苌这就是了。孔子说:"非其鬼而祭之,谄也。见义不为,无勇也。"不是你的神,你不要拜。该你担当的事,你不要躲。

祭神,是为了崇德报恩,不是为了求福避祸。崇德报恩而祭,是礼,是本分;求福避祸而祭,就是谄媚。比如你拜佛,那你必是信佛,按佛的话去做,按佛的价值观去行,那佛便是你的鬼、你的神,你当祭当拜。你若对佛的思想并不了解,也不感兴趣,拜的那尊佛是什么来历、什么故事、什么象征,你都不知道,只觉得拜他一拜,他或许会保佑你。那就是谄媚。你都没在他的价值观道路上,他怎么会保佑你呢?姚苌要苻坚保佑他,真是滑天下之大稽,苻坚怎么会保佑他呢?

我们把他的祷词翻译一下：我确实是杀了您，但那是因为您杀了我哥，我是给我哥报仇。符登和您的血缘关系那么远，他都要为您报仇，我怎么能不为自己的亲哥哥报仇呢？再说，您委任我为龙骧将军的时候，说您当年就是以龙骧将军的身份建立大业的。您建立的是建国大业，我做了龙骧将军，当然要遵照您的指示，也要建国了。所以啊，我实在是无罪啊，请您保佑我，打败符登！

姚苌可笑不？一点也不可笑，这是人性的弱点，人人都有，他这个案例比较突出罢了。人性的弱点是什么呢？就是一厢情愿，自欺欺人，只要他期望什么，他就会排除一切怀疑去相信，没有不可能！我们想想那些激动人心的广告语，比如Nothing is impossible! 没有什么事是不可能的！怎么会没有什么事是不可能的呢？很明显，很多事都不可能。但是，人们就会被这些话激励。

这是人性，也是一个哲学问题，就是培根在《新工具》一书里所说的"人类理解力的共性缺陷"。这种共性缺陷有以下六点：

一、倾向于设想世界的秩序和规则，而且总有一种把"规律"过分简化的冲动。二、总是先入为主，一旦认可就想方设法地加以证明，对反例视而不见。比如总认为按什么"理论"就能成功，但是对失败案例自动屏蔽。三、人类很容易被正面的东西激发，但是很难被反面的东西激发。四、最容易被突然看到并引发想象力的一些事物所牵动。五、刨根问底，钻牛角尖。六、理解力被情绪干扰，创造出一大堆"一厢情愿"的学说，他相信，只不过因为他希望那是真的，就排斥质疑。

姚苌就把成败原因简化为符坚保佑了，先是和符登哭丧比赛，不比谁能打，比谁能哭，然后又立符坚的神像。最后呢，始乱终弃，又把那神像的头砍了。

3 前秦主符登任命河南王乞伏乾归为大将军、大单于、金城王。

4 甲寅日（正月无此日），北魏王拓跋珪袭击高车部落，击破高车军。

5 二月，吕光自称三河王，大赦，改年号为麟嘉，设置百官。吕光的妻子石氏、儿子吕绍、弟弟吕德世从仇池来到姑臧，吕光立石氏为王妃，吕绍为世子。

6 二月九日，北魏王拓跋珪袭击吐突邻部于女水，大破之，将这个部落全部迁走，班师回朝。

7 前秦主苻登留辎重于大界，亲自将轻骑一万余人攻打安定羌人据守的密造堡，攻克。

8 夏，四月，翟辽入寇荥阳，俘虏太守张卓。

9 后燕任命长乐公慕容盛镇守蓟城，修缮旧宫。五月，清河人孔金斩吴深，将首级送到中山。

10 金城王乞伏乾归攻击侯年部落，大破之。于是秦州、凉州的鲜卑人、羌人、匈奴人多归附乞伏乾归，乞伏乾归授予他们中的头目官爵。

11 后秦主姚苌与前秦主苻登交战，屡战屡败，于是派中军将军姚崇袭击大界。苻登在安丘拦击，又打败姚崇。

12 后燕范阳王慕容德、赵王慕容麟攻击贺讷，追奔到勿根山，贺讷走投无路请降，将贺讷部迁徙到上谷，把他的弟弟贺染干送到中山做人质。

13 秋，七月，晋国任命骠骑长史王忱为荆州刺史、都督荆州、益州、宁州三州诸军事。王忱，是王国宝的弟弟。

14 前秦主苻登攻打后秦右将军吴忠等于平凉，攻克。八月，苻登占据苟头原，进逼安定。诸将劝后秦主姚苌决战，姚苌说："与穷寇争胜，是兵家大忌，我将以计取。"于是留尚书令姚旻守安定，自己深夜率骑兵三万人袭击前秦辎重于大界，攻克，杀毛皇后及南安王苻弁、北海王苻尚，生擒名将数十人，驱掠男女五万余口而还。

毛氏貌美而勇武，善骑射。后秦兵入其营，毛氏还曾弯弓跨马，率壮士数百人力战，杀七百人。寡不敌众，被后秦俘虏。姚苌有意纳她为妃，毛氏哭骂说："姚苌，你先已杀天子，如今又欲辱皇后。皇天后土，能容得下你吗？"姚苌于是杀了她。诸将想要趁前秦军惊骇混乱，发动攻击，姚苌说："苻登部众虽乱，怒气犹盛，不可轻敌。"于是停止。苻登收集余众，屯驻胡空堡。姚苌派姚硕德镇守安定，迁徙安定一千余家到阴密，派他的弟弟、征南将军姚靖镇守。

15 九月十九日，晋国任命左仆射陆纳为尚书令。

16 前秦主苻登向东撤退之后，后秦主姚苌派姚硕德选派秦州郡守和县宰，命堂弟姚常镇守陇城，邢奴镇守冀城，姚详镇守略阳。

杨定攻击陇城、冀城，都攻克，斩姚常，生擒邢奴，姚详抛弃略阳，逃奔阴密。杨定自称秦州牧、陇西王，前秦将他所自称的官爵全部正式授予他。

17 冬，十月，前秦主苻登任命窦冲为大司马、都督陇东诸军事、雍州牧，杨定为左丞相、都督中外诸军事兼秦州、梁州二州牧，杨璧为都督陇右诸军事，南秦州、益州二州牧，约定共同攻打后秦；又约监河西诸军事、并州刺史杨政，都督河东诸军事、冀州刺史杨楷各领其部众会师长安。杨政、杨楷都是河东人。前秦主苻丕失败后，杨政、杨楷收集流民数万户，杨政占据河西，杨楷占据湖、陕一带，遣使请命于前秦，苻登依照他们所自称的官职，正式委任给他们。

18 后燕乐浪悼王慕容温为冀州刺史，翟辽派丁零人故堤诈降于慕容温。十月四日，故堤刺杀慕容温和其长史司马驱，率守兵二百户逃奔西燕。辽西王慕容农截击他们于襄国，将他们全部俘获，唯独故堤一人逃脱。

19 十一月，枹罕羌族部落酋长彭奚念归附乞伏乾归，乞伏乾归任命彭奚念为北河州刺史。

20 当初，皇帝司马昌明开始亲政时，显示出自己的权力与威望，有君主气量。但后来就开始沉溺于酒色，把国事委任给琅玡王司马道子（司马昌明的弟弟）。司马道子也嗜酒，日夜与皇帝以酣歌为事，又崇尚佛教，穷奢极侈，所亲昵的人，都是三姑六婆、和尚尼姑之类。而左右侍从，争弄权柄，交通请托，贿赂公行，官赏滥杂，刑狱谬乱。尚书令陆纳望着宫阙叹息说："好家居，要被这些小屁孩撞坏吗？"左卫领营将军、会稽人许营上疏说："今台府官员、值卫武官以及男仆女婢，很多都是官婢的私生子，跟母亲姓，连父亲是谁都不知道，更没有家乡郡县给他们的考察推荐，照样被任命为郡守县令，或者在朝廷任职。那些和尚、尼姑、乳母，也竞相引进他们的亲党，又收受贿赂；于是，不三不四的人都当了官，管辖人民，政教不公平，把暴行加之于无罪之人，禁令不明，劫盗公行。当年陛下曾经下书要群臣知无不言，言无不尽，而大家的建议呈上去之后，又无所采用。臣听说，佛是清远玄虚之神，而如今和尚、尼姑们身上穿着法服，却连最起码的五戒（不淫、不盗、不杀、不说谎、不酗酒）都不能遵守，何况更精妙的佛法呢？而流氓愚惑之徒，竟加敬事佛教，又侵渔百姓，掠取财物，这也不符合佛家布施之道吧。"奏疏递上去，没有回音。

司马道子势倾内外，远近之人都往他家跑。皇帝渐渐心中不平，但表面上还对他加以优崇。侍中王国宝靠逸佞有宠于司马道子，煽动朝廷众臣，指使八座（吏部尚书、祠部尚书、五兵尚书、左民尚书、度支尚书、尚书左仆射、尚书右仆射、尚书令八个重要官员）上奏，建议说司马道子应该进位为丞相、扬州牧，假黄钺，加殊礼。护军将军、南平人车胤说："这是周成王尊崇周公的官职。如今主上在位亲征，不是周成王未成年的时候。相王（司马道子）又怎么能做周公呢？"于是称病，拒绝在奏书上签名。奏疏呈上去，皇帝大怒，而嘉勉车胤有原则。

中书侍郎范宁、徐邈为皇帝所亲信，数次进献忠言，弥补缺失，指斥奸党。王国宝，是范宁的外甥。范宁尤其痛恨他的阿谀奉承，劝皇帝罢黜他。陈郡人袁悦之有宠于司马道子，王国宝指使袁悦之通过尼姑妙音，写信给太子的母亲陈淑媛说："王国宝忠贞谨慎，可以亲近信任。"皇帝知道后，发怒，假借其他事斩了袁悦之。王国宝大惧，与司马道子共同陷害范宁，把他逐出京城，外放为豫章太守。

范宁临行前，上疏说："如今边境并没有军事行动，而仓库空乏。古代役使人民，每年不超过三日，而如今对人民的劳扰，一年都没有三天休息，以至有人生下孩子不敢养育，鳏夫、寡妇不敢再婚。臣担心社稷之忧，就像睡在燃烧着的柴堆之上，都不足以形容！"

范宁又上书说："中原士民流寓江东，岁月渐久，人们都安居乐业。凡天下之人，追溯他们的先祖，都是随着世事变化，迁徙移动，为什么到今天反而不允许呢？我认为，应该就现在的疆界，以现居地为他们的户口籍贯。（当时中原士民南迁，都在江东建立侨郡侨县，仍登记之前在北方居住的郡县为籍贯。）又，人性没有边界，奢侈还是俭朴，都是看形势；当初那些兼并别人财产的强族豪门，现在也多数不能维持，不是他们的财力不足，而是开支太大，没有节制，争相竞赛奢靡华丽，毫无限度的缘故。

"古代礼法规定，十九岁去世为长殇，意思是说他还未成人。而如今以十六岁为全丁，十三岁为半丁，他们所承担的，已经不是童幼之事，岂不伤天理、困百姓吗？我认为，应该以二十岁为全丁，十六岁为半丁，则人无夭折，人口繁滋矣。"皇帝大多采纳施用他的建议。

范宁在豫章任上，派遣十五个议曹下到所属各县城，采访民间风俗，以及对政府的看法，平常遇到基层官吏休假，回到郡府时，也向他们询问地方官长的施政得失。徐邈写信给范宁说："足下审理官司，能做到判决公允，平常的政事，能顺利推行，没有滞后，则官吏们自然会谨慎承担他们的职责，而民心也不会疑惑了，哪里需要派人去乡邑里弄探问那些虚名呢？这样做，不仅没有什么益处，反而给小人提供机会，岂有善人君子去干预跟他无关的事，打别人小报告的呢？自古以来，愿意给人做耳目的，无非都是小人，他们借着自己的小忠，而成就其大不忠，借着一点小信，成就其大不信，于是让谗妄并进，善恶倒置，这难道不应该警诫吗？足下谨慎地选择自己的僚佐官员，每一个部门，必得国士以担任部曹，而每一个部曹呢，他们也要选拔良吏以掌管文案，又选择公正方直之人为监司，则是清是浊，有没有工作能力，都十分明显，足下只需要平心而处，还要什么耳目呢？当初，明德皇后马氏，从来不跟左右人谈公事，这可谓是远见卓识，反而你身为大丈夫，还不能避免这样吗？"

【华杉讲透】

不要听"小报告"，因为你是领导，管理工作是靠"大报告"，任命官吏也是"大报告"，如果在"大报告"之外，你还有一个"小报告"系统，首先是自毁长城，把自己的"大报告"系统破坏了。然后呢，是让小人得到极大的鼓舞，有了另一条升迁渠道，而这条渠道，通常是通过陷害在台面上的人，那就自己把自己搞乱了。在"大报告"系统里的人，都不干事了，因为他干什么都有人说坏话。

身为领导者，不要听"小报告"，有人来打"小报告"，就算不至于把他呵斥出去，至少也要面无表情，不予鼓励。好的管理，靠好的政策，好政策能让坏人变好，坏政策能让好人变坏，都在你自己身上，不用成天去分辨谁是好人、谁是坏人，谁是忠臣、谁是奸臣，那都是动态的。如果你关注这个，最终对你"死忠"的人，就像徐邈说的那样："欲为左右耳目者，无非小人，皆因其小忠而成其大不忠，先藉小信而成其大不信，遂使谗谄并进，善恶倒置。"

21 十二月，后秦主姚苌派东门将军任瓮诈降前秦主苻登，并派一个使臣去前秦主苻登那里，诈称任瓫将给他做内应，开城门放前秦军进去。苻登准备听从，征东将军雷恶地将兵在外，听到消息后，飞驰来见苻登，说："姚苌多诈，不可信！"苻登于是停止。姚苌听说雷恶地跑去见苻登，对诸将说："这个老羌去见苻登，事情搞不成了！"

苻登因为雷恶地勇略过人，暗地里很忌惮他。雷恶地惧怕被害，投降后秦，姚苌任命他为镇军将军。

22 前秦任命安成王苻广为司徒。

太元十五年（公元390年）

1 春，正月二十六日，晋国谯敬王司马恬薨逝。

2 西燕主慕容永引兵向洛阳，晋国雍州刺史朱序从河阴渡过黄河北上，击败西燕军，慕容永撤回上党。朱序追击到白水，正赶上翟辽打算攻打洛阳，朱序于是引兵撤回，击退翟辽，留鹰扬将军朱党戍守石门，派自己的儿子朱略督护洛阳，以参军赵蕃辅佐他，自己回到襄阳。

3 琅琊王司马道子恃宠骄恣，侍宴时常常酣醉，有时甚至忘了君臣之礼。皇帝越来越不满，想要选拔有名望的大臣为藩镇大员，以牵制司马道子，问太子左卫率王雅："朕想用王恭、殷仲堪，如何？"王雅说："王恭有风度，清简高贵，有志气，方正严肃；殷仲堪对细小的事情也很谨慎，以文义著称。但是，二人都心胸狭隘，自以为是，而且缺乏才干谋略，如果委以方面之任，天下无事之时，还足以守职；如果有事，他们就是祸乱的阶梯！"皇帝不听。

王恭，是王蕴之子；殷仲堪，是殷融之孙。二月二日，皇帝任命中书令王恭为都督青州、兖州、幽州、并州、冀州五州诸军事，兖州、青州二州刺史，镇守京口。

4 三月二十日，晋国大赦。

5 后秦主姚苌攻打前秦扶风太守齐益男于新罗堡，攻克，齐益男逃走。前秦主苻登攻打后秦天水太守张业生于陇东，姚苌率军救援，苻登撤走。

6 夏，四月，前秦镇东将军魏揭飞自称冲天王，率领氐人、匈奴人攻打后秦安北将军姚当成于杏城；后秦镇军将军雷恶地叛变，响应魏揭飞，攻打镇东将军姚汉得于李润。后秦主姚苌准备亲自出击，群臣都说："陛下不担心六十里之内的苻登，反而担忧六百里之外的魏揭飞，为什么呢？"姚苌说："苻登不是短时间能消灭的，我们的城池也不是苻登一下子能攻拔的。雷恶地智略非常，如果他南引魏揭飞，东结董成，得杏城、李润而据守，则长安东北都不归我国所有了。"

于是姚苌秘密引精兵一千六百人前往。魏揭飞、雷恶地有部众数万，氐人、匈奴人前往投奔他们的，首尾不绝。姚苌每见到一支军队到了，就欢喜不已。群臣觉得奇怪，问他原因，姚苌说："魏揭飞等煽动引诱同恶之人，种族繁多，我就算打败他们的魁帅，余党也不易马上平定。现在他们都乌集而来，我乘胜取之，可以一举全歼了。"

魏揭飞等见后秦兵少，全军出动，发动总攻。姚苌坚守营垒，拒绝出战，向魏揭飞示弱，秘密派他的儿子、中军将军姚崇率骑兵数百人，绕到魏揭飞其后，发动突袭。魏揭飞的士兵瞬间乱作一团，姚苌派镇远将军王超等纵兵出击，斩魏揭飞及其将士一万余人。雷恶地请降，姚苌还像过去一样对待他，雷恶地对人说："我自以为智勇杰出，高出常人，但每次遇到姚翁，就打败仗，岂不是天意！"

姚苌命姚当成在营地周围，每一个栅栏竖立一块木牌，以旌表战功。过了一年多，问情景如何，姚当成说："营地太小，已经扩大了。"姚苌说："吾自结发以来，与人作战，从来没有如此之快，以一千余兵击破三万之众，营地小才稀奇，岂是以大为贵呢？"

【华杉讲透】

<u>三万人输给一千六百人，还是一个"分战法"的问题，作战一定要分兵，不能挤在一起，分为正奇（jī）两支，先出战的为正兵，后出战的为奇兵，就是预备队，这就是《孙子兵法》的基本战术原则——以正合，以奇胜——正兵合战，然后出奇制胜。</u>姚苌兵少，只有一千六百人，但是他用了分战法，分了数百骑兵出去，自己只带一千人和魏揭飞三万人对阵。魏揭飞看见姚苌兵少，他就觉得不用那么麻烦了，三万人冲上去踩也把姚苌踩死了，他就全军出动，没有留人断后。结果呢，就被姚崇从背后冲乱了，军队一乱，就没有指挥，没有指挥的军队，多少人都是待宰的羔羊，王超就冲上去砍杀了。如果魏揭飞在侧翼先埋伏一支奇兵——预备队——在王超冲上去时，从侧翼拦腰冲击他，姚苌就没那么容易获胜了。

这一仗，跟韩信井陉之战的情况几乎一模一样。魏揭飞自以为智略过人，但在这一仗中，并不是姚苌太狡猾，而是他自己智力不够，犯了很低级的错误。

7 吐谷浑可汗慕容视连遣使进贡，觐见金城王乞伏乾归，乞伏乾归拜慕容视连为沙州牧、白兰王。

8 丙寅日，北魏王拓跋珪与后燕赵王慕容麟在意辛山会师，攻击贺兰、纥突邻、纥奚三部，全部破之，纥突邻、纥奚都投降北魏。

9 秋，七月，冯诩人郭质在广乡起兵，响应前秦，移檄三辅地区，说："姚苌凶虐，人民和神灵都受到他的毒害。我家世代蒙受先帝（苻坚）像尧、舜一样的仁爱，不是侍中、尚书的儿子，就是卿校、牧守的孙子。与其含耻而生，不如守道而死！"于是三辅各修筑壁垒自保的民众，纷纷响应；唯独郑县人苟曜不从，聚众数千归附后秦。前秦任命郭质为冯翊太守；后秦任命苟曜为豫州刺史。

10 刘卫辰派儿子刘直力鞮攻打贺兰部，贺讷困急，请降于北魏。七月三十日，北魏王拓跋珪引兵救援，刘直力鞮撤退。拓跋珪将贺讷部落迁徙安置到北魏东部边境。

11 八月，刘牢之攻击翟钊于鄄城，翟钊败走河北；刘牢之又击败翟辽于滑台。张愿向晋国投降。

12 九月，北平人吴柱聚众一千余人，立和尚法长为天子。攻破北平郡，转而寇掠广都，进入白狼城。后燕幽州牧、高阳王慕容隆正在为他的夫人举行葬礼，郡守县宰们都来吊丧。众人听说吴柱造反，请慕容隆回城，派大兵进讨。慕容隆说："如今百姓安居乐业，民不思乱。吴柱等人以诈谋迷惑愚夫，引诱胁迫，相聚为盗，成不了事。"于是留下，继续完成葬礼，派广平太守、广都先令先回，继而派安昌侯慕容进率领骑兵一百余人趋赴白狼城。吴柱的部众听到消息，全部溃散；慕容进全力追捕，抓获吴柱，并斩首。

13 晋国任命侍中王国宝为中书令，不久，又兼任中领军。

14 九月一日，晋国任命吴郡太守王珣为尚书右仆射。

15 吐谷浑可汗慕容视连去世，儿子慕容视罴继位。慕容视罴认为他的父亲和先祖都因为仁慈，为四邻所侵侮，于是督促激励将士，想要建一番功业。冬，十月，金城王乞伏乾归遣使拜慕容视罴沙州牧、白兰王，慕容视罴拒不接受。

16 十二月，郭质及苟曜战于郑县以东，郭质败，逃奔洛阳。

17 越质诘归占据平襄，背叛金城王乞伏乾归。

太元十六年（公元391年）

1 春，正月，后燕设置行台（特遣政府）于蓟县，加授长乐公慕容盛为录行台尚书事（主持行台事务）。

2 金城王乞伏乾归攻击越质诘归，越质诘归投降，乞伏乾归将本族的一个女儿嫁给他为妻。

3 贺染干密谋要杀死哥哥贺讷，贺讷知道了，举兵相攻。北魏王拓跋珪向后燕报告消息，请求自己做向导，讨伐贺氏。二月甲戌（二月无此日），后燕主慕容垂派赵王慕容麟将兵攻击贺讷，镇北将军兰汗率龙城部队攻击贺染干。

4 三月，前秦主苻登从雍城出兵，攻击后秦安东将军金荣于范氏堡，攻克。于是苻登又渡过渭水，进攻京兆太守韦范于段氏堡，不能攻克，苻登进据曲牢。

5 夏，四月，后燕镇北将军兰汗在牛都击破贺染干。

6 苟曜有部众一万，秘密招请前秦主苻登，许诺做他的内应。苻登从曲牢向繁川进军，驻扎在马头原。五月，后秦主姚苌引兵逆战，苻登击破后秦军，斩其右将军吴忠。姚苌收集部队，即刻再战，姚硕德说："陛下一向谨慎，从不轻易出战，都是尽量以计取，如今作战失利，却马上转身再战，这是为何？"姚苌说："苻登用兵迟缓，不识虚实。如今轻兵直进，一下子就扼住了我们的东方，这必定是苟曜那小子和他有密谋。如果我们攻势稍缓，他们的计谋就得逞了，所以趁他们还没会合，急行攻击，以破坏他们的计划罢了。"于是进战，大破前秦军。苻登退屯于郿县。

7 前秦兖州刺史强金槌占据新平，投降后秦，送他的儿子强逵来做人质。后秦主姚苌率数百骑兵进入强金槌大营。群下进谏，姚苌说："强金槌既然背叛了苻登，如果他又要害我，那他要往哪里去呢？况且他刚刚来归附，我正应该推心置腹以交结他，为什么要不信任、怀疑他呢？"姚苌进入大营，强金槌手下的氐人想要杀死姚苌，强金槌不听。

8 六月三日，后燕赵王慕容麟击破贺讷于赤城，生擒贺讷，贺讷部落数万人投降。后燕主慕容垂命慕容麟将贺讷送回他的部落，将贺染干迁移到中山。慕容麟回来，对慕容垂说："臣观拓跋珪举动，终为国患，不如把他召到京师，让他的弟弟代理主持魏国国事。"慕容垂不听。

9 西燕主慕容永入寇河南，太守杨佺期击破西燕军。

10 秋，七月二日，后燕主慕容垂进入范阳。

11 北魏王拓跋珪派他的弟弟拓跋觚到后燕进贡，后燕主慕容垂已经衰老，其子弟们掌权用事，扣留拓跋觚，要他进献良马。北魏王拓跋珪不给，于是与后燕绝交，派长史张衮出使西燕结交。拓跋觚逃归，后燕太子慕容宝追捕，将他擒回，慕容垂对待他仍跟过去一样。

12 前秦主苻登攻打新平，后秦主姚苌救援，苻登退兵。

13 前秦骠骑将军没弈干将两个儿子送到金城王乞伏乾归处做人质，请求与乞伏乾归联军攻击鲜卑酋长大兜。乞伏乾归与没弈干攻打大兜于鸣蝉堡，攻克。大兜微服逃走，乞伏乾归兼并了他的部众，班师，送还没弈干的两个儿子。没弈干不久又背叛乞伏乾归，向东与刘卫辰联合。八月，乞伏乾归率骑兵一万讨伐没弈干，没弈干逃奔他楼城，乞伏乾归用箭射击没弈干，射中了他的眼睛。

14 九月十四日，晋国任命尚书右仆射王珣为左仆射，太子詹事谢琰为右仆射。

太学博士范弘之上书说，殷浩应该追赠谥号，并在奏书中陈述桓温生前叛逆不臣的事迹。当时桓氏家族势力仍然庞大。王珣是桓温的老部下，认为桓温废黜昏君（司马奕），拥立明君（司马昱），有忠贞之节；将范弘之贬黜为余杭县令。范弘之，是范汪的孙子。

15 冬，十月壬辰日，后燕主慕容垂回到中山。

16 当初，柔然部落世代都臣服于代国，酋长郁久闾地粟袁去世，部落一分为二：长子郁久闾匹候跋继承父位，居住在东边，次子郁久闾缊纥提另率一部，居住在西边。前秦王苻坚灭代，柔然部落归附于刘卫辰。等到北魏王拓跋珪即位，攻击高车等，诸部大多服从，唯独柔然部不服。戊戌日，拓跋珪引兵攻击，柔然举部遁走，拓跋珪追奔六百里。诸将请长史张衮对拓跋珪说："贼远粮尽，不如早还。"拓跋珪问诸将："如果杀了副马（骑兵每人有两匹马，骑一匹，备用一匹），粮食吃完吃马肉，够不够吃三天？"都说："够。"于是倍道追击，在大碛南床山下追上，大破柔然，俘虏了一半人，郁久闾匹候跋及别部酋长屋击各收余众遁走。拓跋珪派长孙嵩、长孙肥继续追击。

拓跋珪对将佐们说："你们知道我之前问三天军粮是什么意思吗？"都说："不知道。"拓跋珪说："柔然驱赶牲畜奔走数日，到了有水草的地方，一定会停留；我以轻骑追击，计算一下路程，不过三天就能追上。"诸将都说："陛下的智慧，不是我们赶得上的！"

长孙嵩在平望川追上屋击并将其斩杀。长孙肥在涿邪山追上郁久闾匹候跋，郁久闾匹候跋举众投降。俘获郁久闾缊纥提之子郁久闾曷多汗和他哥哥的儿子郁久闾社仑、郁久闾斛律等宗党数百人。郁久闾缊纥提准备逃奔刘卫辰，被拓跋珪追上，郁久闾缊纥提也投降，拓跋珪将柔然部众全部迁移到云中。

17 翟辽去世，儿子翟钊继位，改年号为定鼎。翟钊攻打后燕邺城，被后燕辽西王慕容农击退。

18 三河王吕光派兵乘虚攻打乞伏乾归的大本营金城，乞伏乾归接到消息，率军回师，吕光也退兵。

19 刘卫辰派儿子刘直力鞮率众八九万攻打北魏南部。十一月十日，北魏王拓跋珪引兵五六千人拒战，十三日，大破刘直力鞮于铁岐山南，刘直力鞮单骑逃走。拓跋珪乘胜追击，十九日，在五原金津渡过黄河南下，直接进入刘卫辰势力范围，刘卫辰部落惊骇慌乱。二十二日，拓跋珪直抵其所居的悦跋城，刘卫辰父子出城逃走。二十三日，拓跋珪分遣诸将轻骑追击。将军伊谓生擒刘直力鞮于木根山，刘卫辰为其部下所杀。

十二月，拓跋珪驻军于盐池，诛杀刘卫辰宗党五千余人，全部投尸于黄河。自黄河以南诸部全部投降，缴获马三十余万匹，牛、羊四百余万头，北魏国库由此富饶。

刘卫辰的小儿子刘勃勃逃亡，投奔薛干部落，拓跋珪派使者前往要人，薛干部落酋长太悉伏让刘勃勃出来跟使者见面，说："刘勃勃国破家亡，穷途末路，来投奔我，我宁愿和他一起灭亡，也不忍心把他交给魏国！"于是把刘勃勃送到没弈干那里，没弈干把自己的女儿嫁给他。

【华杉讲透】

刘勃勃，就是历史上赫赫有名的赫连勃勃。他聪明绝顶，又英武帅气，所以很讨人喜欢，让人愿意帮助他。但他是一条毒蛇，将和没弈干上演"农夫和蛇"的故事。

这真是：不怕流氓有文化，就怕流氓长得帅，因为他讨人喜欢啊！

20 十二月十日，后燕主慕容垂前往鲁口。

21 前秦主苻登攻打安定,后秦主姚苌进军阴密以拒战,临行前对太子姚兴说:"苟曜听说我北行,一定会来见你,你就乘机把他抓起来,诛杀。"苟曜果然来长安见姚兴,姚兴命尹纬逮捕苟曜,数落他的罪状,诛杀。

姚苌在安定城东击败苻登,苻登退据路承堡。姚苌置酒席大宴将士,诸将都说:"如果遇到魏武王(姚苌追封哥哥姚襄为魏武王),不会让此贼活到今天,陛下求稳太过了。"姚苌笑道:"我不如亡兄有四:其一,亡兄身长八尺五寸,手臂下垂,超过膝盖,人们对他,望而生畏,我不如他;其二,将十万之众,与天下争衡,望麾而进,无人能挡,我不如他;其三,温古知今,讲论道艺,收罗天下英雄,我不如他;其四,率领大军,上下喜悦,人尽死力,我不如他。之所以我能建立功业,驱策群贤,只是因为在谋略上稍有长处罢了。"群臣都欢呼万岁。

卷第一百零八　晋纪三十

（公元392年—396年，共5年）

烈宗孝武皇帝下

太元十七年（公元392年）

1 春，正月一日，晋国大赦。

2 前秦主苻登立昭仪、陇西人李氏为皇后。

3 二月五日，后燕主慕容垂从鲁口前往河间、渤海、平原。翟钊派他的部将翟都入侵馆陶，屯驻在苏康垒。三月，慕容垂引兵向南，攻击翟钊。

4 前秦骠骑将军没弈干率众投降后秦，后秦任命他为车骑将军，封高平公。

5 后秦主姚苌病重，命姚硕德镇守李润，尹纬镇守长安，召太子姚兴来行营。

征南将军姚方成对姚兴说:"如今寇敌未灭,皇上又病重。王统等人都有部曲,终究是个祸患,应该将他们全部铲除。"姚兴听从,杀王统、王广、苻胤、徐成、毛盛。姚苌怒道:"王统兄弟,跟我是同乡,并无异志;徐成等人,都是前朝名将,我正要用他们,为什么把他们杀了?"

【柏杨曰】

王统等人有的被俘,有的投降,短者六年,长者八载,姚苌都没有交付他们兵权,对他们的不信任至为明显。他的大怒,不过是一种舞台表演。刘邦听到吕雉杀彭越后,就是如此,其辞若有憾焉,其心乃窃喜之。

6 后燕主慕容垂进逼苏康垒。

夏,四月,翟都南走,向滑台撤退。翟钊求救于西燕,西燕主慕容永谋于群臣,尚书、渤海人鲍遵说:"让他们两败俱伤,我们随后出兵,这是卞庄子的计策。"中书侍郎、太原人张腾说:"慕容垂强,翟钊弱,哪有什么两败俱伤?不如火速救援翟钊,还能形成三足鼎立之势。如果我们引兵直扑中山,白天多设疑兵,夜里多点火炬,慕容垂必定惧怕,撤退回中山自救。这样,我军在前面对他迎头痛击,翟钊率军在后面追杀,前后夹击,这是天授之机,机不可失。"慕容永不听。

【华杉讲透】

所谓卞庄子之计,是指卞庄子刺虎。《史记·张仪列传》:"(卞)庄子欲刺虎,馆竖子止之,曰:'两虎方且食牛,食甘必争,争则必斗,斗则大者伤,小者死,从伤而刺之,一举必有双虎之名。'卞庄子以为然,立须之。有顷,两虎果斗,大者伤,小者死。庄子从伤者而刺之,一举果有双虎之功。"

鲍遵以卞庄子为比喻,说可以一举吃掉慕容垂和翟钊。张腾则说,慕容垂和翟钊,根本不是两虎相争,而是狼要吃羊,所以应该救援翟钊，形成战略均势。救兵也不用到翟钊那里去，而是以围魏救赵之计，直扑慕容垂首都中山。

鲍遵这种所谓"献计"，完全是信口开河，痴人说梦，不知道他自己相不相信。但是，能让老板感到愉悦，别人也不好说我们根本没那个实力，因为说自己弱，就会让老板不高兴了。老板本身都有"成功人士的过分自信"，会极大地高估自己的实力，相信本来不可能的事情，如果附和的人多了，还可能出现集体自欺欺人的情况，上上下下都信了，至少能让不信的人不敢说话。这种大家一起说大话、过干瘾的情况，在各种会议上也很常见，其结果呢，就算不会形成错误决策，往往也能让正确的意见得不到采纳。张腾说了半天，就白说了。

7 后燕大赦。

8 五月一日，日食。

9 六月，后燕主慕容垂大军抵达黎阳黄河北岸，准备渡河。翟钊列兵南岸以拒之。

十六日，慕容垂将大营迁往西津，在黎阳以西四十里，制造牛皮船一百余艘，伪装成满载士兵武器，溯流而上。翟钊上当，即刻引兵直扑西津，慕容垂秘密派中垒将军、桂林王慕容镇等从黎阳津乘夜渡河，在黄河南岸设营，天明时分，大营建成。翟钊接到消息，又急急忙忙赶回来，攻击慕容镇军营。慕容垂命慕容镇等只许坚守防备，不许出战。翟钊士兵往来奔走，精疲力竭，攻营又攻不下来，准备撤退。慕容镇等突然引兵出战。骠骑将军慕容农从西津渡河，与慕容镇等夹击，大破翟钊军。翟钊退回滑台，率领妻子、儿女和剩余的部众，渡过黄河向北，登白鹿山，凭险自守，后燕兵无法前进。慕容农说："翟钊无粮，不能久居山中。"于是引兵撤退，留斥候骑兵侦察。翟钊果然下山；慕容农还兵掩击，俘获他全部部众，翟钊单骑逃奔长子。西燕主慕容永任命翟钊为车骑大将军、兖州牧，封东郡王。过了一年多，翟钊谋反，慕容永杀了他。

当初，郝晷、崔逞及清河人崔宏、新兴人张卓、辽东人夔腾、阳平人路纂都在前秦做官，前秦大乱之后，投奔晋国，皇帝下诏，任命他们为冀州几个郡的太守，各自率领部曲，扎营于河南。不久他们又接受翟氏官爵，翟氏败，又全部投降后燕，后燕主慕容垂各随其才而任用。翟钊所统治的七个郡，三万余户人家，皆安居如故。慕容垂任命章武王慕容宙为兖州、豫州二州刺史，镇守滑台；迁徙徐州人民七千余户到黎阳，任命彭城王慕容脱为徐州刺史，镇守黎阳。慕容脱，是慕容垂弟弟的儿子。慕容垂任命崔荫为慕容宙的司马。

当初，陈留王慕容绍为镇南将军，太原王慕容楷为征西将军，乐浪王慕容温为征东将军，慕容垂都让崔荫辅佐他们。崔荫才干明敏，刚强正直，善于规劝进谏，四位亲王都非常敬畏他；所到之处，简便刑法，减轻赋役，流民都来归附，当地人口越来越多。

秋，七月，慕容垂进入邺城，任命太原王慕容楷为冀州牧，右光禄大夫余蔚为左仆射。

10 前秦主苻登听说后秦主姚苌生病，大喜，告祠世祖神位，大赦，百官进位二等，秣马厉兵，进逼安定，离城九十余里。

八月，姚苌病情减轻，出城拒战。苻登引兵出营，准备迎战，姚苌派安南将军姚熙隆攻打前秦支营，苻登惧而退兵。姚苌乘夜引兵旁出，跟踪在前秦军身后。到了天明，侦察骑兵报告苻登说："贼诸营已空，不知所向。"苻登惊道："他是什么人，去令我不知，来令我不觉，以为他要死了，忽然又来交战，朕与这老羌同世，真是厄运！"苻登于是退回雍县，姚苌也回安定。

11 三河王吕光派弟弟、右将军吕宝等进攻金城王乞伏乾归，吕宝及将士战死一万余人。又派他的儿子、虎贲中郎将吕纂攻击南部羌族部落酋长彭奚念，吕纂也败回。吕光亲自将兵袭击彭奚念于枹罕，攻克，彭奚念逃奔甘松。

12 冬，十月十八日，晋国荆州刺史王忱去世。

13 雍州刺史朱序以老病求解职，皇帝下诏，任命太子右卫率郗恢为雍州刺史，代朱序镇守襄阳。郗恢，是郗昙的儿子。

14 巴蜀人在关中的，都背叛后秦，据守弘农，归附前秦。前秦主苻登任命窦冲为右丞相，窦冲移驻华阴。郗恢派将军赵睦守金墉，河南太守杨佺期率军进驻湖城，攻击窦冲，把他赶走。

15 十一月十日，皇帝司马昌明任命黄门郎殷仲堪为都督荆州、益州、宁州三州诸军事，荆州刺史，镇守江陵。殷仲堪虽有英誉，但资历尚浅，声望不高，舆论都认为这项任命不公允。殷仲堪到职之后，喜欢施行小恩小惠，对大政方针并不知如何去做。

南郡公桓玄（桓温的幼子）自负其才能和家族地位，以雄豪自处，朝廷对他疑而不用。他到了二十三岁，才被拜为太子洗马。桓玄曾经去见琅邪王司马道子，司马道子酣醉之后，张目对众客说："桓温晚年，打算做贼，是不是这样？"桓玄伏地流汗，不能起身。由此更加不能自安，对司马道子恨得咬牙切齿。后来外放为义兴太守，郁郁不得志，叹息说："父为九州伯，儿为五湖长！"于是弃官回到自己封国，上疏自讼说："先父勤王匡复的功勋，朝廷不记得了，臣也不计较。至于先帝龙飞九五，陛下继位，又是谁的功劳呢？"奏疏递上去，皇帝搁置不理。

桓玄在江陵，殷仲堪对他又敬又怕。桓氏累世镇守荆州，桓玄尤其豪横，官吏百姓都畏惧他，超过对殷仲堪的畏惧。桓玄曾经在殷仲堪办公的公堂前骑马奔驰，并用长矛直抵殷仲堪。殷仲堪的中兵参军、彭城人刘迈对桓玄说："你骑马弄槊的本领有余，但要说精于事理，则有不足。"桓玄不悦，仲堪为之失色。桓玄出去后，殷仲堪对刘迈说："你真是个狂人！如果桓玄夜里派杀手来杀你，我又怎能相救？"让刘迈到乡下躲避。桓玄派人追杀，刘迈仅仅逃得一命。

征虏参军、豫章人胡藩路过江陵，见殷仲堪，对他说："桓玄志趣不同寻常，又对自己的官职待遇怏怏不乐，你对他尊崇太过，恐怕不是长久之计！"殷仲堪不悦。胡藩的内弟、同郡人罗企生为殷仲堪功曹，胡藩退下后，对罗企生说："殷侯倒戈以授人，必定招祸。你要早图去留，否则后悔无及！"

【华杉讲透】

桓玄给皇帝上书，说："先臣勤王艰难之劳，匡复克平之勋，朝廷若其遗之，臣亦不复计也。至于先帝龙飞九五，陛下之所以继明南面，请问谈者，谁之由邪？"这是什么意思？这是说他爹桓温废黜司马奕，拥立司马昱，然后才有司马昌明继位当皇帝。这是指着皇帝鼻子骂街，没有我爹，哪有你什么事儿呢？桓玄如此狂妄，他不搞事情，那是不可能的。但是，桓玄忘了，他爹并不等于他，而桓温拥立司马昱，并非效忠司马昱，而是选择一个傀儡而已，这里并没有什么恩情。

人对事物，对他人的判断，完全都是自己选择对自己有利的，没有什么"客观判断"。桓玄认为他家对司马昌明有恩，司马昌明应该报答他。司马昌明则认为，你家本是国贼，只是不便铲除，让你活命而已，哪儿凉快哪儿待着去吧！

16 十一月二十七日，司马昌明立皇子司马德文为琅玡王，琅玡王司马道子改封为会稽王。

17 十二月，后燕主慕容垂回到中山，任命辽西王慕容农为都督兖州、豫州、荆州、徐州、雍州五州诸军事，镇守邺城。

18 休官部落酋长权千成占据显亲，自称秦州牧。

19 清河人李辽上表请下令兖州修孔子庙，并指定若干人家负责洒扫，建立学校，招收学生，说："有些事情，看起来很平凡，实际上很紧急,就是这事了!"奏章被搁置不理。

太元十八年(公元393年)

1 春,正月,后燕阳平孝王慕容柔去世。

2 休官部落酋长权千成迫于前秦的军事压力,请降于金城王乞伏乾归,乞伏乾归任命他为东秦州刺史、休官大都统、显亲公。

3 夏,四月九日,后燕主慕容垂加授太子慕容宝为大单于;任命安定王库傉官伟为太尉,范阳王慕容德为司徒,太原王慕容楷为司空,陈留王慕容绍为尚书右仆射。五月,立儿子慕容熙为河间王,慕容朗为渤海王,慕容鉴为博陵王。

4 前秦右丞相窦冲恃才傲物,自以为超过常人,自请封为天水王,前秦主苻登不许。六月,窦冲自称秦王,改年号为元光。

5 金城王乞伏乾归立其子乞伏炽磐为太子。乞伏炽磐勇敢而有智略,英明果决,超过他的父亲。

6 秋,七月,前秦主苻登攻窦冲于野人堡,窦冲求救于后秦。尹纬对后秦主姚苌说:"太子仁厚之名,远近皆知,但是,他英明和勇略的声望还未建立,请派他攻击苻登,以建立声誉。"姚苌听从。太子姚兴将兵攻胡空堡,苻登解除对窦冲的包围,奔赴胡空堡救援。姚兴乘势袭击平凉,大获而归。姚苌命姚兴返回长安镇守。

7 北魏王拓跋珪因为薛干部落酋长太悉伏拒绝交出刘勃勃,八月,袭击太悉伏据守的城市,屠城,太悉伏逃奔前秦。

8 氐人部落酋长杨佛嵩背叛晋国，投奔后秦，晋国河南太守杨佺期、将军赵睦追击，九月丙戌日，击败杨佛嵩于潼关。后秦将姚崇救援杨佛嵩，击败晋兵，赵睦战死。

9 冬，十月，后秦主姚苌病重，回到长安。

10 后燕主慕容垂商议讨伐西燕，诸将都说："慕容永并未挑衅我们，我军连年征讨，士卒疲敝，不可再战。"范阳王慕容德说："慕容永既是皇室金枝玉叶，又僭位称帝，惑民视听，应该先行铲除，以统一民心。士卒虽疲，又怎能罢手停战？"慕容垂说："司徒之意，正与我同。我虽老，自问锦囊中这点压底的智慧，还足以取之，终究不会留下此贼，让子孙受累。"于是戒严，动员部队。

十一月，慕容垂征发中山步骑兵七万人，派镇西将军、丹杨王慕容瓒及龙骧将军张崇从井陉出师，攻打西燕武乡公慕容友于晋阳；征东将军平规攻打西燕镇东将军段平于沙亭。西燕主慕容永派他的尚书令刁云、车骑将军慕容钟率众五万防守潞川。

慕容友，是慕容永的弟弟。

十二月，慕容垂抵达邺城。

11 己亥日，后秦主姚苌召太尉姚旻、仆射尹纬、姚晃、将军姚大目、尚书狄伯支入禁中，受遗诏辅政。姚苌对太子姚兴说："有人诋毁这几位先生的，一定不要听。你对骨肉兄弟抚之以恩，对大臣接之以礼，待物以信，遇民以仁，把握住这四条，我就没有忧虑了。"姚晃流着泪询问征服苻登之策，姚苌说："如今大业就要完成，姚兴的才智足以办成此事，问我做什么！"

庚子日，姚苌去世（享年六十四岁）。

姚兴秘不发丧，派他的叔父姚绪镇守安定，姚硕德镇守阴密，弟弟姚崇镇守长安。有人对姚硕德说："公威名素重，部曲最强，在这政权转移的时候，必定为朝廷所猜疑，不如暂且奔往秦州，观望形势。"姚硕德说:"太子度量宽宏,明察事理,必定没有什么其他想法。如今苻登未灭而骨肉相攻,是自取灭亡。我宁愿死,也不做这样的事。"于是前往觐见姚兴,姚兴优礼相待,送他回去。姚兴自称大将军,任命尹纬为长史,狄伯支为司马,率众讨伐前秦。

【华杉讲透】

给姚硕德点赞!趋利避害,人之常情,但是,趋利未必能得利,避害可能反而受害。所以,不能有利必趋,有害必避,一切按大是大非大义去做,该怎样就怎样,这就是后来林则徐的名言:苟利国家生死以,岂因祸福避趋之!

再者,这位"有人",他的建议,纯属害人!为什么呢?因为他只是指出一点"担忧",然后要为防备这种担忧而行动。他没有想到,这种行动会带来更大的后果,不是担忧,而是灭门之祸,是国难。而他并没有智力,也没有兴趣去思考这样做的后果。

作为一个领导者,你周围的下属,或者"朋友",他们都想给你点建议,显示他们对你的关心,而这其中多数人是智商不够,也不负责任的。他们的建议价值为零,多数情况下有害,但他也不是恶意要害你,他的全部目的,就是展示他对你的关心,让你觉得他关心你而已。很多领导者不能识别这种"建议",自己本身又压力大,总在纠结,就容易被这些人误导。

这位"有人"所指出的无非一种风险,他想要消除这种风险。前面已经说了,他消除风险的举措,会制造出新的灾难。还有一点是我们需要认识的,就是不能以消除风险为目标。试图消除风险,必然是徒劳无功,不管姚硕德怎么做,他都有风险。领导者的主要目标,是要让自己有能力承担更大的风险,因为我们做事业,本来就是"经营风险"。

换一个角度,朋友有一些疑虑,向我征求意见,我应该怎么做呢?我的建议是,你真懂他问的事,真有看法,你就给意见。如果你也不懂,就不要回答。但是,多数人会想方设法,开始"发想",找些"建议"来回答,这就属于"朋友的不负责任的建议",给人添乱。

随便给人"建议",也对自己的形象和信用有害,因为你的话不值钱。一定要"贵言"。我们的话很金贵,说出来的,写下来的,每一句话,每一个字,都一语中的,一字千金,自己都能负责。凡是没用的话全部删掉,拿不准的事情一个字不说,不知道的领域一个字不碰。尤其不能贡献一堆"创意"供人参考或挑选,那就成了"狂夫之言,圣人择之",那就贱了。

子曰:"夫人不言,言必有中。"就是说,这人平时不说话,一说话必定说到要害上。

太元十九年(公元394年)

1 春,正月,前秦主苻登听说后秦主姚苌死了,喜道:"姚兴小儿,我折根树枝就能打他!"于是大赦,率领所有军队向东,留司徒、安成王苻广守雍城,太子苻崇守胡空堡;遣使拜金城王乞伏乾归为左丞相、河南王,领秦州、梁州、益州、凉州、沙州五州牧,加九锡。

2 当初,秃发思复鞬去世,儿子秃发乌孤继位。秃发乌孤雄勇有大志,与大将纷陁密谋夺取凉州。纷陁说:"您如果一定要夺得凉州,应该先务农讲武,礼敬俊贤,修明政刑,然后才可行动。"秃发乌孤听从。

三河王吕光遣使拜秃发乌孤为冠军大将军、河西鲜卑大都统。秃发乌孤与其群下谋议说:"可以接受吗?"都说:"我们士马众多,为何做别人下属?"只有石真若留不说话,秃发乌孤问:"你害怕吕光吗?"石真若留说:"我国本根未固,小国不是大国的对手,如果吕光非消灭我们不可,我们又怎么应对呢?不如接受,让他骄傲,等有机会再行动,就没有不能攻克的。"秃发乌孤于是接受。

3 二月,前秦主苻登攻打屠各部落姚奴堡、帛蒲堡两个堡垒,都攻克。

4 后燕主慕容垂留清河公慕容会镇守邺城，征发司州、冀州、青州、兖州军队，派太原王慕容楷从滏口出师，辽西王慕容农从壶关出兵，慕容垂自己从沙庭出发，攻击西燕，又各处分置军队，让敌军不知道主攻方向到底是哪里。西燕主慕容永接到消息，派兵分道严密拒守，在台壁聚集粮草，派侄子、征东将军小逸豆归，镇东将军王次多，右将军勒马驹，率众一万余人驻防台壁。

5 夏，四月，前秦主苻登从六陌进军废桥，后秦始平太守姚详据守马嵬堡抵御。太子姚兴派尹纬将兵救援姚详，尹纬在废桥布阵，阻截前秦军。前秦兵争夺水源，不能得，渴死十分之二三，于是急攻尹纬。姚兴派狄伯支飞驰前往，对尹纬说："苻登穷途末路，一定拼命死战，你最好持重以待，先挫一挫他的锐气。"尹纬说："先帝刚刚去世，人情忧惧，如果不奋勇前进，克敌制胜，大势去矣！"于是与前秦交战，前秦兵大败。当夜，前秦军队崩溃，苻登单骑逃奔雍城。太子苻崇及安成王苻广听到苻登战败消息，都弃城逃走。苻登到时，已是一座空城，苻登没地方去，于是奔往平凉，收集残兵败将，进入马毛山。

6 后燕主慕容垂屯军于邺城西南，一个多月都不前进。西燕主慕容永觉得奇怪，认为太行道路较宽，怀疑慕容垂一定会从太行入侵，于是将所有部队集结在轵关，堵住太行路口，只留下一支军队驻守台壁。

四月二十日，慕容垂引大军出滏口，进入天井关。五月一日，后燕军到了台壁，慕容永派堂兄、太尉大逸豆归前往救援，被后燕宁朔将军平规击破。小逸豆归出战，又被辽西王慕容农击破，后燕军斩勒马驹，生擒王次多，于是包围台壁。

慕容永将太行军队召回，亲自率领精兵五万拒战。刁云、慕容钟却被后燕所震慑，率众投降后燕，慕容永诛杀了他们的妻子、儿女。

五月十五日，慕容垂在台壁南列阵，派骁骑将军慕容国在山涧中埋伏骑兵一千人。十六日，慕容垂与慕容永交战，慕容垂假装撤退，慕容永追击，走了数里，慕容国率骑兵从山涧中冲出，截断西燕军后路，后燕军四面俱进，大破西燕军，斩首八千余级，慕容永逃回长子。晋阳守将听说己方大败，弃城逃走。后燕丹杨王慕容瓒等进取晋阳。

7 后秦太子姚兴这时才为姚苌发丧，即皇帝位于槐里，大赦，改年号为皇初，进入安定城。谥后秦主姚苌为武昭皇帝，庙号太祖。

8 六月二十九日，晋国追尊会稽王太妃郑氏（司马昌明的祖母，司马昱的生母）为简文宣太后。群臣认为，宣太后应配享元帝（司马睿），太子前率徐邈说："宣太后在世的时候，并不是先帝的正妻。至于子孙，岂可为祖考立配！"国学明教、东莞人臧焘说："如今太后尊号既然已经立正，无穷的孝思，已经得到伸张；另外建一座寝庙，则尊敬父亲的大义也得以彰显；将先帝的谥号加在太后谥号上（司马昱谥号'简文'，郑氏谥号为'简文宣太后'），把太后尊贵的缘由也说清楚了。如此，一举而符合三方面的大义，不是很好吗？"于是在太庙路西为简文宣太后另外建立祭庙。

9 后燕主慕容垂进军包围长子。西燕主慕容永想要逃奔后秦，侍中兰英说："当年石虎伐龙都，太祖（慕容皝）坚守不去，由此奠定大燕基业。如今慕容垂七十老翁，对战争早已厌倦，终究不能经年累月地驻扎在这里攻打我们。我们应当坚守城池，等他自己疲惫。"慕容永听从。

【胡三省曰】

战争瞬息万变，应变之计也无穷无尽，唯有知彼知己，才能百战不殆。兰英以当年石虎伐龙都的事来作比，但是，当时跟慕容永一起守长子城的人，能像慕容皝的部下一样为他效死力，而不离开他吗？

【华杉讲透】

所有的话都有"道理"，比如兰英的话。但是，所谓"道理"，只是看问题的某一个角度，从这个角度看有道理而已，终究不过是"盲人摸象"。决策者听人意见，如果不能识别道理背后的角度，是不是关键因素，真正的原因到底是什么，就会做出错误决策。

慕容永现在只有一条路，就是投奔后秦，苟全自己的性命。为什么呢？因为慕容永和慕容垂之争，是燕国正统之争。跟随他的人，背叛他投奔慕容垂，甚至杀了他立功，也是报效国家，和石虎与慕容皝两国交战的情况完全不同。所以，他该担忧的，根本不是慕容垂，而是自己的内部，随时都可能祸起萧墙。

我们分析形势，往往都会找历史案例对标参照，比如兰英以石虎伐龙城为参照。那么，两个案例能否作比呢？要完整地分析三个方面，就是汉代荀悦说的：

"夫立策决胜之术，其要有三：一曰形，二曰势，三曰情。形者，言其大体得失之数也；势者，言其临时之宜，进退之机也；情者，言其心志可否之实也。故策同、事等而功殊者，三术不同也。"

形、势、情，三个方面，要全面对比，为什么策略相同，事情好像也一样，但是结果完全相反，就是因为这三个方面并不完全相同。

形是大体得失之数，双方实力比较，慕容永输了。

势是见机行事，慕容永的势，只能是跑路。

情是心志可否，兰英说慕容垂老了，他的心志不行了，也可以反过来说，慕容垂老了，临死之前他一定要把这事办了，死在战场上也要办，不把麻烦留给子孙，这才是他真正的心志。我在之前讲马援马革裹尸的心志时说过，人老了，他的风险偏好会更大，因为他已经活得差不多了，他不怕死，反而是怕死在床上，没死在战场上。日本战国尾声，德川家康要灭丰臣氏，他七十多岁了，亲自出征，留儿子监国，为什么呢？因为他自己死了不要紧，儿子死了就麻烦了。

所以，兰英对慕容垂心志的分析判断完全错误。更糟糕的是，就像胡三省说的，他没分析自己阵营的心志，有多少人想投奔慕容垂，甚至有多少人想杀慕容永立功。他的分析，也是我前面讲过的，培根说的——人类理解力的共性缺陷——一厢情愿，他以为他在"分析"，其实只是在自言自语，说出自己的期望。

> 读史，要代入自己，切己体察，事上琢磨，想想自己在分析问题时，在会议中，多少次是这样"盲人摸象"，一厢情愿。

10 前秦主苻登把他的儿子、汝阴王苻宗送到河南王乞伏乾归那里做人质，以请救兵，并进封乞伏乾归为梁王，把自己的妹妹嫁给乞伏乾归为梁王后。乞伏乾归派前军将军乞伏益州等率骑兵一万前往救援。

秋，七月，苻登引兵出迎乞伏乾归兵。后秦主姚兴从安定进入泾阳，与苻登战于马毛山南，生擒苻登，斩首。将苻登部众全部遣散，让他们回乡务农，迁徙阴密三万户人家到长安，将苻登的李皇后赏赐给姚晃。乞伏益州收到消息，引兵撤退。前秦太子苻崇逃奔湟中，即皇帝位，改年号为延初。谥苻登为高皇帝，庙号太宗。

11 后秦安南将军强熙、镇远将军强多叛变，推举窦冲为盟主。后秦主姚兴亲自将兵征讨，大军到了武功，强多哥哥的儿子强良国杀强多投降，强熙逃奔秦州，窦冲逃奔汧川，汧川氐人仇高生擒窦冲，送给姚兴。

12 三河王吕光任命他的儿子吕覆为都督玉门以西诸军事、西域大都护，镇守高昌，命大臣子弟随同前往。

13 八月十六日，晋帝司马昌明尊皇太妃李氏为皇太后，居崇训宫。

14 西燕主慕容永困急，派他的儿子、常山公慕容弘等向晋国雍州刺史郗恢求救，并献玉玺一枚。郗恢上言说："慕容垂如果吞并慕容永，为患更深，不如让他们并存，可以乘机双毙。"皇帝以为然，下诏命青州、兖州二州刺史王恭与豫州刺史庾楷出兵救援。庾楷，是庾亮的孙子。

慕容永担心晋国不肯出兵，又送来太子慕容亮为人质；后燕征东将军平规追击慕容亮，在高都追上，生擒慕容亮。

慕容永又向北魏告急，北魏王拓跋珪派陈留公拓跋虔、将军庾岳率骑兵五万东渡黄河，屯驻在秀容，准备救援。拓跋虔，是拓跋纥根之子。

晋、魏两国援军都还没到，大逸豆归部将伐勤等打开城门，迎接后燕兵，后燕抓获慕容永，斩首，并斩其公卿大将刁云、大逸豆归等三十余人，接受慕容永所统八郡七万余户，以及前秦乘舆、服御、伎乐、珍宝等，不计其数。

后燕主慕容垂任命丹杨王慕容瓒为并州刺史，镇守晋阳；宜都王慕容凤为雍州刺史，镇守长子。慕容永的尚书仆射、昌黎人屈遵，尚书、阳平人王德，秘书监、中山人李先，太子詹事、渤海人封则，黄门郎、泰山人胡母亮，中书郎张腾，尚书郎、燕郡人公孙表等，都根据他们的才能，加以任用。

九月，慕容垂从长子回到邺城。

15 冬，十月，前秦主苻崇被梁王乞伏乾归驱逐，投奔陇西王杨定。杨定留司马邵强守秦州，亲自率众二万人，与苻崇一起攻打乞伏乾归。乞伏乾归派凉州牧乞伏轲弹、秦州牧乞伏益州、立义将军越质诘归率骑兵三万人拒战。乞伏益州与杨定在平州交战，乞伏益州战败。乞伏轲弹、越质诘归都引兵撤退，乞伏轲弹的司马翟瑥拔剑怒道："主上以英雄武略开创帝王基业，所向无敌，威震秦、蜀。将军以宗室居元帅之任，当竭力致命以佐国家。如今秦州虽败，二军尚全，怎能望风而退？将以何面目去见主上呢？我翟瑥虽然没有职权，就不能便宜行事，诛杀将军吗？"乞伏轲弹谢罪说："之前不知道军心如何而已，大家真能奋勇作战，我难道怕死吗？"于是率骑兵进战，乞伏益州、越质诘归也勒兵继进，大败杨定兵，杀杨定与苻崇，斩首一万七千级。乞伏乾归于是尽有陇西之地。

杨定没有儿子，其叔父杨佛狗之子杨盛，之前驻守仇池，自称征西将军、秦州刺史、仇池公，谥杨定为武王，仍遣使来向晋国称藩。前秦太子苻宣投奔杨盛，杨盛将氐人、羌人分为二十部护军，各自镇守自己的堡寨，不再设置郡县。

【柏杨曰】

前秦帝国瓦解,恢复建立帝国前的部落时代。

16 后燕主慕容垂东巡阳平、平原,命辽西王慕容农渡过黄河,与安南将军尹国一起侵占青州、兖州。慕容农攻廪丘,尹国攻阳城,都攻拔。晋国东平太守韦简战死,高平、太山、琅玡诸郡太守都弃城奔溃,慕容农进军临海,一路任命郡守、县令。

17 柔然部落酋长郁久闾曷多汗抛弃他的父亲(父子被俘,参见公元391年记载),与堂弟郁久闾社仑率众西逃;北魏长孙肥追击,在上郡跋那山追上,斩郁久闾曷多汗。郁久闾社仑收集余众数百人,投奔郁久闾疋候跋,郁久闾疋候跋将他安置在南部边境。郁久闾社仑袭击郁久闾疋候跋,杀之;郁久闾疋候跋的儿子郁久闾启跋、郁久闾吴颉等都逃奔北魏。郁久闾社仑大肆抢掠五原以西诸部,向北渡过瀚海沙漠远去。

18 十一月,后燕辽西王慕容农击败辟闾浑于龙水,进入临淄。十二月,后燕主慕容垂召慕容农等回京。

19 后秦主姚兴遣使与后燕结好,并送太子慕容宝之子慕容敏回后燕,后燕封慕容敏为河东公。

20 梁王乞伏乾归自称秦王,大赦。(又来一个"秦",史称"西秦"。)

太元二十年(公元395年)

1 春,正月,后燕主慕容垂派散骑常侍封则回访后秦。慕容垂遂自平原出发,狩猎于广川、渤海、长乐而归。

2 西秦王乞伏乾归任命太子乞伏炽磐兼任尚书令，左长史边芮为左仆射，右长史秘宜为右仆射，设置官僚机构，参照魏武帝曹操、晋文帝司马昭的官制，但仍然自称大单于、大将军。边芮等也兼任原来的大单于、大将军府官职。

3 薛干部落酋长太悉伏逃出长安，回到岭北，上郡以西鲜卑及其他杂胡都响应他。

4 二月四日，晋国尚书令陆纳去世。

5 三月一日，日食。

6 晋国皇太子司马德宗（本年十四岁）从皇宫迁到太子东宫居住，任命丹杨尹（首都建康市长）王雅兼任太子少傅。

当时会稽王司马道子专权奢纵，他的嬖人赵牙本来出身倡优，另一个亲信茹千秋以前是钱塘捕贼吏，都因谄媚、贿赂得到重用。司马道子任命赵牙为魏郡太守，茹千秋为骠骑咨议参军。赵牙为司马道子修建住宅，堆筑假山，挖掘人工湖，费用巨万。皇帝曾经到他的家里，对司马道子说："府内有山，很好，但是修饰太过。"司马道子无言以对。皇帝走后，司马道子对赵牙说："皇上如果知道那山是人工堆筑的，你死定了！"赵牙说："您还在，我怎么敢死？"更加扩大工程规模。茹千秋卖官招权，敛财数亿。

博平县令、吴兴人闻人奭上疏弹劾，皇帝更加厌恶司马道子，但因为太后的缘故，不忍心废黜他，于是擢升当时有名望的大臣以及他所亲幸的王恭、郗恢、殷仲堪、王珣、王雅等人，让他们担任朝廷内外重要官职，以防范司马道子。司马道子也任用王国宝及王国宝的堂弟琅邪内史王绪，以为心腹。由是朋党竞起，兄弟之间再没有之前的友爱欢愉了。太后每每从中调解。中书侍郎徐邈从容对皇帝说："汉文帝（刘恒）是英明的君主，犹尚且痛悔害死了淮南王刘长；世祖（司马炎）聪明豁达，害死负愧于齐王（司马攸）。兄弟之间的关系，一定要非常谨慎。会稽王虽有纵酒放荡，但还是应该对他宽宏相待，以消散大家的议论，外为国家之计，内慰太后之心。"皇帝采纳他的意见，对司马道子委任如故。

7 当初，前秦陇西王杨定战死时，天水人姜乳袭据上邽；夏，四月，西秦王乞伏乾归派乞伏益州率领骑兵六千人讨伐。左仆射边芮、民部尚书王松寿说："乞伏益州屡胜而骄，不可让他独当一面。如果那样他必定会因为轻敌而取败。"乞伏乾归说："乞伏益州骁勇，诸将都赶不上他，当以重臣为他辅佐而已。"于是任命平北将军韦虔为长史，左禁将军务和为司马。乞伏益州到了大寒岭，不设部伍编制，听任将士们游猎纵饮，下令说："敢言军事者斩！"韦虔等进谏，乞伏益州不听，姜乳逆击，乞伏益州大败。

8 北魏王拓跋珪叛后燕，侵逼沿边诸部。五月甲戌日，后燕主慕容垂派太子慕容宝、辽西王慕容农、赵王慕容麟率众八万，从五原出师伐魏，范阳王慕容德、陈留王慕容绍另外率步骑一万八千人为后继。散骑常侍高湖进谏说："魏与燕世代联姻，当初他们有内难，是燕国救了他们，对他们施德可谓深厚，结好的时间也很久了。之前我们因为求马不得，而扣留他的弟弟，过错在我们一方，为什么要兴兵攻打他们呢？拓跋珪沉勇有谋，幼年时代就历经艰难，兵精马强，不可轻视。皇太子年轻气盛，如今让他专任征伐，他必定会轻视魏国，认为很容易取胜，但是，万一不如所愿，对太子的威望将是很大打击，希望陛下仔细考虑！"言辞颇为激切。慕容垂怒，将高湖免官。高湖，是高泰之子。

9 六月五日，后燕太原元王慕容楷去世。

10 西秦王乞伏乾归迁居苑川西城。

11 秋，七月，三河王吕光率众十万伐西秦，西秦左辅密贵周、左卫将军莫者羖羝劝西秦王乞伏乾归向吕光称藩臣，把儿子乞伏敕勃送去做人质。吕光引兵还师，乞伏乾归又后悔了，杀密贵周及莫者羖羝。

12 北魏张衮听闻后燕军队将至，对北魏王拓跋珪说："燕军还沉浸在滑台、长子之捷的骄傲情绪中，倾尽全国的资源和力量而来，有轻我之心。我们应该更加向他们示弱，让他们骄傲，就可以攻克他们。"拓跋珪听从，将部落百姓和畜产全部带走，西渡黄河一千余里，以躲避后燕军。后燕军到了五原，北魏别部三万户人家投降，缴获杂粮一百余万斛，设置黑城，进军临河，造船准备渡河。

拓跋珪派右司马许谦出使后秦请救兵。

13 秃发乌孤攻击乙弗、折掘等部落，都击破并且收降，筑廉川堡为都城。广武人赵振，少年时就爱好奇谋战略，听说秃发乌孤在廉川，弃家前往投奔。秃发乌孤喜道："我得赵生，大事成了！"拜赵振为左司马。三河王吕光封秃发乌孤为广武郡公。

14 有长星（长星是彗尾很长的彗星，孛星是彗尾很短的彗星）扫过须女星，接近哭星。皇帝心中觉得厌恶，在华林园举酒致祝词说："长星，劝汝一杯酒。自古何有万岁天子邪！"

15 八月，魏王拓跋珪在黄河南岸阅兵。九月，进军临河。后燕太子慕容宝在北岸列兵，准备渡河，这时暴风吹起，数十艘战船漂到南岸。北魏俘虏后燕军甲士三百余人，全部释放遣返。

慕容宝从中山出发时，后燕主慕容垂已经生病。到了五原，拓跋珪派人监视中山交通线，将后燕往来使者全部抓获，慕容宝等数月都听不到慕容垂起居消息，拓跋珪让他所抓获的后燕使者到黄河边对慕容宝呼喊说："你父亲已经死了，为什么不快点回去！"慕容宝等忧惧，士卒也惊骇不安。

拓跋珪派陈留公拓跋虔率领五万骑兵屯驻黄河以东，东平公拓跋仪率领十万骑兵屯驻黄河以北，略阳公拓跋遵率领七万骑兵阻截后燕军南路。拓跋遵，是拓跋寿鸠之子。

后秦主姚兴派杨佛嵩将兵救魏。

后燕术士靳安对太子慕容宝说："天时不利，燕必大败，速去可免。"慕容宝不听。靳安退下后，对人说："吾辈皆当弃尸草野，不得归矣！"

后燕、北魏相持多日，赵王慕容麟的部将慕舆嵩等认为慕容垂确实是死了，阴谋作乱，准备奉慕容麟为主。事情泄露，慕舆嵩等都被处死，慕容宝、慕容麟等也相互猜疑。

冬，十月二十五日，慕容宝烧毁船只，乘夜撤退。当时河面还未结冰，慕容宝以魏兵必定不能渡河，不设侦察兵。

十一月三日，暴风，黄河冰封。北魏王拓跋珪引兵过河，留下辎重，选精锐骑兵二万余人急追。

后燕军到了参合陂，有大风，黑气像一道堤坝一样，自军后而来，然后像一个大黑盖，笼罩军营。和尚支昙猛对慕容宝说："风气暴迅，这是魏兵将至的征兆，应该派兵防御。"慕容宝认为已经离魏军很远，笑而不应。支昙猛固执地不停要求，慕容麟怒道："以殿下之神武，军队之强盛，足以横行沙漠，索虏何敢远来？支昙猛妄言惊众，应当斩首！"支昙猛哭泣说："苻氏以百万之师，败于淮南，正是因为恃众轻敌，不信天道的缘故啊！"司徒慕容德劝慕容宝听支昙猛的话，慕容宝于是派慕容麟率骑兵三万人殿后，以备非常。慕容麟认为支昙猛愚昧狂妄，纵骑游猎，不设防备。慕容宝派骑兵回去侦察魏兵，这些侦察骑兵走了十余里，即解鞍就寝。

北魏军晨夜兼行，十一月九日黄昏，到了参合陂西。这时后燕军在陂东，扎营于蟠羊山南麓河岸。北魏王拓跋珪夜里给诸将分配作战任务，掩击后燕军，士卒衔枚，马束住马口，静悄悄地秘密前进。十日，日出时分，魏军登山，下临后燕营。后燕军正要东行，回头看见北魏军，士卒大惊扰乱。拓跋珪纵兵攻击之，后燕兵奔走落水，人马相互踩踏，踩死溺死者数以万计。略阳公拓跋遵在前面拦住后燕军去路，后燕兵四五万人，一时放下武器，敛手就擒，逃脱的只有数千人，太子慕容宝等仅仅单骑逃脱。北魏军杀后燕右仆射、陈留悼王慕容绍，生擒鲁阳王慕容倭奴、桂林王慕容道成、济阴公尹国等文武将吏数千人，兵甲粮货以巨万计。慕容道成，是慕容垂弟弟的儿子。

北魏王拓跋珪在俘虏的后燕臣中选拔有用之才，包括代郡太守、广川人贾闰，贾闰的堂弟、骠骑长史、昌黎太守贾彝，太史郎、辽东人晁崇等，留下任用，其余人都送给衣服粮食遣返，以招抚怀柔中州之人。中部大人王建说："燕众强盛，这次倾国而来，我军幸而大捷，不如把这些人全部杀了，则其国空虚，更加容易攻取。况且俘虏了贼寇，又放走他们，恐怕不太恰当！"于是全部活埋。

十二月，拓跋珪回到云中盛乐城。

【华杉讲透】

慕容宝此战，步步皆错。几个月见不到父亲的使者，使者又在敌军阵营喊话，交通线被敌军控制，使者全部被俘，这是毫无疑问了。没有保护交通线，这是第一个错误。

既然撤退，为什么要"烧船夜遁"，这是第二个错误。夜遁，是要秘密撤走；而烧船，就没有秘密。慕容宝应该整军而退。军队最大的损失，往往不是在进军路上，而是在撤退过程中。将领最大的本领，不在于进攻时能上阵杀敌，而在于撤退时能全师而退，这都是军事常识。

第三个错误，撤退不设斥候，因为"宝以魏兵必不能渡"。初冬时分，你认为那河不会封冻，但是战史上，河面一夜冰封，敌人踏冰渡河的战例，比比皆是，这并不是小概率事件。凭什么认为敌人渡不了河呢？《孙子兵法》说："无恃其不来，恃吾有以待也。"无论你认为什么，都不能认为敌人不会来。不管他来不来，我都要有准备。再说，这并不是什么很大投入的准备，只是留几个侦察兵而已。这都不做，就是太骄傲，太放松了。打仗骄傲放松也就罢了，都到了"烧船夜遁"时，还那么放松。

第四个错误，不该派慕容麟断后。慕容麟和太子的地位是半斤八两，本身就不太服气，他又要杀支昙猛，对防备敌人是极为鄙视的，怎么能派他断后呢？他一定是纵骑游猎，表达他的鄙视。应该派谁呢？要么派慕容德，因为他支持派兵断后，要么派一个低级别的将领，他不敢自作主张，就算力量弱一点，至少也起到斥候的作用，不致让北魏兵突然杀到大营。

慕容宝、慕容麟的骄傲放松，影响到全军的情绪，以至派出几十个侦察骑兵，他们居然走十几里就解鞍睡觉了。为什么要解鞍睡觉呢？就是因为一个字——懒！

总结真因，骄傲也好，放松也好，归根结底一个字——懒！撤退时为什么不设斥候？懒得设；为什么不设断后部队？懒得设；侦察骑兵为什么不侦察？懒得侦察。

我们终此一生，都在和自己的惰性作斗争，偷得一刻安逸，就败到国破家亡。

天道酬勤，要知行合一，守一个"勤"字。

后燕太子慕容宝耻于参合之败，请求再次攻击北魏。司徒慕容德也对燕主慕容垂说："敌人因为参合之捷，有轻视太子之心，应该以陛下的神略征服他们，不然，将为后患。"慕容垂于是任命清河公慕容会录留台事，兼领幽州刺史，替代高阳王慕容隆镇守龙城；任命阳城王兰汗为北中郎将，替代长乐公慕容盛镇守蓟城；命慕容隆、慕容盛悉引其精兵回到中山，约期明年大举击魏。

16 这一年，后秦主姚兴封其叔父姚绪为晋王，姚硕德为陇西王，弟弟姚崇为齐公，姚显为常山公。

太元二十一年（公元396年）

1 春，正月，后燕高阳王慕容隆率领龙城部队进入中山，军容精整，后燕士气稍微振作起来。

2 休官部落酋长权万世率众投降西秦。

3 后燕主慕容垂派征东将军平规发兵冀州。二月，平规以博陵、武邑、长乐三郡部队造反于鲁口，他的堂侄子、冀州刺史平喜进谏，平规不听。平规的弟弟、海阳县令平翰也起兵于辽西，响应平规。慕容垂派镇东将军余嵩攻击平规，余嵩战败阵亡。慕容垂亲自率军攻击平规，后燕军到了鲁口，平规抛下部队，带着妻子、儿女及平喜等数十人渡过黄河逃走，慕容垂引兵还师。平翰引兵直指龙城，清河公慕容会派东阳公慕容根等攻击平翰，击破平翰军，平翰逃往南方山区。

【华杉讲透】

拿破仑有一句话："路易十四战败一百次还是国王，我战败一次就不是皇帝了。"创业之主，政权的合法性全靠军事胜利支持，人心并未归附。这不，后燕军败了一仗，平规就叛变了。

4 三月二十六日，后燕主慕容垂留范阳王慕容德镇守中山，自己率军秘密出发。越过青岭，经天门，凿山通道，出其不意，直指云中。北魏陈留公拓跋虔率部落三万余家镇守平城；慕容垂到了猎岭，以辽西王慕容农、高阳王慕容隆为前锋发动袭击。当时，后燕兵新败，都畏惧北魏，唯有龙城兵勇锐争先。拓跋虔一向没有防备，闰三月十二日，后燕军到了平城，拓跋虔才察觉，率麾下出战，战败阵亡，后燕军俘虏了他的整个部落。魏王拓跋珪震怖，想要逃走，诸部听说拓跋虔战死，也都有二心，拓跋珪不知所措。

慕容垂经过参合陂时，见积骸如山，为之设祭，军士皆恸哭，声震山谷。慕容垂惭愤呕血，由此发兵，坐着马车前进，在平城西北三十里停下休息。太子慕容宝等听闻，都引兵回来。后燕军叛徒告诉北魏说："慕容垂已死，军中马车上只是一具尸体而已。"北魏王拓跋珪想要追击，听闻平城已经陷落，于是引兵回到阴山。

慕容垂在平城待了十天，病势转重，于是修筑燕昌城而还。夏，四月十日，死在上谷郡沮阳县（享寿七十一岁），慕容宝秘不发丧。四月二十三日，到中山；二十五日，发丧，谥号为成武皇帝，庙号世祖。二十九日，太子慕容宝即位（时年四十一岁），大赦，改年号为永康。

五月九日，慕容宝任命范阳王慕容德为都督冀州、兖州、青州、徐州、荆州、豫州六州诸军事、车骑大将军、冀州牧，镇守邺城；辽西王慕容农为都督并州、雍州、益州、梁州、秦州、凉州六州诸军事，并州牧，镇守晋阳。又任命安定王库傉官伟为太师，扶余王余蔚为太傅。十二日，任命赵王慕容麟兼任尚书左仆射，高阳王慕容隆兼任右仆射，长乐公慕容盛为司隶校尉，宜都王慕容凤为冀州刺史。

5 五月十三日，晋国任命散骑常侍彭城人刘该为徐州刺史，镇守鄄城。

6 五月二十二日，晋国任命望蔡公谢琰为尚书左仆射。

7 当初，后燕主慕容垂先与大段后生下儿子慕容令、慕容宝，后与小段后生下儿子慕容朗、慕容鉴，但慕容垂喜爱其他姬妾生的儿子慕容麟、慕容农、慕容隆、慕容柔、慕容熙。慕容宝初为太子时，有美誉，但后来荒废懈怠，宫廷内外，对他都很失望。小段后曾经对慕容垂说："太子如果是在承平之世，足以为守成之主；但如今国步艰难，恐怕他不是济世之才。辽西王（慕容农）、高阳王（慕容隆）二王，是陛下之贤子，应该在这两位之中选择一人，付以大业。赵王慕容麟奸诈刚愎，异日必为国家之患，应该早日将他铲除。"慕容宝善事慕容垂左右，左右之人都称誉他，所以慕容垂认为他很贤德，对小段后说："你想要让我做晋献公吗？"（晋献公听信骊姬谗言，杀太子姬申）小段后哭泣而退，对她的妹妹、范阳王慕容德的妃子说："太子不才，天下所知，我为社稷说话，主上却把我当骊姬，我这是何苦！我看太子，必定会倾覆社稷，范阳王有非常气度，如果燕祚未尽，恐怕在范阳王身上吧！"慕容宝及慕容麟听到这话，非常痛恨。

五月二十三日，慕容宝派慕容麟对小段后说："你经常说主上不能守大业，如今看看能不能呢？你应该早早自裁，以保全段氏宗族！"小段后怒道："你们兄弟逼杀继母都这么轻率，还能守住祖先基业吗！我岂怕死？只是担忧国家将亡而已。"于是自杀。

慕容宝说小段后阴谋废黜嫡子正统，无母后之道，不宜举行葬礼，群臣都赞同。唯独中书令眭邃在朝中扬声说："子无废母之义，东汉安思阎皇后亲自废了顺帝，仍然得以配享太庙（事见公元124年记载），何况先后暧昧之言，是真是假都不知道！"于是慕容宝才同意举行葬礼。

8 六月一日，北魏王拓跋珪派将军王建等攻击后燕广宁太守刘亢泥，斩刘亢泥，把他的部落迁徙到平城。后燕上谷太守、开封公慕容详弃郡逃走。慕容详，是慕容皝的曾孙。

9 六月十五日，北魏贺太妃（拓跋珪的生母）去世。

10 后燕主慕容宝评定士族旧籍，分辨高阶层和低阶层，又校阅户口，撤销军营封荫之户，全部划给当地郡县。从此士民嗟怨，开始有离叛之心。

11 三河王吕光即天王位，国号大凉，大赦，改年号为龙飞。备置百官，以世子吕绍为太子，封子弟为公侯者二十人，以中书令王详为尚书左仆射，著作郎段业等五人为尚书。

吕光派使者拜秃发乌孤为征南大将军、益州牧、左贤王。秃发乌孤对使者说："吕王诸子贪淫，三个外甥暴虐，远近愁怨，我怎能违背人心，受此不义之爵？我当自己称帝称王了。"于是留下使者送来的乐队、羽仪，向使者道歉，遣送他回去。

12 平规收集余党，据守高唐，后燕主慕容宝派高阳王慕容隆将兵征讨。东土百姓，一向怀念慕容隆的恩惠，沿途欢迎后燕军。秋，七月，慕容隆进军临河，平规抛弃高唐城逃走。慕容隆派建威将军慕容进等渡河追击，斩平规于济北。平喜逃奔彭城。

13 晋国太子司马德宗纳故中书令王献之之女为太子妃。王献之，是王羲之的儿子。

14 北魏群臣劝北魏王拓跋珪称尊号，拓跋珪于是建天子旌旗，出警入跸（出入都用警卫开道，净街戒严），改年号为皇始。参军事、上谷人张恂劝拓跋珪进取中原，拓跋珪赞同。

后燕辽西王慕容农率领全部部曲数万口到并州，并州一向缺乏粮秣积蓄。这一年又早霜，当地人民无法供应这么多人的粮食。而慕容农又派诸部护军分别监视诸匈奴部落，于是汉人和夷人都生怨恨，秘密召引北魏军。

八月二十八日，北魏王拓跋珪大举伐后燕，步骑兵四十余万，南出马邑，越过句注山，旌旗绵延二千余里，鼓行而进。左将军、雁门人李栗率领五万骑兵为前驱，又另派将军封真等从东道出军都，袭击后燕幽州。

15 后燕征北大将军，幽州、平州二州牧，清河公慕容会，母亲出身微贱，而他在慕容宝诸子中年纪最长，雄俊有器艺，后燕主慕容垂很喜爱他。慕容宝伐北魏时，慕容垂命慕容会总管东宫事务，礼遇一如太子。后来，慕容垂伐北魏，又命慕容会镇守龙城，将东北疆土托付给他，对他的官属，都遴选当时有才能和名望的人。慕容垂病重时，留遗言命慕容宝以慕容会为继嗣；而慕容宝喜爱小儿子、濮阳公慕容策，根本没有考虑慕容会。长乐公慕容盛与慕容会同年，耻于地位在他之下，于是与赵王慕容麟一起劝慕容宝立慕容策，慕容宝听从。

八月四日，慕容宝立妃段氏为皇后，慕容策为皇太子，慕容会、慕容盛都晋爵为王。慕容策时年十一岁，性格愚昧懦弱；慕容会听到消息，心中愠怒愤恨。

九月，章武王慕容宙护送慕容垂及小段后的灵柩，葬于龙城宣平陵。慕容宝下诏，命慕容宙将高阳王慕容隆的参佐、部曲、家属全部迁到中山，慕容会违背诏书，留下慕容隆的很多部曲，不遣送他们回京。慕容宙年长，辈分又高，但慕容会经常凌侮他，看到的人，都知道慕容会有异志。

16 九月十八日，北魏军到了阳曲，沿着西山，抵达晋阳，派骑兵环城大声鼓噪，然后扬长而去。后燕辽西王慕容农出战，大败，奔还晋阳，司马慕舆嵩关闭城门，拒绝慕容农入城。慕容农带着妻子、儿女，率数千骑兵东走，北魏中领将军长孙肥追击，在潞川追上，俘虏慕容农的妻子、儿女。慕容农全军覆没，自己也受伤，仅与三名骑兵逃归中山。

北魏王拓跋珪于是取得并州。开始建立各政府部门，设置刺史、太守、尚书郎以下官职，全部用儒生担任。士大夫到军门应聘的，无论少长，全部引入接见，温言抚慰，使人人尽言，稍有才干，就加以任用。

九月十九日，拓跋珪派辅国将军奚牧到汾川夺取土地，生擒后燕丹杨王慕容瓒及离石护军高秀和。任命中书侍郎张恂等为诸郡太守，招抚离散百姓，劝课农桑。

后燕主慕容宝听闻北魏军将至，会议于东堂。中山尹苻谟说："如今魏军兵力强大，千里远斗，乘胜气锐。如果放他们进入平原地区，则势不可当，应该在险要处设防，拦住他们。"中书令眭邃说："魏多骑兵，往来剽速，但是，他们的粮食带在马上，不过能支持十天。应该下令各郡县人民，每一千家聚集为一个坞堡，深沟高垒，坚壁清野以待。他到了之后，抢不到粮食，不过六十天，粮食吃尽，自己就会撤退。"尚书封懿说："如今魏兵数十万，是天下之劲敌，百姓就算修筑坞堡，也不足以自固，反而是集聚士兵及粮食以资敌罢了。而且动摇民心，向敌人示弱。不如阻关拒战，才是上计。"赵王慕容麟说："北魏如今乘胜气锐，其锋不可当，应该完守中山，等他们自己疲弊，再行出击。"于是修城积粮，为持久之备。命辽西王慕容农出城屯驻安喜，中山军事事务，全部委任给慕容麟。

【华杉讲透】

慕容宝只有一条路，就是苻谟、封懿的意见——阻关拒战，迅速出师迎敌，在险要关口，把他们拦在国境之外。为什么呢？还是荀悦说的形、势、情三要。敌人大军来袭，我军坚壁清野，等他自己粮食吃尽，自然撤退，撤退时再"击其惰归"，在后面追杀，这是标准战术。但是，这种战术如果在汉朝时应对匈奴人来攻打洛阳，那是可以的，因为人民忠于自己的国家。对慕容宝来说，就不成立了，就是形、势、情的情不成立，缺乏百姓的心志。因为慕容宝的所谓"国家"，不过是一个军阀的地盘罢了，并没有人民的忠诚，有更强的军队来了，百姓会马上投降。他只能用军事胜利来维系自己的国家，没有任何退路，只能到国境线上去和敌人死战。

所以，苻谟、封懿的计策虽然对，但是没有说到关键，没有说到真因，所以没能说服慕容宝。慕容宝没有万全之策，只能拼死一搏，谁让你要建国呢？这就是小段后说的："太子遭承平之世，足为守成之主；今国步艰难，恐非济世之才。"慕容宝的决策，就是在承平之世守成之主的办法，不是创业君主的办法。

睦邻的计策也不成立，不成立在哪里呢？坚壁清野，是把粮草物资和所有百姓，全部收缩进城，野外不仅没有粮草，也没有人民，这才叫坚壁清野。像睦邻说的那样，每一千户人家聚集为一个坞堡，那敌人几十万大军来了，谁守得住？这一千家人必然就投降成了敌军，粮食也自己集中好送给敌人了。但是，要把百姓全部收缩进中山城，又要看他有没有这个动员能力，中山城有多大，这个不清楚。

读史是代入自己，每件事都是一道习题，如果是我，我怎么处理？

17 皇帝司马昌明嗜酒,流连内殿,昏醉的时候多,清醒的时候少,外人很难得进见。张贵人宠冠后宫,后宫众人都畏惧她。九月二十日,皇帝与后宫饮宴,歌舞伎乐,侍候一旁;当时张贵人年近三十,皇帝调戏她说:"以你的年纪,也该废了,我要找更年轻的。"张贵人心中暗怒,当晚,皇帝酒醉,在清暑殿就寝,张贵人把宦官们全部灌醉,遣散他们,让婢女用被子蒙住皇帝的脸,杀了他(得年三十五岁),又重重地贿赂左右,说皇帝是"因魇暴崩"。当时太子暗弱,会稽王司马道子昏庸荒淫,于是不再追问。王国宝夜叩禁门,想要进宫撰写遗诏,侍中王爽拒绝,说:"大行皇帝晏驾,皇太子未至,敢入宫门者斩!"王国宝于是停止。王爽,是王恭的弟弟。

九月二十一日,太子司马德宗即皇帝位,大赦。

【华杉讲透】

皇帝死得蹊跷,要说是张贵人因为一句话就杀他,然后轻飘飘一句"因魇暴崩"就无人追究,未免满朝君臣都太不把皇帝当回事了。王国宝急匆匆赶来要写遗诏,他要写什么?让人怀疑司马道子和他才是幕后真正的主谋。毕竟,皇帝死了,对张贵人没什么好处,但是对司马道子有好处。宫廷秘事,没有真相,前面的史官怎么写,后面的人只能跟着抄。

九月二十三日,有司上奏:"会稽王司马道子宜进位太傅、扬州牧,假黄钺。"皇帝司马德宗下诏,朝廷内外,无论大事小事,一切由司马道子裁决。

司马德宗从小就是一个白痴,天生哑巴,不会说话,甚至于寒暑饥饱都不知道,饮食、睡觉、起床都不能自理。同母弟琅玡王司马德文,性格恭谨,时常侍奉于司马德宗左右,替他安排照顾,才没有出大的纰漏。

当初,王国宝党附于会稽王司马道子,骄纵不法,屡次被御史中丞褚粲纠察。王国宝修建住宅馆舍,媲美皇宫清暑殿,孝武帝司马昌明对此非常厌恶;王国宝惧怕,于是更求媚于皇帝,而疏远司马道子,皇帝也宠溺他。司马道子大怒,曾经在宫中当面斥责王国宝,并且拔佩剑,掷向王国宝，多年交情，完全破裂。等到皇帝崩逝，王国宝又转头事奉司马道子，与堂弟王绪共为谄媚之术。司马道子再次被他迷惑，把他当作心腹，王国宝得以参管朝权，威震内外，同时也成为公害，受到当时人的抨击。

青州、兖州二州牧王恭进京，参加司马昌明葬礼，每每正色直言，司马道子对他深为忌惮。王恭罢朝后，叹息说："皇宫屋椽栋梁都是新的，我却看见一片荒草！"

王绪对王国宝说，趁王恭入朝时，劝相王（司马道子）伏兵杀他，王国宝不许。司马道子希望团结内外，于是推心置腹地跟王恭结交，希望能够化解过去的矛盾。但是，王恭每次言及时政，都疾言厉色。司马道子知道与王恭不可调和，于是有了图谋陷害他的决心。

也有人劝王恭趁入朝时以兵诛杀王国宝，王恭因为豫州刺史庾楷兵马强盛，并且跟王国宝是一党，忌惮他，不敢发动。左仆射王珣对王恭说："王国宝虽然终将成为祸乱，但是现在他的罪逆并未彰显，如果您先行发动，必定大失朝野之望。况且拥强兵而擅自在京师采取军事行动，谁能说这不是叛逆呢？王国宝如果不知改过，恶名布于天下，那时再顺众心铲除他，也不担心不能成功。"王恭于是停止，既而又对王珣说："最近我观察你，好像胡广。"王珣说："王陵因为在御前争执失去官位，陈平谨慎小心，常沉默不语，却可以保住职务，只看最后结果如何吧！"

冬，十月十四日，葬孝武帝司马昌明于隆平陵。王恭准备回到镇所，临行时，对司马道子说："主上守丧期间，摄政的高位，就是伊尹、周公也觉得艰难，希望大王能亲自操劳，接纳直言，远离靡靡之音和奸佞小人。"王国宝等人更加惧怕。

【华杉讲透】

王恭说王珣像胡广，是指东汉宰相胡广，当权三十年，侍奉过七任皇帝，一方面与正直的大臣如李固亲近，另一方面又与宦官结为姻亲，用和稀泥的手段，只求维持表面安定和自己的荣华富贵。

王陵反对吕后封诸吕为王,在朝廷上当面争执,被罢官。陈平默不作声,而最终安定刘氏天下的是陈平。

18 北魏王拓跋珪派冠军将军、代郡人于栗䃅,宁朔将军公孙兰率步骑兵二万,秘密从晋阳开凿韩信当年行军的故道。十月十五日,拓跋珪从井陉,直趋中山。李先(西燕秘书监,西燕灭亡时被后燕俘虏)向北魏投降,拓跋珪任命他为征东左长史。

19 西秦凉州牧乞伏轲弹与秦州牧乞伏益州不和,乞伏轲弹投奔后凉。

20 北魏王拓跋珪进攻常山,攻拔,俘虏太守苟延,自常山以东,郡守、县令或走或降,诸郡县都归附于北魏,唯有中山、邺城、信都三城为后燕坚守。

十一月,拓跋珪命东平公拓跋仪率五万骑兵攻打邺城,冠军将军王建、左将军李栗攻打信都。

十一月十九日,拓跋珪进军中山;二十日,攻城。后燕高阳王慕容隆守南城,率众力战,从早晨苦战到下午,杀伤敌军数千人,北魏兵才退去。拓跋珪对诸将说:"中山城墙坚固,慕容宝必定不肯出城作战。急攻则我军损失太大,久围则太费粮食,不如先取邺城、信都,然后再图中山。"

十一月二十八日,拓跋珪引兵向南。

后燕章武王慕容宙从龙城回来,听说北魏入侵,飞驰进入蓟城,与镇北将军、阳城王慕容兰据城固守。慕容兰,是慕容垂的堂弟。北魏别将石河头攻打蓟城,不能攻克,退屯渔阳。

拓跋珪驻军于鲁口,后燕博陵太守申永逃奔河南,高阳太守崔宏逃奔海岛。拓跋珪一向听闻崔宏的名声,派官吏追上他,任命其为黄门侍郎,与给事黄门侍郎张衮共同掌管机要,创立制度。博陵县令屈遵投降北魏,拓跋珪任命他为中书令,负责传达号令,兼总管文书告示。

后燕范阳王慕容德派南安王慕容青等夜晚攻击北魏军于邺城城下,

击破北魏军。北魏军退屯新城。慕容青等请追击,别驾韩谆说:"古人先计算有没有胜算,然后才决定是否作战。魏军有四个不可攻击的理由:第一,他们大军远来,野战对他们有利;第二,他们深入我国京畿地区,四面是敌,没有溃散的可能;第三,他们前锋虽然战败,后面大军的阵势依然坚固;第四,他们人多,我们人少。而我军呢,又有三个不宜动的理由:其一,我们是在本土作战,容易出现逃兵(很容易跑回家);其二,一旦动而不胜,则军心难固;其三,城墙并不坚固,一旦敌人反扑,没有防备。如今魏军并无足够粮草物资,不如深沟高垒,坚守不战,等他们自己疲敝。"慕容德听从,召慕容青还师。慕容青,是慕容详的哥哥。

十二月,北魏辽西公贺赖卢率骑兵二万,与东平公拓跋仪会师,进攻邺城。贺赖卢,是贺讷的弟弟。

北魏别部酋长没根,有胆勇,北魏王拓跋珪厌恶他。没根惧怕被诛,十二月二十日,率亲兵数十人投降后燕,后燕主慕容宝任命他为镇东大将军,封雁门公。没根请求还师袭击北魏,慕容宝不敢给他重兵,只给了骑兵一百余人。没根率众伪装成北魏军,以北魏号令,夜入魏营,到了中军大帐,拓跋珪才察觉,狼狈惊走;没根因为人少,也不能击溃北魏大军,只斩获首级、俘虏而还。

21 氐王、仇池公杨盛遣使来朝廷请命。皇帝下诏,拜杨盛为镇南将军、仇池公。杨盛表举苻宣为平北将军。

22 这一年,越质诘归率所部二万户,背叛西秦,投降后秦,后秦将他们安置在成纪,拜越质诘归为镇西将军、平襄公。

23 后秦陇西王姚硕德攻姜乳于上邽,姜乳率众投降。后秦任命姚硕德为秦州牧,镇守上邽;征召姜乳为尚书。强熙、权千成率众三万人包围上邽,姚硕德击破之,强熙投奔仇池,不久又转而投奔晋国。姚硕德向西追击权千成,在略阳追上,权千成投降。

24 西燕既亡,其所署河东太守柳恭等各拥兵自守。后秦主姚兴派晋王姚绪攻打,柳恭等临河拒守,姚绪不得渡河。

当初,永嘉之乱,汾阴薛氏聚其族党,阻河自固,不在刘氏、石氏的朝廷做官。后来苻氏兴起,礼聘薛强,拜他为镇东将军。薛强引后秦兵从龙门渡河,进入蒲阪,柳恭等皆降。姚兴任命姚绪为并州、冀州二州牧,镇守蒲阪。

卷第一百零九　晋纪三十一

（公元397年，共1年）

安皇帝甲

隆安元年（公元397年）

1 春，正月一日，皇帝司马德宗加元服，举行成人礼（本年十六岁），改年号为隆安。任命左仆射王珣为尚书令；领军将军王国宝为左仆射，兼管官员任免升降的人事工作，仍加授后将军、丹杨尹（首都建康市长）。会稽王司马道子将原属太子东宫的兵马全部配给王国宝，由他统领。

2 后燕范阳王慕容德求救于后秦，后秦拒绝出兵。邺城人心恟惧。贺赖卢自以为是北魏王拓跋珪的舅舅，不受东平公拓跋仪节制，于是与拓跋仪有矛盾。拓跋仪的司马丁建秘密与慕容德勾结，离间拓跋仪与贺赖卢，并用箭把信射入城中传递情报。

正月六日，起风，雾霾严重，白天暗如黑夜。贺赖卢军营中有火，丁建对拓跋仪说："贺赖卢这是在烧毁军营，准备叛变。"拓跋仪也以为然，引兵撤退。贺赖卢听说拓跋仪撤退，也跟着撤退。丁建率领他的部众到慕容德处投降，并且说，拓跋仪军队已没有士气，可以追击。慕容德派桂阳王慕容镇、南安王慕容青率骑兵七千人追击，大破北魏军。

后燕主慕容宝派左卫将军慕舆腾攻打博陵，杀死北魏所任命的郡守和县令。

王建等攻信都，六十余日不能攻下，士卒多死。正月二十二日，北魏王拓跋珪亲自攻打信都。二十四日夜，后燕宜都王慕容凤翻城墙逃奔中山。二十五日，信都投降北魏。

3 后凉王吕光认为西秦王乞伏乾归反复无常，举兵讨伐。乞伏乾归部下都建议向东撤退到成纪以躲避，乞伏乾归说："战争的胜败，在于统帅的智力是巧是拙，而不在于兵力的多少。吕光的士兵虽多，但是缺乏纪律，他的弟弟吕延勇而无谋，不足为惧。况且他的精兵都在吕延手下，吕延战败，吕光自己就退走了。"

吕光驻军于长最，遣太原公吕纂等率步骑兵三万攻打金城。乞伏乾归率众二万人救援，还没到，吕纂已攻陷金城。吕光又派他的部将梁恭等以甲卒一万余人，从阳武下峡出师，与秦州刺史没弈干会师攻打乞伏乾归东部，天水公吕延率领枹罕部队攻打临洮、武始、河关，全部攻克。

乞伏乾归派人给吕延送假情报，说："乞伏乾归部众崩溃，逃奔成纪。"吕延想要以轻骑追击，司马耿稚进谏说："乞伏乾归勇略过人，岂肯望风自溃？之前他击破王广、杨定，都是假意示弱诱敌，如今观察这个来送情报的人，眼睛总往高处看，神色闪动，必定有诈，我军应该全军戒备，排成阵形前进，让步骑兵密切配合，等各路军队集结到位，然后攻击，才能保证必胜。"吕延不听，挺进，与乞伏乾归遭遇，吕延战死。耿稚与将军姜显收集散卒，退回枹罕。吕光也引兵退回姑臧。

4 秃发乌孤自称大都督、大将军、大单于、西平王，大赦，改年号为太初（再次出现太初的年号）。在广武集结军队，攻打凉国金城，攻克。凉王吕光派将军窦苟讨伐，战于街亭，凉兵大败。

5 后燕主慕容宝听闻魏王拓跋珪攻信都，出兵屯驻深泽，派赵王慕容麟攻杨城，杀守兵三百。慕容宝拿出全部珍宝及宫女，招募各郡县群盗以击北魏。

二月一日，拓跋珪还师屯驻杨城。叛将没根哥哥的儿子丑提为并州监军，听说他的叔父投降后燕，惧怕牵连自己被杀，率所部兵杀向首都盛乐城作乱。拓跋珪想要北归，派他的国相拓跋涉延向后燕求和，并且愿意送自己的弟弟去做人质。慕容宝听闻北魏有内难，不许，派冗从仆射兰真前往北魏大营，斥责拓跋珪忘恩负义，动员后燕全部兵力，步卒十二万、骑兵三万七千，屯驻于曲阳柏肆县，在滹沱水北岸扎营，准备拦击。

二月九日，北魏军撤退到此，扎营在河水南岸。慕容宝夜里秘密渡河，招募敢死队一万余人，突袭北魏军营，慕容宝列阵于营北为之声援。敢死队顺风纵火，急击北魏军，北魏军大乱，拓跋珪惊起，弃营光脚逃走。后燕将军乞特真率一百余人到其帐下，缴获拓跋珪衣服和靴子。但此时，敢死队无故自惊，互相砍杀射击（毕竟是招募的盗贼，没有经过正规军事训练，不知道为什么互相砍杀，或许是争夺战利品）。拓跋珪在营外望见，擂起战鼓，集结部队，左右及中军将士也都集合过来，多布火炬于营外，纵骑兵冲击。后燕敢死队大败，向慕容宝阵地撤退，慕容宝又引兵渡河退到北岸。

二月十日，北魏整军而至，与后燕相持，后燕军士气低落。慕容宝引兵撤退回中山，北魏兵随后追击，后燕兵屡战屡败。慕容宝惧怕，抛弃大军，率骑兵二万奔还。当时遇上大风雪，冻死者的尸体沿路相接。慕容宝担心被北魏军追上，命士卒都抛弃盔甲、武器，数十万兵器全部丢弃，连一把匕首也没带回来。

后燕朝臣及将卒投降北魏和被北魏俘虏者甚众。之前，张衮经常对北魏王拓跋珪说起后燕秘书监崔逞的才干，这次拓跋珪俘虏了崔逞，非常高兴，任命崔逞为尚书，将三十六个司曹的事务都交给他总管，任以政事。

之前北魏军在柏肆战败，有逃回去的人说大军败散，拓跋珪不知下落。败兵经过晋阳，晋阳守将封真起兵攻打并州刺史、曲阳侯素延，素延击斩封真。

南安公拓跋顺镇守云中，接到拓跋珪下落不明的消息，准备自己摄政，掌管国事。幢将、代郡人莫题说："这是大事，不可如此轻率，应该谨慎等待消息进一步落实；否则，为祸不小！"拓跋顺于是停止。拓跋顺，是拓跋什翼犍的孙子。贺兰部首领附力眷、纥邻部首领匿物尼、纥奚部首领叱奴根都举兵造反，拓跋顺讨伐，不能攻克。拓跋珪派安远将军庾岳率骑兵一万人，还师征讨三部，全部讨平，北魏这才安定下来。

拓跋珪想要抚慰新归附的人，非常后悔之前在参合活埋四万多后燕兵的举动，于是指控素延征讨造反者杀戮过多，免官；任命奚牧为并州刺史。奚牧写信给东秦主姚兴，结尾写"顿首"，与之平起平坐。姚兴怒，告诉拓跋珪，拓跋珪为此杀了奚牧。

二月十一日夜，后燕尚书郎慕舆皓预谋刺杀后燕主慕容宝，立赵王慕容麟，失败，斩关出奔北魏。慕容麟由此不能自安。

6 三月，后燕任命仪同三司、武乡人张崇为司空。

7 当初，后燕清河王慕容会听闻北魏军东下，上表请求率军南下，以救国难，后燕主慕容宝批准。但是慕容会其实并没有出兵的意思，只是派征南将军库傉官伟、建威将军余崇将兵五千为前锋。余崇，是余蒿的儿子。库傉官伟等停留在卢龙近一百天，粮食吃光了，又杀马杀牛，全部耗尽，慕容会还不出发。慕容宝怒，累次下诏，严厉斥责。慕容会不得已，以准备行装，训练士卒为名，又拖了一个多月。当时道路不通，库傉官伟想要以轻军前行，打通道路，侦察北魏强弱，张大自己的声势；诸将都畏避，不想前进。余崇奋勇说："如今巨寇滔天，京都危逼，匹夫犹思效命以救君父，诸君深受国家宠任，反而贪生怕死吗？如果社稷倾覆，臣节不立，死有余辱。诸君安居于此，让我去。"库傉官伟大喜，但只给他步骑兵五百人。

余崇进军到了渔阳，与北魏骑兵一千余人遭遇，余崇对部下们说：

"他们人多，我们人少，如果不主动攻击，必定被他们消灭。"于是鼓噪直进，余崇亲手杀十余人。北魏骑兵溃去，余崇也引兵回到大营，带回斩下的首级和俘虏，分析敌人的得失利害，军心才稍稍振作起来。慕容会于是上路出发，徐徐前进，本月，抵达蓟城。

北魏军包围中山为时已久，城中后燕军将士，都想出城作战。征北大将军慕容隆对慕容宝说："拓跋珪虽然屡获小胜，但是屯兵城下，已经过了一个新年（去年十一月包围），凶猛的气势受到压制，战士战马死伤超过三分之二，人心思归，诸部离散，正是可破之时。加之举城思奋，如果以我之锐，乘彼之衰，攻无不克。但是，如果持重不决，我军士气也会沮丧，日益困顿、急迫，时间一长，内部就会发生变乱，那时候再想用兵，恐怕也无兵可用了！"慕容宝赞同。但是卫大将军慕容麟每次都破坏已经形成的决议，慕容隆集合部队，列队成形，准备出击，然后又被临时取消，前后四次。

【华杉讲透】

破坏决议的人最可恨，这种人的特点有两个，一是议而不决，二是决而后议。

议而不决，是他在会议中"充分讨论"，展现他缜密的思维和忧国忧民的苦心，但是，他只有"担忧"，没有决策，他只说你的方案有风险，他绝不提出他的方案。

决而后议呢，是会议好不容易有了决策，要行动了，会后他要一个人再去找老板，说这样不行，风险太大，在会后推翻会议决策。那老板本来压力就大，给他一鼓捣，又不敢决策了。

他提不出方案，也不敢提方案，他就靠推翻别人的方案来实现自我价值。你就是给他两个方案让他挑，他也闪烁其词，两个都不表态。那你问他怎么办呢？

他的建议只有三个字：

再想想。

慕容宝派人向北魏王拓跋珪求和，提出归还之前扣留在后燕的拓跋珪的弟弟拓跋觚，并将常山以西的土地割让给北魏。拓跋珪同意。事后不久慕容宝又反悔。

三月十一日，拓跋珪进入卢奴，十三日，再次包围中山。后燕将士数千人都向慕容宝请愿说："如今坐守穷城，终有一天会被困毙，臣等愿出城作战，而陛下每每压抑我们，这是自己沮丧军心，坐以待毙。况且城池被围已经很长时间，并没有什么其他奇谋妙计，一厢情愿地指望时间长了，寇贼自己撤退。如今内外之势，强弱悬殊，他们必定不会撤退，这已经是很显然的事了，应该听大家的意见，决一死战。"慕容宝同意。

慕容隆退出后，动员部队，召集诸参佐军官，对他们说："皇威不振，寇贼入侵，臣子同耻，义不顾生。这次出战，如果幸而破贼，平安归来，固然是好事；如果发生什么不幸，也让我的志气节操得以伸展。卿等有能再回到北方见到我的母亲的，请替我禀告此情！"于是披甲上马，到城门等候命令。慕容麟再次坚决地制止了慕容宝，部众大为愤恨，慕容隆涕泣而还。

当夜，慕容麟以兵劫持左卫将军、北地王慕容精，要他率禁兵弑慕容宝。慕容精大义凛然，坚决拒绝，慕容麟怒，杀慕容精，出城逃奔西山，依靠丁零残余部队。于是中山城中人情震骇。

慕容宝不知道慕容麟去哪儿了，因为清河王慕容会的军队在附近，担心慕容麟会夺走慕容会的军队，抢先占据龙城，于是召慕容隆及骠骑大将军慕容农商议，想要离开中山，撤退到龙城自保。慕容隆说："先帝栉风沐雨以成中兴之业，崩逝还不到一年，就天下大坏，岂能说不是我们辜负了他呢？如今外寇方盛，而内难复起，骨肉相残，百姓疑惧，诚然已经不可以拒敌；北迁旧都，也是可以的。但是，龙川地狭民贫，如果还以中国正统自居，想要以龙川的资源，在短时间内建立大功，必定不行。如果节用爱民，务农训兵，数年之中，公私充实，而赵、魏之间，厌苦寇暴，人民都思念燕国之德，那或者还有旌旗南指、恢复旧业的机会。如其不能，则凭险自固，也足以安闲度日、养精蓄锐吧。"慕容宝说:"你的话很在理,我愿意听从你的意见。"

【华杉讲透】

要打天下很难,但是,守住自己的一块地盘,还是容易的,为什么呢?军事行动,攻则不足,守则有余,防御是占绝对优势的。所以《孙子兵法》才有"十则围之,五则攻之"的说法,围城要十倍兵力,进攻要五倍兵力。如果凭险自守,则更有"一夫当关,万夫莫开"的优势。

所以,别人很难消灭你,失败都是败在自己内部。慕容宝就是败在自己内部,慕容麟不反叛,他也不会落到必须放弃中山的地步。到了龙城之后呢,慕容隆分析说,只要"节用爱民,务农训兵",就足以自保,能够在"数年之间,公私充实",也就是说,只要不折腾,几年工夫就能恢复元气,可以"优游养锐"。但是,能不能取中原呢?不在于后燕,而在于魏,如果北魏自己的国家也搞得很好,后燕就没机会;如果北魏寇暴,百姓厌苦,都盼着后燕军来拯救,那机会就来了。

谁也不能打败谁,失败者都是自己败的,一切都在自己,就是这个道理。失败本来是一件很难的事情,但是人性的弱点,就是总会创造性地自取灭亡。

辽东人高抚,擅长卜筮,一向为慕容隆所信任、亲厚,私底下对慕容隆说:"殿下北行,终究不能抵达,也见不到太妃。如果让主上独自前往,殿下留下来,必成大功。"慕容隆说:"国有大难,主上蒙尘,况且老母在北,我能够头朝北方而死,也没有遗恨。你这是什么话!"于是遍召僚佐,问他们去留的意愿,唯有司马鲁恭、参军成岌愿意跟从北上,其他人都要留下来,慕容隆一切听凭他们自愿。

慕容农的部将谷会归对慕容农说:"城中之人,都是在参合陂被拓跋珪所杀者的父兄子弟,泣血踊跃,要与魏军死战,但是被卫大将军(慕容麟)所抑制。如今听闻主上要北迁,都说:'能得慕容氏一人奉而立之,以与魏战,死无所恨。'大王如果能留下,担负大家的期望,击退魏军,抚宁京畿地区之后,再奉迎皇帝大驾,也不失为忠臣。"慕容农想要诛杀谷会归，又爱惜他的才能，对他说："如果一定要如此才能生存，我不如就死！"

【华杉讲透】

谷会归所言，实际上是劝慕容农留下当皇帝，所谓抚宁京畿之后再奉迎大驾，不过是说话留个余地罢了。高抚也是劝慕容隆留下，取代慕容宝。可见慕容宝已经失尽了人心。

三月十四日，夜，慕容宝与太子慕容策、辽西王慕容农、高阳王慕容隆、长乐王慕容盛等率骑兵一万余人出城，奔赴慕容会的军营，河间王慕容熙、渤海王慕容朗、博陵王慕容鉴都年幼，未能出城，慕容隆转头回城接他们，亲自驾车，把他们带走。后燕将领王沈等投降北魏。乐浪王慕容惠、中书侍郎韩范、员外郎段宏、太史令刘起等带领宫廷乐师及歌舞演员三百人逃奔邺城。

中山城中无主，百姓惶惑，东门大开。北魏王拓跋珪想要当夜入城，冠军将军王建志在掳掠，说担心晚上进去，士卒盗窃府库财物，请等明天天亮再进城，拓跋珪于是停止。后燕开封公慕容详没来得及跟慕容宝逃走，在城中自立为主，闭门拒守。拓跋珪全军攻城，一连数日，也无法攻克，派人登上巢车（攻城用的兵车，高如鸟巢），到城墙边喊话："慕容宝已经抛弃你们逃走，你们一群老百姓，白白送死，是为了谁呢？"守城百姓都说："群小无知，只是不想像参合陂那样全部被活埋，努力多活十天半月而已。"拓跋珪回头看着王建，朝他脸上吐口水，派中领将军长孙肥、左将军李栗率领三千骑兵追击慕容宝，一直追到范阳，没有追上，攻破其新城戍而还。

【华杉讲透】

王建连献两计，都坏了大事，一是在参合陂，建议活埋投降的后燕军；二是这次在中山，慕容宝逃走，城门大开，他却担心军队晚上进去，士兵们乘夜私吞财物，不方便他有组织地抢劫，而建议天亮再进城,结果人家又坚守不降了。

王建太"聪明"了,总是比别人多想到一层,《论语》记载:季文子三思而后行。子闻之,曰:"再,斯可矣。"季文子凡事都三思而后行。孔子听说后评论说,想两次就够了。想得太多,反为所惑。王建就是这样,想得太多了。

8 三月十六日,晋国尊皇太后李氏为太皇太后。三月二十日,立王氏为皇后。

9 后燕主慕容宝逃出中山,与赵王慕容麟在阱城相遇,慕容麟想不到慕容宝突然驾到,惊骇,率领他的部众逃奔蒲阴,再进屯望都,当地颇有人给他供应粮草物资。慕容详派兵掩击慕容麟,俘获他的妻子、儿女,慕容麟逃脱进入山区。

三月十六日,慕容宝到了蓟城,宫廷亲信近臣,逃散一空,唯有高阳王慕容隆所率领的数百骑兵为宿卫。清河王慕容会率骑兵二万人在蓟南迎接,慕容宝觉得慕容会表情怏怏不乐,有愤恨之色,密告慕容隆及辽西王慕容农。慕容农、慕容隆都说:"慕容会年少,又是封疆大员,骄纵惯了,没有其他意思!臣等当以礼责备他。"慕容宝虽然听从,但还是下诏解除慕容会兵权,把他的部队交给慕容隆,慕容隆坚决推辞;慕容宝于是减少慕容会的兵员,分给慕容农、慕容隆。又派西河公库傉官骥率军三千人,南下协防中山。

三月十八日,慕容宝将蓟城府库财物全部装车,向北运往龙城。北魏将领石河头引兵追击,二十日,在夏谦泽追上慕容宝。慕容宝不想作战,清河王慕容会说:"臣抚教士卒,唯敌是求。如今大驾蒙尘,人思效命,而敌人竟敢自己送上门来,众心愤愤。《兵法》说:'归师勿遏。'又曰:'置之死地而后生。'这两条,我们都占了,何患不能克敌制胜!如果我们撤走,敌人必定在后面尾随追击,反而生变。"慕容宝于是听从。

慕容会整阵与北魏兵交战,慕容农、慕容隆等率领从南边撤回来的骑兵冲击，大败北魏兵，追奔一百余里，斩敌首数千级。慕容隆又独自追击数十里才回来，对自己的旧部下、留台治书阳璆说："中山城中积兵数万，却不能舒展我的意志，今日之捷，仍有遗恨。"于是慷慨流涕。

【华杉讲透】

石河头追来，慕容宝不想交战，他若不交战的话怎么办，只能是抛弃辎重轻骑逃走，跟不上的全部送给石河头斩杀。慕容会引用《孙子兵法》的两句话，都很恰当，一是"归师勿遏"，后燕军是归师，要回龙城，如果石河头挡在前面，后燕兵个个都要拼命，因为他们没有其他路走，是"置之死地而后生"。反过来，如果慕容宝逃走，那对于石河头来说，就不是拦在前面阻挡，而是在身后追杀，"宜将剩勇追穷寇"，全给他吃掉了。

再说，北魏追来的，一个石河头而已。后燕这边，则是慕容隆、慕容农、慕容会，精兵强将都在，慕容会带的还是生力军，岂有不战而逃之理？

慕容宝太无能了。

慕容会打败魏兵后，骄矜滋甚；慕容隆屡次训斥他，慕容会更加愤恨。慕容会因为慕容农、慕容隆都曾经镇守龙城，又是长辈，声威很高，名望一向在自己之上，担心到了龙城，权力就不在自己手中了，并且知道自己终究没有成为继嗣的希望，于是密谋作乱。

幽州、平州之兵都感怀慕容会的恩惠，不愿意归属慕容隆、慕容农统御，向慕容宝请愿说："清河王（慕容会）的勇敢和智略，都高过当世，臣等与之誓同生死，愿陛下与皇太子、诸王留在蓟城，臣等跟从清河王南下解除京师之围，再回来迎奉大驾。"慕容宝左右都厌恶慕容会，对慕容宝说："清河王没能当上太子，神色非常愤愤不平。况且他才武过人，又善于收买人心；陛下如果听从他们的请愿，臣等担心中山解围之后，必有卫辄之事（春秋时卫国太子卫蒯聩因违背父卫灵公命，并谋杀父亲宠姬南子失败，逃亡国外。卫灵公去世时，卫蒯聩不在国内，南子等拥立卫蒯聩的儿子卫辄继位，卫辄拒绝让卫蒯聩回国）。"慕容宝于是对慕容会的部下们说："道通（慕容会）年少，才能不及二王（慕容隆、慕容农），岂可当专征之任？况且朕方自统六师，还倚仗慕容会为羽翼，怎可让他离开我左右呢？"众人不悦而退。

左右劝慕容宝杀慕容会，侍御史仇尼归接到消息，告诉慕容会说："大王所仗恃的，就是父亲而已，而今父亲已经对你有异图；所仗恃的，是兵权而已，而如今，兵权已被夺走，您哪还有容身之地呢？不如诛杀二王，废黜太子，大王自任东宫太子，身兼宰相、大将之任，以匡复社稷，这才是上策。"慕容会犹豫，没有同意。

慕容宝对慕容农、慕容隆说："观察道通（慕容会）志趣，必反无疑，应该早日铲除。"慕容农、慕容隆说："如今外敌入侮，中原大乱，社稷之危，犹如累卵。慕容会镇抚旧都龙城，又远赴国难，其威名之重，足以震动四邻。叛逆的罪状并没有证据，而突然诛杀他，那不只是伤害父子恩情，恐怕也大损陛下威望。"慕容宝说："慕容会叛逆的决心已下，卿等慈悲宽恕，不忍早杀，恐怕一旦为变，必定先杀你们，然后杀我，你们今天自以为很明白这件事，到时候不要后悔！"慕容会听到消息，更加恐惧。

夏，四月六日，慕容宝抵达广都，住宿在黄榆谷。慕容会派他的党羽仇尼归、吴提染干率壮士二十余人分道袭击慕容农、慕容隆，杀慕容隆于帐下；慕容农身受重伤，但仍生擒仇尼归，逃入山中。慕容会因为仇尼归被抓，事情终将暴露，于是连夜觐见慕容宝说："慕容农、慕容隆谋逆，臣已经将他们铲除。"慕容宝准备讨伐慕容会，假意好言稳住他说："我也怀疑二王很久了，铲除了好！"

四月七日清晨，慕容会严密戒备，在大军保护下继续前行。慕容会想要抛弃慕容隆灵柩，余崇涕泣请求，于是允许他载着灵柩随军北上。慕容农昨晚逃脱，早上自己回来，慕容宝呵斥他说："你不是自以为很明白吗！"下令逮捕他。走了十余里，慕容宝回头召群臣一起吃饭，并讨论给慕容农定罪。慕容会就座，慕容宝递个眼色给卫军将军慕舆腾，让他斩慕容会，慕容会头部受伤，逃脱。慕容会逃回自己部队，勒兵攻打慕容宝。慕容宝率数百骑兵飞驰二百里,下午抵达龙城。慕容会派骑兵追到石城,追赶不上。

四月八日,慕容会派仇尼归攻打龙城;慕容宝夜里派兵出城袭击,击破仇尼归。慕容会派来使者,要求诛杀左右佞臣,并立他为太子;慕容宝不许。慕容会缴获了皇帝的乘舆、器物、服装,把后宫嫔妃、宫女分给将帅们,又署置百官,自称皇太子、录尚书事,引兵向龙城,名义上却说要讨伐慕舆腾;四月九日,屯兵城下。

慕容宝到龙城西门,慕容会骑在马上,远远地与慕容宝说话,慕容宝斥责他。慕容会命军士向慕容宝大声鼓噪,耀武扬威,城中将士皆愤怒,傍晚出战,大破慕容会军,慕容会军士死伤超过三分之二,逃回军营。侍御郎高云夜里率敢死士一百余人袭击慕容会军,慕容会部众崩溃。慕容会将十余骑兵奔还中山,被开封公慕容详所杀。慕容宝杀慕容会的生母和他的三个儿子。

四月十日,慕容宝下诏大赦,凡参与慕容会同谋者,都不问罪,官复原职。论功行赏,拜将军、封侯者数百人。辽西王慕容农头骨被砍破,可看见脑髓,慕容宝亲手给他包扎,仅仅救活一命。慕容宝任命慕容农为左仆射,不久又拜他为司空、领尚书令。慕容会部将余崇回来自首,慕容宝嘉勉他的忠诚,拜为中坚将军,让他掌管宫廷宿卫。追高阳王慕容隆为司徒,谥号为康王。

慕容宝任命高云为建威将军,封夕阳公,收为自己的养子。高云,是高句丽王室远亲,当年燕王慕容皝击破高句丽时,他的先人迁徙到青山,由此世代为前燕臣子。高云沉默寡言,当时的人并不了解他,唯有中卫将军、长乐人冯跋,对他的恢宏气度印象深刻,与他交友。冯跋的父亲冯和,事奉西燕王慕容永,为将军,慕容永失败后,迁徙到和龙。

10 仆射王国宝、建威将军王绪依附会稽王司马道子,纳贿敛财,穷奢极侈,毫无节制。又厌恶王恭、殷仲堪,劝司马道子裁损他们的兵权;朝廷内外悒悒不安。王恭等各自缮甲勒兵,上表申请北伐。司马道子怀疑他们的用心,由朝廷下诏,以盛夏时节妨碍农业生产为由,下令他们解除部队动员令。

王恭派使者到殷仲堪处，与他商议讨伐王国宝等。桓玄因为政治上不得志，也想假借殷仲堪兵势作乱，于是对殷仲堪说："王国宝与你们这批人一向是死对头，唯恐不能早日将你们置于死地。如今他既掌大权，又与王绪相勾结，他们想干的事，没有一件干不成的。王恭是皇上的舅舅，王国宝未必敢害他。而您为先帝所破格提拔，居于封疆大吏之任，舆论都认为您虽然有头脑，但并非方伯之才。他如果发出诏书，征召您为中书令，用殷觊为荆州刺史，您怎么办？"殷仲堪说："我为此也忧虑很久了，你有什么计策？"桓玄说："王恭疾恶如仇，您应该与他秘密缔约，举晋阳之兵以除君侧之恶，东西齐举，桓玄虽然不才，愿率荆楚豪杰，为您做前驱，这是齐桓公、晋文公之功勋。"

殷仲堪心中赞同，于是外结雍州荆史郗恢，内与堂兄、南蛮校尉殷觊，南郡相、陈留人江绩密谋。殷觊说："人臣各守职分，朝廷是非，岂是藩臣该管的？晋阳之事，我不敢听。"殷仲堪坚持要他参加，殷觊怒道："我不敢参与你的行动，也不会反对你的计划。"江绩也极力说不可。殷觊担心江绩被殷仲堪诛杀，就在座位上和言调解。江绩说："大丈夫何至于以死相威胁呢？我六十岁了，就是还没找到死的地方罢了！"殷仲堪也忌惮他的坚定正直，以杨佺期替代他。朝廷接到消息，征召江绩为御史中丞。殷觊于是声称散发（晋人流行吃寒食散，药毒发作，就叫"散发"），辞职。殷仲堪前往探望他，说："兄长的病殊为可忧。"殷觊说："我的病不过身死，你的病却要灭门。你应该自爱，不要担心我！"郗恢也不肯跟从。

殷仲堪犹疑未决，这时王恭使者到了，殷仲堪同意结盟，王恭大喜。四月七日，王恭上表声讨王国宝罪状，举兵讨伐。

当初，孝武帝司马昌明委任王珣，后来皇帝突然驾崩，来不及委任他为顾命大臣，王珣一朝失势，循规蹈矩，默不作声而已。四月十日，王恭的表章到了朝廷，京师戒严，司马道子问王珣说："二藩作逆，你知道吗？"王珣说："朝政得失，我都没参与，王、殷作难，我怎么知道？"王国宝惶惧，不知所为，派数百人到竹里戍卫，夜里遇到风雨，一哄而散，各回各家了。王绪建议王国宝，假传相王（司马道子）命令，召王珣、车胤，杀掉他们，以铲除人们对他们的盼望，然后挟持皇帝、宰相，发兵以讨二藩。王国宝同意。

王珣、车胤到了，王国宝又不敢动手，反而问计于王珣。王珣说："王恭、殷仲堪与您一向并无仇怨，不过是争夺势力、权力而已。"王国宝说："这是要我做曹爽吗？"王珣说："这是什么话！您怎么有曹爽之罪，王恭又岂是宣帝（司马懿）那样的人物呢？"

王国宝又问计于车胤，车胤说："当初，桓温包围寿阳，很长时间才攻克。如今朝廷派出军队迎战，王恭必定登城固守。如果京口城未能攻拔，而殷仲堪的军队又顺江而下，您怎么办？"王国宝忧惧，于是上疏辞职，自己到宫门前待罪。既而又后悔了，诈称皇帝下诏，官复原职。司马道子昏庸懦弱，只想姑息了事，于是诿罪于王国宝，派骠骑谘议参军、谯王司马尚之逮捕国宝，交付廷尉。司马尚之，是司马恬的儿子。

四月十七日，赐王国宝死，斩王绪于街市，派使臣去见王恭，对自己的过失致以深刻的歉意；王恭于是罢兵回京口。王国宝的哥哥、侍中王恺、骠骑司马王愉一起申请解职；司马道子认为王恺、王愉与王国宝不是一个母亲所生，又一向不团结，都不予追究。

四月二十一日，晋国大赦。

殷仲堪虽然许诺了王恭，但犹豫不敢行动；听说王国宝等人已死，才抗表举兵，派杨佺期屯驻巴陵。司马道子写信制止他，殷仲堪于是还师。

会稽王司马道子的世子司马元显，时年十六岁，有俊才，为侍中，曾经对司马道子说王恭、殷仲堪必将为患，请秘密为之准备。司马道子于是拜司马元显为征虏将军，将自己的警卫部队及徐州文武官员，全部交给司马元显管辖。

【华杉讲透】

王国宝问是不是要他做曹爽，他自己就做了曹爽。要做权奸，就必须好勇斗狠，不能贪生怕死。但历史上就有曹爽、王国宝这种人物，只知道纳贿弄权，穷奢极侈，一旦要斗争，没有任何战斗意志，立马缴枪被杀。在这场斗争中,每一方都是意志软弱之人,皇帝和司马道子,王国宝,王恭和殷仲堪,三个参与方,展开了一场"超级杯软弱大赛",王国宝胜出,他最软弱,超级软弱,所以他死了。

王恭和殷仲堪成功了,从他们的"成功"中,我们可以看到,很多"成功",不是因为我们赢得了"谁比谁强"的战斗,而是因为我们输掉了"谁比谁弱"的比赛,千万别把自己当真,以为自己很强了。

反过来,当我们觉得压力山大、困难重重的时候,我们也应该知道,敌人的压力和困难,至少和我们一样大。谁先顶不住,还不一定呢!

11 北魏王拓跋珪因为军粮供应不上,命东平公拓跋仪解除邺城包围,移师屯驻巨鹿,在杨城积蓄粮食。慕容详派出步卒六千人,伺机袭击北魏诸屯;被拓跋珪击破,斩首五千人,生擒七百人,全部释放。(拓跋珪改变政策,希望挽回参合陂杀降的恶劣影响。)

12 当初,张掖卢水匈奴部落酋长沮渠罗仇,是匈奴沮渠王的后裔,世代都做酋长。凉王吕光任命沮渠罗仇为尚书,跟从吕光讨伐西秦。后来吕延战败身死,沮渠罗仇的弟弟、三河太守沮渠麴粥对沮渠罗仇说:"主上年老昏庸,听信谗言,如今军败将死,正是他猜忌智勇之人的时候,一定容不下我们兄弟,与其不明不白地死,不若勒兵攻击西平。出了苕藋,奋臂一呼,即可平定凉州。"沮渠罗仇说:"确实是像你说的那样。但是,我家世代以忠孝著于西土,宁使人负我,我不忍负人。"吕光果然听信谗言,以败军之罪杀沮渠罗仇及沮渠麴粥。

沮渠罗仇弟弟的儿子沮渠蒙逊,雄杰有策略,涉猎儒经和史书,护送沮渠罗仇、沮渠麴粥的灵柩回乡安葬;诸部多是他家的姻亲,前来参加葬礼的有一万余人。沮渠蒙逊哭着对众人说:"吕王昏荒无道,多杀无辜之人。我的祖先,雄威震慑河西,如今,我想与诸部雪二父之耻,恢复祖先之业,如何?"众人都称万岁。于是结盟起兵,攻打后凉临松郡,攻拔,屯据金山。

13 司徒左长史王廞，是王导的孙子，为亡母守丧，居住在吴国。王恭讨伐王国宝时，委任王廞代理吴国内史，命他在东方招募军队。王廞派前吴国内史虞啸父等进入吴兴、义兴招募兵众，应募者数以万计。没过多久，王国宝死，王恭罢兵，下令王廞去职，回家继续守丧。王廞因为起兵之际，诛杀了不少异己，骑虎难下，担心遭到报复，于是大怒，不接受王恭命令，派他的儿子王泰将兵讨伐王恭，并写信给会稽王司马道子，数落王恭罪恶；司马道子把他的信送给王恭，五月，王恭派司马刘牢之率军五千人攻击王泰，斩王泰。又与王廞战于曲阿，王廞部众崩溃，单骑逃走，不知所终。朝廷逮捕虞啸父，下到廷尉审理，因为他的祖父虞潭有功，免死，废为庶人。

【华杉讲透】

我们伤害自己，只是为了惩罚别人，这是很普遍的情况。王廞觉得他被王恭卖了，要给王恭好看，发动毫无胜算的战争，结果家破人亡。这种惩罚别人时不顾自己的情绪冲动，在我们的日常生活中很常见，比如在单位遭受了"不公平"待遇，就用离职来惩罚上司。但是，"不公平"的待遇哪里都有，不过是让自己受损而已。

至于王廞写信给司马道子，也是我们常见的，当自以为遭受了不公平的待遇时，就以为别人会站在自己一边，到处搞宣传，把对方说得"十恶不赦"，把自己说成"义薄云天"。但是对于司马道子来说，王恭和王廞根本不存在谁对谁不对，只是他们之间的矛盾而已。对朋友之间的矛盾，人们要么是保持中立，要么是和强者站在一边，要么是见谁就附和谁，没人会跟其中某一方"同仇敌忾"，因为跟他没关系。司马道子把王廞的信送给王恭，就是说你自己的屁股自己擦而已。

王廞为什么骑虎难下？因为他借着起兵的权力，诛杀了不少异己，自己破坏了自己的"生态环境"，所以他不能放下兵权。这跟王恭有什么关系呢？这是他自己可怜之人必有可恨之处罢了。

14 后燕河西公库傉官骥进入中山（之前奉慕容宝命，率三千人回中山协防），与开封公慕容详相互攻打。慕容详杀库傉官骥，屠灭库傉官氏家族；又屠杀中山尹苻谟一族。中山城中没有公认的盟主，百姓担心北魏兵乘机攻击，于是男男女女互相结盟，各自为战。

五月七日，北魏王拓跋珪撤除对中山的包围，前往河间，就地取粮，并督促诸郡征收粮草。

五月十七日，拓跋珪任命东平公拓跋仪为骠骑大将军，都督中外诸军事，兖州、豫州、雍州、荆州、徐州、扬州六州牧，左丞相，封卫王。

慕容详自以为能击退北魏兵，威信和恩德都已建立，于是即皇帝位，改年号为建始，设置百官。任命新平公可足浑潭为车骑大将军、尚书令，杀拓跋觚（之前被扣留在中山的拓跋珪的弟弟）以坚定立场，巩固人心。

邺城中官属劝范阳王慕容德称帝，正好有人从龙城来，告知后燕主慕容宝还活着，于是打消念头。

15 凉王吕光派太原公吕纂将兵攻击沮渠蒙逊据守的忽谷，击破。沮渠蒙逊逃入山中。沮渠蒙逊的堂兄沮渠男成为凉国将军，听闻沮渠蒙逊起兵，也聚集部众数千人，屯驻乐涫。酒泉太守垒澄讨伐沮渠男成，兵败，垒澄战死。

沮渠男成进攻建康，遣使游说建康太守段业说："吕氏政权已经衰落，权臣专擅命令，刑杀反复无常，让人没有容身之地。一州之中，反叛者之多，相互都能看见，瓦解的形势，已经昭然在目，百姓痛苦，无所依附。府君以盖世之才，为何向那马上就要灭亡的吕氏政权效忠？我等既已慷慨起义，想要请府君屈尊，出面领导鄙州，使生灵涂炭之余，能重新恢复生机，如何？"

段业不听。相持二十天，外面没有救兵来，本郡人高逵、史惠等劝段业接受沮渠男成的建议。段业一向与凉国侍中房晷、仆射王详有矛盾，心中恐惧，不能自安，于是同意。沮渠男成等推举段业为大都督、龙骧大将军、凉州牧、建康公，改年号为神玺。段业任命沮渠男成为辅国将军，委以军国之任。沮渠蒙逊率领他的部众，也归附段业，段业任命沮渠蒙逊为镇西将军。

吕光命太原公吕纂将兵讨伐段业，不能攻克。

16 六月，西秦王乞伏乾归召回北河州刺史彭奚念，任命他为镇卫将军；任命镇西将军屋弘破光为河州牧；定州刺史翟瑥为兴晋太守，镇守枹罕。

17 秋，七月，慕容详杀车骑大将军可足浑潭。慕容详嗜酒，奢侈荒淫，不体恤士民，刑杀无度，诛杀王公以下五百余人，以致下属、军民都和他离心离德。城中饥饿窘迫，慕容详又不允许百姓出城采摘野菜、野粮，死者的尸体前后相枕，举城百姓都希望能迎接赵王慕容麟入城。

慕容详派辅国将军张骧率五千余人到常山督促缴纳粮秣，慕容麟从丁零进入张骧军营，夺取这支军队，偷袭中山，中山城门大开，慕容麟抓获慕容详，斩首。慕容麟于是称帝，听任百姓四出采集野菜、野粮。人们吃饱了，要求与北魏决战。慕容麟不听，不久又开始饥馑。北魏王拓跋珪驻军在鲁口，派长孙肥率骑兵七千人袭击中山，进入外城。慕容麟反击，追到泒水，被北魏军击败，退回中山。

八月一日，北魏王拓跋珪将大营迁到常山郡九门县。军中大瘟疫，人畜多死，将士们都想回家。拓跋珪问诸将疫情怎么样，回答说："还活着的只占十分之四五。"拓跋珪说："这是天命，能怎么办？四海之内，哪里的人民都可以建立国家，关键在于我怎么驾驭他们罢了，还担心没有人民吗？"群臣于是不敢再说。

拓跋珪派抚军大将军、略阳公拓跋遵袭击中山，突入外城，然后撤退。

【华杉讲透】

拓跋珪的话表现出了典型的统治者的思维方式，百姓死亡一半也无所谓，只要统治者还在。韩非子说"君臣异利"，君王的利益和臣子的利益不一样；实际上也有"君民异利"，君王的利益和人民的利益也不一样。至于什么是"国家利益",则比较模糊,因为没有谁是国家,要么就是路易十四所说的"朕即国家",国家利益就是君王一个人的利益;要么就是现在所说的"人民利益至上"。

总之每个国家都有君、臣、民,当两国相争的时候,并不是两方博弈,而是两国六方的混合博弈。拓跋珪的失策,是之前参合陂杀降,让后燕人民铁了心跟他死战,没能争取到后燕人民的心。拓跋珪把这个责任推给出主意的人,朝王建脸上吐口水,但他对自己的人民也没有仁爱之心。

18 后燕慕容宝任命辽西王慕容农为都督中外诸军事、大司马、录尚书事。

19 凉国散骑常侍、太常、西平人郭黁,精通天文和占卜,国人都信任和尊敬他。正巧天象发生变化,荧惑星守着东井星,郭黁对仆射王详说:"天象显示,凉州将有大战。主上老病,太子暗弱,太原公(吕纂)凶悍。一旦主上去世,祸乱必起。你我二人久居要职,他时常对我们切齿痛恨,恐怕第一个就要杀我们。田胡王乞基部落最强,二苑(指首都姑臧的东苑城、西苑城)之人,多是他的旧部。我想要与您共举大事,推举乞基为盟主,则二苑之众,就全是我们的人了。拿下姑臧城之后,其他事再慢慢商议。"王详听从。

郭黁夜里以二苑之众火烧洪范门,让王详为内应;事情泄露,王详被诛杀,郭黁于是占据东苑反叛。民间都说圣人起兵,事无不成,追随他的人非常多。

凉王吕光召太原公吕纂回师讨伐郭黁。吕纂将还,诸将都说:"段业必定在军后追击,应该乘夜秘密撤退。"吕纂说:"段业无雄才,一定凭城自守;如果我军潜师夜去,反而是替他张大气势而已。"于是派使者告诉段业说:"郭黁作乱,今天我要回首都平叛;你如果能决战,就早点出战。"于是引兵撤退。段业果然不敢出城。

【华杉讲透】

段业是"床底下拉出的黎元洪","被起义",随波逐流,没有战斗意志。吕纂对他的判断完全准确,派个使者去跟他说一句狠话,就给他施了"定身法",他果然不敢乱动了。

吕纂的司马杨统,对他的堂兄杨桓说:"郭䴧举事,必定成功。我想杀了吕纂,推举兄长为主,向西袭击吕弘,占据张掖,号令诸郡,这是千载难逢的机会。"杨桓怒道:"我身为吕氏之臣,安享吕氏的俸禄,在他危急的时候不能相救,怎能再增加他的祸难?吕氏如果亡了,我就做弘演(春秋时卫懿公与狄人战于荥泽,为夷人所杀。尸体破碎,只有肝脏完整。卫国大夫弘演说:'君王无人收敛,我当以身体为棺木。'剖腹,将卫懿公肝脏纳入,殉难。杨桓的女儿嫁给吕纂,他和吕氏的关系也比其他臣子亲近)!"杨统到了番禾,叛变投奔郭䴧。吕弘,是吕纂的弟弟。

吕纂与西安太守石元良共同攻击郭䴧,大破郭䴧军,于是进入姑臧城。郭䴧之前在东苑俘虏了吕光的八个孙子,战败回来,气急败坏,将八个孩子全部投掷到刀锋之上,又肢解分尸,喝他们的血,与众人盟誓,众人都掩住双眼。

凉州人张捷、宋生等招集戎人、汉人三千人,在休屠城造反,与郭䴧共同推举凉国后将军杨轨为盟主。杨轨,是略阳氐人。将军程肇进谏说:"您抛弃龙头,而跟从蛇尾,恐怕不是什么好主意。"杨轨不听,自称大将军、凉州牧、西平公。

吕纂在城西击破郭䴧部将王斐,郭䴧兵势渐衰,遣使求救于秃发乌孤。九月,秃发乌孤派他的弟弟、骠骑将军秃发利鹿孤率骑兵五千人驰援。

20 后秦太后虵氏卒。后秦主姚兴哀恸过度,超过了常礼,不理政事。群臣请按汉、魏惯例,下葬之后就不再守丧,穿回吉服。尚书郎李嵩上疏说:"以孝治天下,是先王的最高准则。应该遵守圣上的天性,以光大道德训导，既葬，穿丧服临朝。"尹纬驳斥说："李嵩矫情越礼，请交给有司论罪。"姚兴说："李嵩是忠臣孝子，有什么罪？就按李嵩说的办。"

【华杉讲透】

看见尹纬的驳斥，我想起史书上一个普遍的场景，不同意李嵩意见就罢了，为什么还要治他的罪呢？朝廷会议，臣子们意见不同的时候，往往就跟皇上说应该将对方"付有司论罪"，甚至还有更狠的，大喊某某"可斩也"，应该斩首！然后皇帝出来打圆场，保护被攻击的人，这情形在史书上比比皆是。

这似乎不是一种理性的行为，因为人人都知道伴君如伴虎，随时都会掉脑袋，大家应该保护自己，相互保护，不能让皇上随意杀人，随意治罪。但是，臣子们表现出来的，都是要利用皇权，置别人于死地，然后在这过程中不断加强了皇权。

这种相互之间无限的恶意，形成一种"越凶狠，就越正义"的文化，而狠话本身又有一种语言的快感，逞一时口快，就要杀人。这是不是一种伦理的缺陷？儒家讲五伦：君臣、父子、兄弟、夫妇、朋友，可能少了一种伦理，就是对陌生人的伦理。

《孟子》讲君臣有一段话。孟子告齐宣王曰："君之视臣如手足，则臣视君如腹心；君之视臣如犬马，则臣视君如国人；君之视臣如土芥，则臣视君如寇仇。"

我觉得刺眼的是第二句，如果君视臣如犬马，则臣视君为"国人"，这"国人"，就是同在一国的陌生人，就是路人甲。那么，对不认识的陌生人，岂止是没有爱，甚至是假想敌了。

儒家文化里，仁爱是居高临下的，在上位的人对芸芸众生缺乏平等相互的爱，一切都有次序，没有对等关系。那么，和我对等，又不是朋友的人，就没有对应的伦理原则，个人散沙化，只有家族和朝廷才能凝聚，这就是家国天下，除了"国"和"家"，不知道有其他。

建立"陌生人伦理"，建立"对等关系"，需要文化补课。

21 鲜卑酋长薛勃背叛后秦，后秦主姚兴亲自将兵征讨。薛勃战败，投奔没弈干，没弈干将他逮捕，送给后秦。

22 后秦泫氏男姚买得预谋刺杀后秦主姚兴，未能成功，身死。

23 后秦主姚兴入寇湖城，晋国弘农太守陶仲山、华山太守董迈都投降。姚兴于是挺进到陕城，进寇上洛，攻拔。姚兴派姚崇入寇洛阳，晋国河南太守夏侯宗之固守金墉，姚崇不能攻克，于是迁走流民二万余户，还师。

武都氐人屠飞、啖铁等占据方山，反叛后秦，姚兴派姚绍等讨伐，斩屠飞、啖铁。

姚兴勤于政事，善于采纳善言，京兆人杜瑾等都因为讨论国事，得到显要提拔，天水人姜龛等因为精通儒学，得到尊敬和礼遇，给事黄门侍郎古成诜等因为写作才能，得以参与机密。

古成诜刚直雅正，以风气教化为己任。京兆韦高，仰慕阮籍的为人，在母丧期间，弹琴饮酒；古成诜听说之后，哭泣，拿着剑去找韦高，要杀他，韦高惧怕，逃走藏匿。

24 中山饥荒严重，慕容麟率领二万余人出城，占据新市。

九月二十九日（甲子日），北魏王拓跋珪进军攻击慕容麟。太史令晁崇说："不吉。当初纣王就是甲子日灭亡，所以说这一天是疾日，兵家大忌。"拓跋珪说："纣王在甲子日灭亡，周武王不是在甲子日兴起吗？"晁崇无言以对。

冬，十月二日，慕容麟退守泒水。

十月十日，拓跋珪与慕容麟战于义台，大破慕容麟军，斩首九千余级。慕容麟与数十骑兵飞驰入西山，接上妻子、儿女，逃奔邺城。

十月二十日，北魏攻克中山，后燕公卿、尚书、将吏、士卒投降者二万余人。张骧、李沈等之前曾经降魏，后来又逃回；拓跋珪入城，全部赦免。缴获后燕玺绶，图书、府库珍宝数以万计，依照等级和功劳大小班赏群臣将士。追谥弟弟拓跋觚为秦愍王。发掘慕容详坟墓，斩下尸体头颅；又逮捕当初杀死拓跋觚的高霸、程同，都夷灭五族，并用大刀将尸体剁成碎块。

十月二十三日，拓跋珪派三万骑兵向卫王拓跋仪增援，准备攻打邺城。

25 后秦长水校尉姚珍投奔西秦，西秦王乞伏乾归把自己的女儿嫁给他为妻。

26 河南鲜卑吐秾等十二部酋长，都归附秃发乌孤。

27 后燕有人从中山到龙城，说拓跋珪实力衰弱，司徒慕容德仍然完好地坚守邺城。这时恰好慕容德的奏表送到，劝后燕主慕容宝南返，慕容宝于是大举简选战士、战马，准备恢复中原。他派鸿胪鲁邃先行去任命慕容德为丞相、冀州牧，南方地区的公、侯、州牧、郡守都由慕容德以皇帝的名义，承制封拜。

十一月十九日，后燕大赦。十二月，所征调的兵马全部到位，戒严动员，派将军启仑南下观察形势。

十二月十二日，之前已经称帝的慕容麟到了邺城，恢复赵王的称号，对范阳王慕容德说："魏既克中山，将乘胜攻邺，邺城虽有蓄积，但城大难守，况且人心惶惧，不能坚持。不如向南撤退到滑台，以黄河为阻隔，与魏军相持，再伺机而动，或许还能恢复河北。"

当时，鲁阳王慕容和镇守滑台。慕容和，是慕容垂弟弟的儿子。他遣使迎接慕容德，慕容德同意。

卷第一百一十　晋纪三十二

（公元398年，共1年）

安皇帝乙

隆安二年（公元398年）

【华杉讲透】

这一卷只有一年，历史就是这样，越是波澜壮阔，越是人间地狱；"可歌可泣"，就是英雄可歌，百姓可泣。如果"无事可记"，就是太平盛世，幸福生活。

1 春，正月，后燕范阳王慕容德从邺城率领居民四万户向南迁徙到滑台。北魏卫王拓跋仪进入邺城，接收其仓库。追击慕容德，追到黄河边，没有追上。

赵王慕容麟领头向慕容德奉上皇帝的尊号，慕容德按兄长慕容垂的前例，称燕王，改永康三年为元年，以燕王府行帝制，设置百官。任命赵王慕容麟为司空、领尚书令，慕容法为中军将军，慕舆拔为尚书左仆射，丁通为右仆射。慕容麟接着又谋反，慕容德杀了他。

【华杉讲透】

胡三省说:"慕容麟背父叛兄,奸诈反复,天下有谁能容之!"他先后告发自己的父亲慕容垂和兄长慕容令,又杀了慕容详称帝,一个称过帝号的人,怎么能去拥戴别人当皇帝,他的结局,也只能是"有死而已"罢了。

慕容德的燕国,史称"南燕"。

2 正月七日,北魏王拓跋珪从中山南巡到高邑,寻访到王永(前秦左丞相)之儿子王宪,喜悦道:"这可是王猛的孙子啊!"任命他为本州中正,兼任选曹(相当于吏部尚书,负责选拔官吏),并掌管门下事务(相当于侍中、常侍、给事黄门之职,侍奉在君王左右,以备咨询)。到了邺城,又设置行台,任命龙骧将军、日南公和跋为尚书,与左丞贾彝率领官吏士兵五千人,镇守邺城。

拓跋珪从邺城回到中山,将要北归,征发士卒一万人修筑直道,从望都开凿恒岭,直通代郡,长达五百余里。拓跋珪担心他一离开,山东有变,又在中山设置行台,命卫王拓跋仪镇守;任命抚军大将军、略阳公拓跋遵为尚书左仆射,镇守渤海郡的合口。

右将军尹国在冀州督促交租,听说拓跋珪将北还,密谋袭击信都;安南将军长孙嵩逮捕尹国,斩首。

3 后燕将军启伦回到龙城(去年慕容宝派他南下观察形势),说中山已经陷落;后燕主慕容宝下令罢兵。辽西王慕容农对慕容宝说:"如今我们刚刚迁都,不宜南征,可以用现在已经动员完成的部队袭击库莫奚,取得他的牛马来充实军资,再探南方虚实,等明年再决定。"慕容宝听从。正月二十六日,慕容宝率军北上。二十七日,渡过浇洛水。这时,南燕王慕容德派侍郎李延来进见慕容宝,说:"拓跋珪西上,中国空虚。"李延追上慕容宝,慕容宝大喜,即日引兵还师。

4 正月二十八日,北魏王拓跋珪从中山出发,迁徙山东六州吏民及各族夷人十余万口以充实代郡。博陵、渤海、章武群盗并起，略阳公拓跋遵等全部讨平。

广川太守贺赖卢，性格豪健，耻于居冀州刺史王辅之下，袭击并杀死王辅，裹挟驱使冀州守兵，抢掠阳平、顿丘诸郡，南渡黄河，投奔南燕。南燕王慕容德任命贺赖卢为并州刺史，封广宁王。

5 西秦王乞伏乾归派乞伏益州攻打后凉支阳、鹯武、允吾三城，攻克，掳掠一万余人而去。

6 后燕主慕容宝回到龙城宫中，下诏命诸军就地宿营，不许解散，文武将士皆携带家属，跟随御驾。辽西王慕容农、长乐王慕容盛恳切进谏，认为："我军兵疲力弱，而魏军刚刚得志，不能现在跟他们开战，应该休养士卒，再等机会。"慕容宝将要听从，抚军将军慕舆腾说："百姓可与乐成，难与图始（公孙鞅的话，意思是百姓可以共享成功后的快乐，不能跟他们商量开始时的艰难）。如今军队已经集结，应该圣心独裁，乘机进取，不宜广泛听取不同意见，坏了大事。"慕容宝于是说："我已经下了决心，敢谏者斩！"

二月十三日，慕容宝离开皇宫，进驻军营，留慕容盛统领后事。

二月十七日，后燕军从龙城出发，慕舆腾为前军，司空慕容农为中军，慕容宝为后军，各军相距三十里，连营一百里。

二月二十日，慕容宝到了乙连，长上（九品官，相当于禁卫军班长）段速骨、宋赤眉等因为军心不稳都不愿服役出征，于是作乱。段速骨等人都是高阳王慕容隆的旧部，一起逼立慕容隆的儿子、高阳王慕容崇为盟主，杀乐浪威王慕容宙、中牟熙公段谊及宗室诸王。河间王慕容熙一向与慕容崇友善，慕容崇保护他，得以免死。后燕主慕容宝率领骑兵十余人逃奔司空慕容农大营，慕容农准备出营迎接，左右抱住他的腰，制止他说："应该搞清楚到底发生了什么事，不可轻率出营。"慕容农拔刀要砍他们，这才挣脱，出营见慕容宝后，又派信使飞驰追回慕舆腾。

二月二十一日，慕容宝、慕容农引兵回到大营，讨伐段速骨等。但是，慕容农的士兵也厌倦战争，都抛下武器逃走，慕舆腾的部队也崩溃了。慕容宝、慕容农奔还龙城。长乐王慕容盛听到兵变的消息，引兵出城迎接，慕容宝、慕容农仅仅逃得一命。

7 会稽王司马道子不堪王恭、殷仲堪的逼迫（去年杀王国宝一事），认为谯王司马尚之和他的弟弟司马休之有才略，引为腹心。司马尚之对司马道子说："如今在外镇守的封疆大吏势力强盛，宰相权轻，应该密树腹心于外地要职，以藩卫自己。"司马道子听从，任命司马王愉为江州刺史，都督江州及豫州之四郡军事，作为声援，日夜与司马尚之谋议，等待四方形势变化。

8 北魏王拓跋珪进入繁畤行宫，下令给新迁徙来的百姓分配田地及耕牛。

拓跋珪在白登山打猎，看见一只母熊带着几只小熊，对冠军将军于栗䃅说："你号称勇健，能徒手跟熊搏斗不？"于栗䃅：" 兽贱人贵，如果搏而不胜，岂不是白白死掉一个壮士吗？"于是策马到拓跋珪跟前，将几只熊全部射死。拓跋珪回头向于栗䃅道歉。

秀容川酋长尔朱羽健跟从拓跋珪攻打晋阳、中山有功，被拜为散骑常侍，环绕他所居住的地方，方圆三百里封给他。柔然数次侵犯北魏边境，尚书中兵郎李先请求出击。拓跋珪听从，李先大破柔然而还。

9 西平公杨轨任命他的司马郭纬为西平相，率领步骑兵二万人北上增援郭黁。秃发乌孤派他的弟弟、车骑将军秃发傉檀率骑兵一万人协助杨轨。杨轨到了姑臧，扎营于城北。

10 后燕尚书、顿丘王兰汗秘密与段速骨等通谋，引兵扎营在龙城之东。城中留守兵少，长乐王慕容盛把附近郊区的居民全部迁入城中，得壮丁一万余人，登城守御。段速骨等同谋才一百余人，其他人都是被裹挟的，没有斗志。

三月二日，段速骨等将要攻城，辽西桓烈王慕容农担心城池守不住，又为兰汗所引诱，夜里秘密出城投奔段速骨，希望保全自己。第二天早上，段速骨等攻城，城上竭力抵抗，段速骨的部众死了数百人。段速骨于是带着慕容农绕城巡游，慕容农一向有忠义的气节和威名，是城中部队的主心骨，城中人忽然看见他在城下敌人的阵营中，无不惊愕丧气，于是全部逃跑奔溃。段速骨入城，纵兵烧杀抢掠，死者狼藉。慕容宝、慕容盛与慕舆腾、余崇、张真、李旱、赵恩等轻骑向南逃走。段速骨将慕容农幽禁在宫殿中。长上阿交罗，是段速骨的军师，认为高阳王慕容崇幼弱，想要拥立慕容农为帝。慕容崇的亲信靦让、出力犍等听闻，三月五日，袭杀阿交罗及慕容农。段速骨即刻为此诛杀靦让等人。慕容农的老部下左卫将军宇文拔逃奔辽西。

【华杉讲透】

人心难测，其实也很容易测，因为人性非常简单，一点也不复杂。历史读得多了，发现人心就那几种类型，"如见其肝肺然"，一眼就给他一层层全部穿透，心肝肺都一目了然。慕容农从头到尾都是皇帝的死忠党，有机会被拥立称帝的时候，他说："如果要这样，我不如死！"一个宁死都不肯反叛的人，怎么突然贪生怕死，成了叛徒，让全军惊愕丧气呢？原因很简单，他的忠义，本身就是贪生怕死的一种表现，他不是真忠义，他是怕死，不敢犯一点错，自己软弱，就始终往强者身上下注；而且自己立不起来，必须有一个主子，等到兰汗叛变，他觉得皇帝这回肯定不行了的时候，恐惧压倒了他，他就投向敌营了。

至于段速骨要造反，当然干不成，为什么呢？因为他兵变成功，是靠着士兵们不愿打仗，如果不跟敌人打仗，却回头攻自己的首都，不仅是打仗，而且是造反，谁会愿意干呢？而且他一个宫廷侍卫出身的人，根本没有政治基础，也凝聚不了新的统治集团，最多是给人当枪使，他的失败，从一开始就注定了。

慕容农之名，不仅忠义，而且智勇，怎么会做出错误的判断和选择呢？还是本心不正。孔子说："仁者不忧，智者不惑，勇者不惧。"智、勇、仁"三达德",慕容农都没修炼到位,就解决不了问题了。

三月八日,兰汗袭击段速骨,将他及其党羽全部诛杀。废黜慕容崇,拥戴太子慕容策,承制大赦,遣使奉迎慕容宝。使者在蓟城追上慕容宝。慕容宝想要马上折回,长乐王慕容盛等都说:"兰汗是忠是奸还不知道,如今单人匹马去投奔他,万一兰汗有异志,悔之不及。不如向南投奔范阳王慕容德,合兵以取冀州;如果不能取胜,再收集南方部众,徐徐回归龙都,也为时未晚。"慕容宝听从。

11 离石匈奴酋长呼延铁、西河匈奴酋长张崇等不愿意迁徙到代郡,聚众反叛北魏,北魏安远将军庾岳将他们讨伐平定。

12 北魏王拓跋珪召卫王拓跋仪入朝辅政,命略阳公拓跋遵替代他镇守中山。夏,四月一日,任命征虏将军穆崇为太尉,安南将军长孙嵩为司徒。

13 后燕主慕容宝从小道经过邺城,邺城人请他留下来,慕容宝不许。慕容宝继续向南到了黎阳,隐藏在黄河西岸,派中黄门令赵思前往告诉北地王慕容钟说:"皇上因为二月得到丞相(慕容德)的奏表,即时南征,到了乙连,长上作乱,辗转到此。请大王即刻向丞相报告,出城奉迎皇上!"慕容钟,是慕容德的堂弟,第一个劝慕容德称帝的,听了赵思这话,非常厌恶,逮捕赵思,关进监狱,把情况向南燕王慕容德汇报。慕容德对群下说:"卿等以社稷大计,劝我摄政;我也以为嗣帝(慕容宝)逃亡,人民和宗庙都没有主人,所以权且顺应群议,以维系人心。如今,上天后悔他所降下的灾祸,嗣帝得以回来,我将具法驾奉迎,到皇上行宫谢罪,如何?"黄门侍郎张华说:"如今天下大乱,不是雄才,不能宁济众生。嗣帝昏庸懦弱,不能继承祖先的正统。陛下如果为了遵守匹夫的节义而舍弃上天授予的事业,威权一去,脑袋都保不住,还想要社稷得到子孙的祭祀吗?"慕舆护说:"嗣帝不识时务,抛弃国都，自取败亡，没有能力应对这多难的时代，已经是很明显的了。当初蒯聩出奔，卫辄不让他回来，《春秋》都肯定卫辄的做法。卫辄以子拒父犹可，更何况陛下是以叔父的身份拒绝侄子呢！而且赵思之言，也未知虚实，臣请为陛下驰往，探听一下真实情况。"慕容德流涕，派他前去。

慕舆护率壮士数百人，跟着赵思向北，声言迎接保卫皇帝，其实是要杀他。慕容宝既已派赵思去见慕容钟，接着又遇到一个打柴的，说慕容德已经称制，行使皇帝职权，慕容宝惧而北走。慕舆护到了，没见到人，抓了赵思带回来。慕容德因为赵思熟悉典故，想要留用他。赵思说："犬马犹知恋主，我虽然是宦官，也请放我回去侍奉皇上。"慕容德坚决要留他，赵思怒道："当初周朝衰微，迁到东方，主要就是依靠晋国和郑国（晋国祖先是出自周成王的弟弟唐叔虞，郑国祖先是周宣王的兄弟姬友）。殿下是皇上至亲叔父，又位为上公，不能率先匡扶帝室，反而把国家根本的倾覆，当成自己的幸运，干出赵王司马伦那样的事情（见公元301年记载），赵思虽不能像申包胥那样能使楚国亡而复存（见公元前505年记载），也要像龚胜不在王莽之世偷生（见公元11年记载）！"慕容德斩赵思。

慕容宝派扶风忠公慕舆腾与长乐王慕容盛到冀州招兵，慕容盛认为慕舆腾一向暴横，民愤极大，于是杀了他。慕容盛到了巨鹿、长乐，游说诸豪杰，这些人都愿意起兵拥护慕容宝。慕容宝因为兰汗祭祀后燕宗庙，所作所为似乎还是忠于皇家，意欲回到龙城，不肯留在冀州，于是北行。到了建安，抵达平民张曹家。张曹一向武健，请求为慕容宝招募部众，慕容盛也劝慕容宝暂且驻留，观察兰汗情状。慕容宝于是派冗从仆射李旱先去见兰汗，慕容宝停留在石城。这时，兰汗派左将军苏超奉迎，陈说兰汗的忠心。慕容宝认为兰汗是后燕王慕容垂的舅舅、慕容盛王妃的父亲，一定没有什么二心，不等李旱返回，即刻出发。慕容盛流涕，坚决谏止，慕容宝不听，留慕容盛在后，慕容盛与将军张真都离开大道，找地方躲藏。

四月二十六日，慕容宝到了索莫汗陉，离龙城四十里，城中皆喜。兰汗惶怖，想要自己出城请罪，兄弟共同谏止他。兰汗于是派弟弟兰加难率骑兵五百人出迎，又派哥哥兰堤关闭城门，全城净街戒严，禁止携带武器，禁止行人出入。城中人都知道他将要发动事变，也无可奈何。兰加难见慕容宝于陉北，拜谒之后，跟着慕容宝一起前进。颍阴烈公余崇密言于慕容宝说："观察兰加难的脸色，祸变就在眼前，应该留下三思，为何径直向前？"慕容宝不听。走了数里，兰加难先逮捕余崇，余崇大骂道："你的家族侥幸成为皇家亲戚，蒙受国恩荣宠，就是全族牺牲，也不足以报答。如今竟敢阴谋篡逆，如此天地不容，早晚要被屠灭，只恨我不得手刃尔等而已！"兰加难杀余崇，接着将慕容宝带入龙城郊外官邸，杀了他。兰汗谥慕容宝为灵帝，杀献哀太子慕容策及王公卿士一百余人，自称大都督、大将军、大单于、昌黎王，改年号为青龙。任命兰堤为太尉，兰加难为车骑将军，封河间王慕容熙为辽东公，仿照周朝建立后封夏朝天子后裔为杞国君主、商朝天子后裔为宋国君主的先例。

【华杉讲透】

慕容宝之死，属于"安乐死"。为什么呢？他受不了了！受不了无边无际的艰难困苦，不想承担责任，就想回到安乐窝。兰汗靠不住，他怎么会不知道呢？那么多慕容家的叔伯兄弟都靠不住，他怎么会相信一个舅舅会靠得住呢？但是在这时候，他的意志力已经没了，他的脑海里只有九个字："我不管了，爱咋的咋的！"他想要马上得到结果，继续当皇帝也行，被杀也行，总之不再受苦了！所以，他都不等李旱回来，也不顾慕容盛哭谏，马上就要走！

他去做什么？他给自己"安乐死"而已。

他为什么就不能稍微等一下，等李旱回来？因为他已经是一只惊弓之鸟，不想再听到一声弓弦响。他所担心的，正是李旱带着坏消息回来，那么他又将面临何去何从的痛苦抉择。他受够了，宁愿飞蛾扑火，也要摆脱这苦难人生！

所有的决策，背后都有情绪的参与，不可用理性解释。永远不要高估人的理性和智慧，情绪和愚蠢才是主流。

长乐王慕容盛听到凶讯,要前去奔丧,张真制止他。慕容盛说:"我如今穷途末路,投奔兰汗。兰汗性情愚昧,见识短浅,必定看在我们姻亲关系的份上(兰汗的女儿嫁给慕容盛),不忍杀我。有个十天半月时间,足够我施展了。"于是前往见兰汗。兰汗的妻子乙氏及慕容盛的妃子都泣涕向兰汗求情,慕容盛的妃子更向她的其他兄弟们叩头求情。兰汗恻然哀怜,于是让慕容盛住在宫中,任命他为侍中、左光禄大夫,亲切相待,如同从前。兰堤、兰加难屡次请求杀慕容盛,兰汗不听。兰堤骄狠荒淫,事奉兰汗经常无礼,慕容盛借此离间他们,由是兰汗兄弟互相猜忌怀疑。

14 后凉太原公吕纂将兵攻击杨轨,郭黁出兵救援,吕纂败还。

15 段业派沮渠蒙逊攻打西郡,俘虏太守吕纯,班师。吕纯,是吕光弟弟的儿子。于是晋昌太守王德,敦煌太守、赵郡人孟敏都献出本郡,投降段业。段业封沮渠蒙逊为临池侯,任命王德为酒泉太守,孟敏为沙州刺史。

16 六月十六日,北魏王拓跋珪命群臣商议国号。都说:"周、秦以前,都是从诸侯升为天子,就以其诸侯国的国号为天下号。从汉朝以来,开国君主,之前都没有一尺土地。我国君主,已经传了一百代,祖先开基在代北,抚有华夏,如今宜以'代'为国号。"黄门侍郎崔宏说:"当初商人并不定居在一个地方,所以国号既称为'殷',也称为'商';代虽旧邦,其命惟新,颁布'登国'年号时,已更国号为'魏'。魏,是'大'的意思,也是战国时期的一流强国,应该继续以'魏'为国号。"拓跋珪听从。

【华杉讲透】

崔宏说"代虽旧邦,其命惟新",引自"周虽旧邦,其命惟新",出自《诗经·大雅·文王》,意思是周虽然是旧的邦国,但其使命在革新。

17 杨轨仗恃自己兵多，想要与凉王吕光决战，郭黁每次都以天道为名来抑止他。凉国常山公吕弘镇守张掖，段业派沮渠男成及王德攻打；吕光派太原公吕纂将兵迎战。杨轨说："吕弘有精兵一万，如果与吕光合兵一处，则姑臧更强，不可攻取了。"于是与秃发利鹿孤一起截击吕纂，吕纂与杨轨、秃发利鹿孤交战，大胜；杨轨逃奔王乞基。郭黁性格偏狭残忍，军心、民心都不归附他，听说杨轨败走，投降西秦。西秦王乞伏乾归任命他为建忠将军、散骑常侍。

吕弘放弃张掖，引兵向东撤退，段业将治所迁徙到张掖，准备追击吕弘。沮渠蒙逊进谏说："归师勿遏，穷寇勿追，这是兵家之戒。"段业不听，结果大败而还，全靠沮渠蒙逊相救，才逃得一命。段业修筑西安城，任命他的部将臧莫孩为太守。沮渠蒙逊说："臧莫孩勇而无谋，知进不知退；这是给他筑坟，不是给他筑城！"段业不听，臧莫孩很快被吕纂攻破。

【华杉讲透】

沮渠蒙逊说："归师勿遏，穷寇勿追。"这是引自《孙子兵法》，但原文是"归师勿遏，穷寇勿迫"，最后一个字不一样，追，是跟在后面追杀，迫，是逼迫，让他无路可走。情景是不一样的。再则，此时的吕弘并非穷途末路的"穷寇"，他是主动撤退。这时候，应该追，但他既然是主动撤退，并且知道你要来追，可能有断后的埋伏，要侦察清楚，不能不顾一切地猛追。

18 后燕太原王慕容奇，是慕容楷的儿子，兰汗的外孙，所以兰汗也不杀他，任命他为征南将军。他得以入宫见到长乐王慕容盛。慕容盛秘密教慕容奇逃出起兵。慕容奇起兵于建安，部众发展到数千人，兰汗派兰堤讨伐。慕容盛对兰汗说："慕容奇不过是一个小孩子，未必能办这事，莫非是有人假托其名，想要做内应吗？太尉（兰堤）一向骄纵，难以信任，不宜给他大部队兵权。"兰汗认同，撤销兰堤兵权，另外派抚军将军仇尼慕将兵讨伐慕容奇。

当时龙城从夏天开始就不下雨，一直到秋天七月，兰汗每日到后燕诸宗庙及慕容宝神座前叩头祈祷，说坏事都是兰加难干的。兰堤及兰加难听到消息，怒，并且惧怕被诛杀。七月十五日，一起率所部兵马袭击仇尼慕军，击败仇尼慕。兰汗大惧，派太子兰穆将兵讨伐。兰穆对兰汗说："慕容盛才是我们的仇敌，必定是他与慕容奇内外勾结，他才是心腹大患，不能留着他，应该先将他铲除。"兰汗要杀慕容盛，先请他来相见，观察他的动向。慕容盛的妃子知道消息，秘密告诉慕容盛，慕容盛称病不出，兰汗也打消了杀他的念头。

李旱、卫双、刘忠、张豪、张真等人，平常都是慕容盛所亲厚的，而兰穆也把他们当心腹，李旱、卫双得以出入，到慕容盛处，秘密与慕容盛结谋。

七月十七日，兰穆攻击兰堤、兰加难等，获胜。

七月二十日，兰汗犒赏将士，兰汗、兰穆都酒醉，慕容盛夜里声称要上厕所，翻墙进入东宫，与李旱等一起杀了兰穆。当时军中还未解除戒严，士兵们都聚集在兰穆营中，听闻慕容盛出来领导，都踊跃争先，攻打兰汗，斩兰汗。兰汗的儿子鲁公兰和、陈公兰扬，分别屯驻在令支、白狼，慕容盛派李旱、张真袭击，诛杀了他们。兰堤、兰加难逃亡藏匿，被捕获，斩首。于是内外平定，士女相庆。宇文拔率壮士数百人来投奔，慕容盛拜宇文拔为大宗正。

七月二十一日，慕容盛告平乱经过于太庙，下令说："赖五祖之福，文武之力，宗庙社稷幽而复显。不仅我以渺小之身，免受'不共戴天'的责备（《礼记》：父母之仇，不共戴天），就是所有臣民，也得以在当世一表清白。"于是大赦，改年号为建平。慕容盛谦让，不敢称帝，以长乐王身份摄政，主持朝廷。诸王都降级称公爵，任命东阳公慕容根为尚书左仆射，卫伦、阳璆、鲁恭、王滕为尚书，悦真为侍中，阳哲为中书监，张通为中领军，其余文武百官各复旧位。改谥慕容宝为惠愍皇帝，庙号烈宗。

当初，太原王慕容奇在建安举兵，南北之民都翕然跟从。兰汗派他哥哥的儿子兰全讨伐慕容奇，被慕容奇消灭，一匹马也没回来。慕容奇进兵屯驻乙连。慕容盛诛杀兰汗之后，命慕容奇罢兵。慕容奇用丁零人严生、乌桓人王龙的计谋，拒绝接受命令。

七月二十四日，慕容奇勒兵三万余人挺进到横沟，离龙城十里。慕容盛出击，大破慕容奇军，生擒慕容奇而还，斩其党羽一百余人，赐慕容奇死，桓王慕容恪的继嗣于是断绝。群臣固请上尊号，慕容盛不许。

【华杉讲透】

兰汗之死，死在不够狠。心一软，就掉脑袋，死全家。好事坏事，都要做到底，这叫一以贯之，而且让别人对你的举动有准确预期，大家才好相处，各安其位。兰汗兄弟呢，不仅对对方的举动没有准确预期，对自己的举动也没有准确预期，都是在情绪中摇摆。

兰汗当然应该杀慕容盛，他把后燕灭国了，还跟慕容盛讲亲戚关系，他怎么能相信慕容盛会忠于他呢？而且还被慕容盛离间了兄弟关系。慕容盛决定投奔兰汗时说："汗性愚浅，必念婚姻，不忍杀我，旬月之间，足以展吾情志。"算是把他看准了。前后两个月，兰氏就被灭族了。

19 北魏王拓跋珪迁都平城，开始营修宫室，建宗庙（皇家祖庙），立社稷（土神和谷神祭坛）。宗庙每年五次祭祀，春分、秋分、夏至、冬至及腊日。

20 桓玄请求任命他为广州刺史。会稽王司马道子猜忌桓玄，不想让他待在荆州，就顺水推舟，任命桓玄为督交州、广州二州军事，广州刺史。桓玄接到任命，却不出发上任。

豫州刺史庾楷因为司马道子割了他所辖的四个郡给江州刺史王愉管辖，上疏说："江州在内地，而豫州跟寇戎接壤，不应让王愉分别管辖。"朝廷不许。庾楷怒，派他的儿子庾鸿游说王恭："司马尚之兄弟专擅朝政，超过王国宝当年，想要假借朝威，削弱方镇，回想过去的事，恐怕大祸难以预测。如今趁他们谋议未成，应该先下手为强！"王恭同意他的看法，又告诉殷仲堪、桓玄。殷仲堪、桓玄许诺一致行动，推举王恭为盟主，约期共同出兵京师。

当时内外猜疑，全国戒严，道路、码头盘查严密，殷仲堪把书信写在斜绢上，装在箭杆里，再装上箭头，外面涂上封漆，通过庾楷送给王恭。王恭截断箭杆，取出绢书，绢绸剪角处抽丝，不能辨认是否殷仲堪手书，怀疑是庾楷伪造的，并且认为殷仲堪去年曾经违背盟约，没有按期出兵，今年肯定也是按兵不动，于是独自行动，先期举兵。司马刘牢之进谏说："将军是皇帝的舅父，而会稽王（司马道子）是皇帝的叔父。会稽王又当国秉政，之前为了将军您，杀了他所宠爱的王国宝、王绪，又把王廞的书信送给您，他对将军的尊敬和畏服，已经够多了。最近的若干人事任命，虽然并不恰当，但也不是什么大过失。割庾楷的四个郡给王愉，对将军有什么损失呢？晋阳之部队，怎么可以三番五次的随意发动？"王恭不听，上表请讨伐王愉、司马尚之兄弟。

司马道子派人游说庾楷："当初你我二人，恩如骨肉，帐中酣饮，相互咬着耳朵说话，可以说是非常亲密了。如今你抛弃旧交，另结新援，忘记了王恭之前对你的欺凌、侮辱你的羞耻吗？如果你委身做他的臣属，假若王恭得志，必定把你当成反复之人，他能真正信任你吗？身首尚且不可保，还想要富贵？"庾楷怒道："王恭当年参加先帝葬礼，相王（司马道子）忧惧无计，我知道事态紧急，勒兵抵达京师，让王恭不敢发动。去年之事，我也俟命而动。我事奉相王，并没有辜负他的地方。相王不能抵御王恭，反而杀王国宝及王绪，从那时候起，谁还敢为相王尽力！庾楷实在不能让全家一百口人的性命被人屠灭。"当时庾楷已经响应王恭的檄文，正在招兵买马。信使返回后，朝廷忧惧，内外戒严。（庾楷之前党附王国宝，司马道子和他曾经也很亲密。）

会稽王世子司马元显对父亲司马道子说："之前不讨伐王恭，所以有今日之难。今天如果再让他得其所欲，则太宰（司马道子）的大祸，就在眼前。"司马道子不知所为，将事情全部委任给司马元显，自己每日痛饮醇酒而已。司马元显聪明机警，好读书，明事理，志气果断锐利，以安危为己任。归附他的人，都说司马元显神武，有明帝（司马绍）之风。

殷仲堪听闻王恭举兵，因为自己去年没有遵守承诺按期举兵，所以即刻勒兵出发。殷仲堪一向不懂军事，把军队全部委任给南郡相杨佺期兄弟，派杨佺期率舟师五千人为前锋，桓玄做第二梯队，殷仲堪自己率兵二万，相继而下。杨佺期自以为他的祖先是汉朝太尉杨震，一直到他的父亲杨亮，九代都以才德著名，认为他家的门第应该是江南第一。有人曾经把他与王珣相比，杨佺期尤其愤恨。但是，杨家南渡过江时间较晚，没有跟门当户对的豪门结亲，当官也走错路径，（杨亮在北方外族政权做官，很晚才渡江归晋，所以挤不进王、谢两家的权力中心。杨家兄弟娶的都是平民的女儿，没有亲家相助。杨家都是武官，没文化，被文官轻视。总之有各种委屈。）杨佺期及他的哥哥杨广、弟弟杨思平、堂弟杨孜敬都是粗犷武夫，经常受到排挤、压抑。杨佺期时常慷慨切齿，想要事变以逞其志，所以也赞成殷仲堪之谋。

八月，杨佺期、桓玄突然杀到湓口。王愉毫无防备，仓皇逃奔临川，桓玄派出一支偏军，将他追获。

21 后燕任命河间公慕容熙为侍中、车骑大将军、中领军、司隶校尉，城阳公慕容元为卫将军。慕容元，是慕容宝的儿子。又任命刘忠为左将军，张豪为后将军，并赐姓慕容氏。李旱为中常侍、辅国将军，卫双为前将军，张顺为镇西将军、昌黎尹，张真为右将军；都封公爵。

22 八月十五日，后燕步兵校尉马勤等谋反，伏诛；事情牵连到骠骑将军、高阳公慕容崇及慕容崇的弟弟、东平公慕容澄，皆赐死。

23 晋国宁朔将军邓启方、南阳太守间丘羡将兵二万攻击南燕，与南燕中军将军慕容法、抚军将军慕容和战于管城，邓启方等兵败，他单人匹马，逃得一命。

24 北魏王拓跋珪命有司划定京畿范围，标示道路名称及里程，统一度量衡；又遣使巡行郡国，举奏弹劾郡守、县令中不法者，亲自考察升降进退。

25 九月二日，假会稽王司马道子黄钺，任命世子司马元显为征讨都督，派卫将军王珣、右将军谢琰将兵讨伐王恭，谯王司马尚之将兵讨伐庾楷。

26 九月六日，后燕任命东阳公慕容根为尚书令，张通为左仆射，卫伦为右仆射，慕容豪为幽州刺史，镇守肥如。

27 九月十日，谯王司马尚之大破庾楷于牛渚，庾楷单骑逃奔桓玄。会稽王司马道子任命司马尚之为豫州刺史，弟弟司马恢之为骠骑司马、丹杨尹，司马允之为吴国内史，司马休之为襄城太守，各拥兵马，作为自己的外援。

九月十六日，桓玄大破官军于白石。桓玄与杨佺期挺进到横江，司马尚之退走，司马恢之所领水军全军覆没。

九月十七日，司马道子把大本营设在中堂，司马元显镇守石头城。

九月二十日，王珣守京师北郊，谢琰屯驻宣阳门，严阵以待。

王恭一向自命不凡，看不起别人，既杀了王国宝，更是自以为威武不行，依仗刘牢之为爪牙，但又只把他当一般部曲将领对待。刘牢之也自负其才，深怀耻恨。司马元显知道这个情况，派庐江太守高素去游说刘牢之，让他反叛王恭，许诺事成之后，就把王恭的爵位和官号授予他；又把司马道子的信送给刘牢之，为他陈述祸福。

刘牢子对他的儿子刘敬宣说："王恭之前受先帝大恩，如今又是皇帝的舅舅，不能翼戴王室，反而数次举兵向京师，我不知道王恭的心思。事捷之日，他还能居于天子、相王之下吗？我想要奉国家威灵，以顺讨逆，如何？"刘敬宣说："朝廷虽然没有周成王、周康王那样的美德，但也没有周幽王、周厉王那样的恶行；而王恭恃其兵威，暴蔑王室。大人亲非骨肉，义非君臣，不过是共事的同僚，情义也不相投，今去讨伐他，和情义有什么关系？"

王恭的参军何澹之知道刘牢之父子的阴谋，向王恭告密。王恭因为何澹之一向与刘牢之有矛盾，不信。于是置酒请刘牢之，就在众人之中，拜刘牢之为结义兄弟，精兵坚甲，全部交给刘牢之，让他率帐下督颜延为前锋。

刘牢之到了竹里，斩颜延投降朝廷；派刘敬宣及他的女婿、东莞太守高雅之还师袭击王恭。王恭正出城阅兵，刘敬宣纵骑横击，王恭兵全部崩溃。王恭想要入城，高雅之已关闭城门。王恭单骑逃奔曲阿，但是他一向不习惯骑马，大腿都磨破了。曲阿人殷确，是王恭旧部，用船载着王恭，准备投奔桓玄，到了长塘湖，被人告发，捕获，送到京师，斩于倪塘。王恭临刑前，整理头发、胡须，神色自若，对施刑者说："我自己昏庸，轻率相信他人，所以至此，要论我的本心，岂不忠于社稷？希望百世之后，人们还知道有一个王恭吧。"他的子弟及党羽，全部被处死。朝廷任命刘牢之为都督兖州、青州、冀州、幽州、并州、徐州、扬州、晋陵诸军事，替代王恭。

【华杉讲透】

王恭之死，死于无礼和不忠，对谁无礼呢？不是对朝廷无礼，是对下属无礼；对谁不忠呢？不是对朝廷不忠，是对下属不忠。

《论语》中讲："君待臣以礼，臣事君以忠。"王恭依赖刘牢之，却把他当一般部曲将领对待，没有区别对待。他不仅恃才傲物，而且恃才陵物，傲只是自己傲慢罢了，陵，是加倍凌侮他人。这样的领导有很多，随时让下属没有人格。只有不要人格的人才能跟他，稍微要点尊严的人，都会像刘牢之那样，深怀耻恨，以自己为耻，对老板怀恨。那么，外面稍微有人伸来一只手，他就跟别人握手了。

因为恃才陵物、凌侮下属而送命的主帅，历史上也不少，日本战国，最了不起的织田信长，天下布武，遇神杀神，遇佛杀佛。但是，他就是上凌侮神，下凌侮人，而所有下属都习惯了被他凌侮，组织内部形成了一种"侮辱的文化"，大家都习惯了。后来，外面来了一个有那么一丁点人格尊严的明智光秀，被很轻微地骂了一顿，就深怀耻恨，发动本能寺之变，让织田信长自杀了。

史书上说王恭只把刘牢之当一般部曲将领对待，一个合格的领导者,不仅对一般部曲,对普通士兵,也是礼数周到。吴起是名将,他能俯下身体,给一个普通士兵吸吮腿上的脓疮,所以全军都为他卖命。

再说不忠,《论语》讲忠道,是"己欲立而立人,己欲达而达人",是上对下的忠,也就是成就他人。你既然要人跟你干,你就要成就他,知道他要什么,你能给他什么。王恭完全不考虑这个问题,好像谁只要能跟上他,本身就是荣耀和福分。于是司马道子就成就了刘牢之,把王恭的一切,都送给了刘牢之。

王恭临死总结,说自己昏庸,轻信他人。他没总结到位,你不需要信任谁,或不信任谁,而是要你的每个人,都以跟随你为他利益最大化的途径。这才是博弈。

百世之后,我们不仅要知道王恭,还要知道他败在哪里。我们习惯于琢磨:"他是不是我的人?他是否忠于我?"却不知道这是一个错误的问题,正确的问题是:"我是不是他的人?我是否忠于他?"

我们孜孜以求答案,往往却没找对问题。当我们找对问题,问题就是答案。

安息吧,王恭!

不久,杨佺期、桓玄到达石头城下,殷仲堪军到了芜湖。司马元显从竹里飞驰回到京师,派丹杨尹王恺等征发京师士民数万人据守石头城,抵御西军。杨佺期、桓玄等上表,为王恭辩护,要求诛杀刘牢之。刘牢之率北府兵驰赴京师,驻军于新亭。杨佺期、桓玄见之失色,回军蔡州。朝廷不知西军虚实,殷仲堪等拥众数万,充斥京畿地区,朝廷内外忧逼。

左卫将军桓修,是桓冲的儿子,对司马道子说:"西军可以靠一个说客就解决,我了解他们的内情。殷仲堪、桓玄敢于长驱直下,全是仗恃有王恭,王恭既已破灭,西军沮丧恐惧。现在如果以重利收买桓玄及杨佺期,二人必定暗暗欢喜;桓玄能控制殷仲堪,杨佺期则可以让他倒戈,自然可以生擒殷仲堪。"

司马道子采纳,任命桓玄为江州刺史。召郗恢回朝廷任尚书,任命杨佺期替代郗恢为都督梁州、雍州、秦州三州诸军事，雍州刺史。任命桓修为荆州刺史，暂时监管左卫将军府文武官属，又令刘牢之派军队一千人护送他。罢黜殷仲堪为广州刺史，派殷仲堪的叔父、太常殷茂前往宣诏，下令殷仲堪回军。

28 张骧（故后燕辅国将军，中山陷落时，归降北魏）的儿子张超收留集合三千余户人家，占据南皮，自号乌桓王，在北魏诸郡抢掠。北魏王拓跋珪命庾岳讨伐。

29 杨轨屯驻在廉川，收集夷人、汉人，部众发展到一万多人。王乞基对杨轨说："秃发氏才高而兵盛，并且是我的主人，不如去归附他。"杨轨于是遣使向西平王秃发乌孤投降。不久，杨轨又被羌族酋长梁饥击败，向西逃奔傉海，袭击乙弗鲜卑部落，占据了他们的土地。秃发乌孤对群臣说："杨轨、王乞基归诚于我，但在他们遭到攻击的时候，你们不速速相救，让他们被羌人击溃，我非常惭愧。"平西将军浑屯说："梁饥没有经远大略，可以一战而擒。"

梁饥进攻西平，西平人田玄明逮捕太守郭倖，自己取而代之，抵御梁饥，送儿子给秃发乌孤做人质。秃发乌孤准备救援，群臣害怕梁饥兵强，犹疑不决。左司马赵振说："杨轨新败，吕氏方强，洪池以北地区，我们无法到手。而岭南五郡，却很有机会攻取。大王如果没有开疆拓土之志，我不敢说；但如果要经营四方，这就是机不可失。假使让羌人得了西平，汉人、夷人都人心震动，对我们不利。"秃发乌孤喜悦地说："我也想乘时立功，怎么能坐守穷谷呢？"于是对群臣说："梁饥如果得了西平，仗恃山河险要，就再也制不住他了。梁饥虽然骁猛，但是军令不整，容易击破。"于是进击，大破梁饥。梁饥退屯龙支堡。秃发乌孤进攻，攻拔，梁饥单骑逃奔浇河，部众被俘虏斩首的有数万人之多。

秃发乌孤任命田玄明为西平内史。乐都太守田瑶、湟河太守张祸、浇河太守王稚都献出本郡投降，岭南羌人、匈奴人数万篷帐都归附秃发乌孤。

30 西秦王乞伏乾归派秦州牧乞伏益州、武卫将军乞伏慕兀、冠军将军翟瑥，率骑兵二万人讨伐吐谷浑。

31 冬，十月十四日，后燕群臣再次向慕容盛奉上尊号，十月十七日，长乐王慕容盛即皇帝位，大赦，尊皇后段氏为皇太后，太妃丁氏为献庄皇后。

当初，兰汗当国时，慕容盛跟从后燕主慕容宝逃亡，兰妃侍奉丁后愈加恭谨。等到兰汗被诛，慕容盛认为兰妃应当连坐，要杀她；丁后认为兰妃有保全之功，坚决反对，兰妃才得以免死。但是，终究不让她做皇后。

【华杉讲透】

没有兰妃，慕容盛早就被杀了。兰妃既是兰汗的女儿，不能当皇后，是可以理解的。但如果要杀她，就太忘恩负义了。丁后与慕容盛，也是演一出戏给大家看吧。

32 晋国大赦。

33 殷仲堪接到诏书，大怒，催促桓玄、杨佺期进军。桓玄等则非常欢喜，想要接受朝廷命令，犹豫未决。殷仲堪听闻这种情况，即刻从芜湖回军，遣使告谕蔡州军士们说："你们赶紧各自散归，否则，等我到了江陵，杀光你们全家！"杨佺期的部将刘系率两千人先回。桓玄等大惧，狼狈西还，在寻阳追上殷仲堪。

殷仲堪已经失去荆州刺史的职位，只能倚靠桓玄等为外援，桓玄等也要依靠殷仲堪的军队，所以他们虽然相互猜忌，形势上又不得不联合起来。于是互相交换子弟为人质，十月二十三日，三人在寻阳盟誓，都拒绝接受朝命，联名上疏，为王恭申辩，要求诛杀刘牢之及谯王司马尚之，并且上诉说殷仲堪无罪，为什么唯独他被降黜。朝廷深为忌惮，内外骚然。于是又罢黜桓修，把荆州还给殷仲堪，优诏慰谕，以求和解，殷仲堪等于是受诏。御史中丞江绩上奏弹劾桓修等人只为自己利益打算，疑误朝廷，皇帝下诏，将桓修免职。

【华杉讲透】

殷仲堪退兵，是桓修立了大功。但是，朝廷要维持和平局面，又要出卖他来给殷仲堪交代。立了大功还要受迫害，这是政治。有时候，蒙冤入狱，也是为国家作贡献；掉了脑袋，是皇上"借你人头一用"；要搞政治，你就不要喊冤，桓修只是免职而已，算是不错了。

当初，桓玄在荆州，横行霸道。殷仲堪的亲党都劝殷仲堪杀他，殷仲堪不听。后来在寻阳，又要利用桓家的声望，推举桓玄为盟主，桓玄更加自矜倨傲。杨佺期为人骄悍，桓玄总是把他当寒门出身，轻视他。杨佺期怀恨在心，秘密游说殷仲堪，说桓玄终究是个祸患，请求在盟誓的祭坛上袭杀他。殷仲堪忌惮杨佺期兄弟勇健，担心如果杀了桓玄，就无法再控制杨氏兄弟，苦苦劝阻他。于是盟誓之后，各回自己镇所。桓玄也知道了杨佺期的阴谋，暗地里也对杨佺期起了杀心，于是屯兵于夏口，任命始安太守济阴卞范之为长史，做他的军师。当时，诏书唯独没有赦免庾楷，桓玄任命庾楷为武昌太守。

当初，郗恢为朝廷抵御西军，桓玄没有得到江州，想要夺取郗恢的雍州，任命郗恢为广州刺史。郗恢听闻，惧怕，询问部属们的意见，众人都说："如果杨佺期来，谁敢不勠力作战？如果桓玄来，恐怕我们难以与他为敌。"既而听闻是杨佺期来替代自己，于是与南阳太守闾丘羡商量，准备武力抵抗。杨佺期听闻，声言桓玄将从沔水西上，他只是先锋。郗恢的部众深信不疑，望风而溃，郗恢请降。杨佺期进入郗恢府，斩闾丘羡，放郗恢回京。郗恢一家走到杨口，殷仲堪秘密派出杀手，将他和四个儿子一并刺杀，托言是群蛮所杀。

【华杉讲透】

名气就是权力，光环就是力量。桓玄横行霸道，殷仲堪也要推举他为盟主，郗恢的部队听到他的名气就望风而溃，都是他父亲桓温传给他的威名，因为他到现在还没有真正打过一仗呢！

34 西秦乞伏益州与吐谷浑王慕容视罴战于度周川，慕容视罴大败，逃走，据守白兰山，派儿子慕容宕岂到西秦做人质，请和，西秦王乞伏乾归把宗室女儿嫁给慕容宕岂为妻。

35 凉国建武将军李鸾献出兴城，投降秃发乌孤。

36 十一月，晋国任命琅玡王司马德文为卫将军、开府仪同三司；征虏将军司马元显为中领军，领军将军王雅为尚书左仆射。

37 十一月二十三日，北魏王拓跋珪命尚书吏部郎邓渊建立官制，制定皇家礼乐，仪曹郎、清河人董谧制定礼仪，三公郎王德制定法律，太史令晁崇考察天象，由吏部尚书崔宏总负责裁定，奠定永久不变的礼仪、法律和制度。邓渊，是邓羌的孙子。

38 杨轨、王乞基率数千户人家归附西平王秃发乌孤。

39 十二月二日，北魏王拓跋珪即皇帝位，大赦，改年号为天兴。命朝廷官员和平民百姓，都束起头发，戴上帽子；追尊远祖拓跋毛以下二十七人皆为皇帝；追谥六世祖拓跋力微为神元皇帝，庙号始祖；祖父拓跋什翼犍为昭成皇帝，庙号高祖；父亲拓跋寔为献明皇帝。

北魏旧俗，每年孟夏四月祭祀上天及东庙，季夏六月率众到阴山祭祀霜神，孟秋七月祭祀上天于西郊。至此，开始依仿汉族儒家古制，制定郊庙及祭祀礼乐。不过，只有孟夏四月祭天，由皇帝亲自执行，其余多由有司摄事。又用崔宏的建议，自称拓跋氏是黄帝之后，为土德。迁徙六州二十二郡郡守、县令、豪杰二千家于代都。东至代郡，西到善无，南到阴馆，北到参合，都为京畿地区，京畿之外的四方（东南西北)、四维(东北、东南、西北、西南),设置八部帅,分别监管。

40 十二月十二日,后燕幽州刺史慕容豪、尚书左仆射张通、昌黎尹张顺被控谋反,伏诛。

41 当初,琅玡人孙泰向钱塘人杜子恭学习妖术,士人和百姓多尊奉他。左仆射王珣对此非常厌恶,把孙泰流放到广州。而广州刺史王雅却将孙泰推荐给孝武帝司马昌明,说他懂得养生之道。孝武帝将孙泰召还。孙泰累积升迁,做到新安太守。

孙泰知道晋朝将要灭亡,借着王恭之乱,以讨伐王恭为名,聚集军队,敛财巨亿,三吴之人大多跟从他。有见识的人都担忧他将作乱,但是因为中领军司马元显和他关系友善,没人敢说。会稽内史谢輶揭发他的阴谋,十二月二十日,会稽王司马道子派司马元显诱捕孙泰,连同他的六个儿子一起斩首。孙泰哥哥的儿子孙恩逃入海岛,愚民们还认为孙泰只是像蝉一样脱壳而去,并没有死,继续给躲藏在海岛的孙恩供应物资。孙恩于是聚合亡命之徒,得一百余人,准备复仇。

42 西平王秃发乌孤改称武威王。

43 这一年,之前归附晋国的杨盛遣使到北魏,请求投降北魏,北魏封杨盛为仇池王。

卷第一百一十一　晋纪三十三

（公元399年—400年，共2年）

安皇帝丙

隆安三年（公元399年）

1 春，正月四日，晋国大赦。

2 正月十一日，后燕昌黎尹留忠谋反，伏诛，事情牵连到尚书令、东阳公慕容根、尚书段成，都被处死；慕容盛派中卫将军卫双到凡城，诛杀留忠的弟弟、幽州刺史留志。任命卫将军、平原公慕容元为司徒、尚书令。

3 正月十三日，北魏主拓跋珪北巡，分别命令大将军、常山王拓跋遵等三军从东方的长川出发，镇北将军、高凉王乐真等七军从西方的牛川出发，拓跋珪亲自率大军从中部驳髯水出发，袭击高车部落。

4 正月二十五日，后燕右将军张真、城门校尉和翰被控谋反，伏诛。

5 正月二十六日，后燕大赦，改年号为长乐。后燕主慕容盛每十天一次，亲自主持刑事审判，不用刑讯逼供，多能得到实情。

6 武威王秃发乌孤将治所迁到乐都，任命他的弟弟、西平公秃发利鹿孤镇守安夷，广武公秃发傉檀镇守西平，叔父秃发素渥镇守湟河，秃发若留镇守浇河，堂弟秃发替引镇守洪池岭以南地区，秃发洛回镇守廉川，堂叔秃发吐若留镇守浩亹。对于人才俊杰，分别按其才能授以官职，不管是在内居于庙堂，还是在外治理郡县，人事安排都很恰当。

秃发乌孤对群臣说："陇右、河西，本来不过是几个郡的地方，如今遭乱分裂至十几个国家，吕氏、乞伏氏、段氏最强。如今我想攻取他们，这三家先打谁？"杨统说："乞伏氏本是我们的部落，终究会服从我们。段氏只是一个书生，没有能力对我们形成威胁，并且他也结好于我，攻打他属于不义。唯有吕光衰老昏庸，嗣子又懦弱，吕纂、吕弘虽然有才，但互相猜忌，如果让浩亹、廉川两郡乘虚轮番向吕氏发动攻击，他们必定疲于奔命，不超过两年，兵劳民困，即可拿下姑臧。姑臧到手之后，另外两个寇匪集团，就不用等我们去攻打，自己就投降了。"秃发乌孤说："善。"

7 二月一日，北魏军大破高车三十余部，俘虏百姓七万余人，马三十余万匹，牛羊一百四十余万头。卫王拓跋仪另外率领三万骑兵越过沙漠一千余里，又攻破高车七部，俘虏二万余人，马五万余匹，牛、羊二万余头。高车诸部大震。

8 林邑王范达攻陷日南、九真，于是入寇交趾，交趾太守杜瑗击破林邑军。

9 二月二十四日，北魏征虏将军庾岳攻破张超于渤海，斩张超。

10 段业即北凉王位，改年号为天玺（史称"北凉"）。任命沮渠蒙逊为尚书左丞，梁中庸为右丞。

11 北魏主拓跋珪在牛川之南举行盛大游猎活动，命高车人用身体组成围墙，周长七百余里；驱逐禽兽，向南抵达平城，又命高车人修筑养鹿场，广达数十里。

三月三日，拓跋珪回到平城。

三月八日，拓跋珪将尚书三十六曹及外署各政府部门，分拆成三百六十曹，令八部大人分别主管。吏部尚书崔宏统管三十六曹，职权相当于尚书令和仆射。设置五经博士，增加国子监太学生员一共三千人。

拓跋珪问博士李先说："天下什么东西最好，可以有益于人的神智？"回答说："书籍最善。"拓跋珪说："书籍一共有多少？又如何收集呢？"回答说："自从有书以来，世代增加，到今天，已经不可胜计。但是，只要人主所好，何愁收集不到呢！"拓跋珪听从，下令各郡县大肆搜索书籍，全部送到平城。

12 当初，前秦王苻登的弟弟苻广率众三千人依附南燕王慕容德，慕容德任命他为冠军将军，安置在乞活堡。后来，荧惑星紧挨着东井星，有人说星象显示前秦将要复兴，苻广于是自称为秦王，攻击南燕，击破北地王慕容钟。当时，南燕势单力弱，整个疆土不到十座城池，部众不到一万，慕容钟既败，依附慕容德的人大多离去，转而归附苻广。慕容德于是留鲁阳王慕容和镇守滑台，自己率众讨伐，斩苻广。

后燕主慕容宝当初到黎阳时，鲁阳王慕容和的长史李辩劝慕容和接纳他，慕容和不听。李辩惧怕，秘密引导晋军进驻管城，准备借慕容德出战的机会作乱。后来慕容德没有出战，李辩更加不能自安。等到慕容德出讨苻广，李辩又劝慕容和造反。慕容和不从，李辩于是杀慕容和，献出滑台，投降北魏。北魏行台尚书和跋在邺城，率轻骑从邺城前往受降。和跋既至，李辩又反悔，闭门拒守。和跋派尚书郎邓晖前往游说，李辩于是开门接纳和跋进城，和跋将慕容德的宫女及府库财物全部接收。慕容德派兵攻击和跋，和跋逆击，击破南燕军，又击破慕容德的部将、桂阳王慕容镇，俘获一千余人。陈郡、颍川一带百姓，多归附北魏。

南燕右卫将军慕容云斩李辩，率将士家属二万余人出滑台城投奔慕容德。慕容德想要攻打滑台，韩范说："之前魏为客，我为主人；如今我为客，魏为主人。人心危惧，不能再战，不如先据一方，建立根据地，再图进取。"张华说："彭城，是楚国旧都，可以攻下据守。"北地王慕容钟等都劝慕容德攻打滑台。尚书潘聪说："滑台是四通八达之地，北有魏，南有晋，西有秦，以之为居城，没有一天能安枕无忧的。彭城地广人稀，地势平坦，无险可守，况且是晋国边防重镇，不易攻取。又靠近江、淮，夏秋多雨水。乘舟而战，是吴人之所长，我之所短。青州沃野两千里，精兵十余万，东有负海之饶，西有山河之固，广固城是曹嶷所筑，地形险峻，足以为帝王之都。三齐英杰，思得明主以立功于世，已经很久了。辟闾浑（晋国守将，幽州刺史）曾经为燕臣，如今可以派一个辩士先行，辩士游说于前，大兵继踵于后，如果他不服，攻取他就如同拾起一根草芥一样容易。夺了他的土地，然后闭关养锐，伺机而动，这就是陛下的关中、河内。"

慕容德犹豫未决。和尚竺朗一向擅长占卜，慕容德派牙门将苏抚前去探问，竺朗说："我拜读了他们提出的三个战略，潘尚书之议，真是兴邦之言。况且今年年初，彗星起于奎星、娄星，扫过虚星、危星；彗星，是除旧布新之象，奎星、娄星对应为鲁，虚星、危星对应为齐。应该先取兖州，继取琅琊，到秋天再北取齐地，这就是上应天道。"苏抚又密问南燕气数可以维持多久，竺朗以《周易》卜筮，说："燕国将在庚戌年（公元410年）衰亡，生存一纪（12年），传一代，到儿子。"苏抚回来报告慕容德，慕容德于是引师而南，兖州北部诸郡县都投降慕容德。慕容德设置郡守、县令以安抚之，禁止军士抢掠。百姓大悦，沿途络绎不绝地献上牛、酒。

13 三月二十日，北魏主拓跋珪派建义将军庾真、越骑校尉奚斤攻打库狄、宥连、侯莫陈三部，全部击破，追奔至大峨谷，设置驻防部队而还。

14 三月二十三日，皇帝司马德宗追尊生母陈夫人为德皇太后。

15 夏，四月，鲜卑叠掘部落酋长河内率所部五千户人家投降西秦。西秦王乞伏乾归任命河内为叠掘都统，把宗室女儿嫁给他为妻。

16 四月九日，后燕大赦。

17 会稽王司马道子有病，而且无日不醉。世子司马元显知道他已经失去了在朝廷的声望，于是暗示朝廷解除司马道子的司徒、扬州刺史职务。四月十日，任命司马元显为扬州刺史。司马道子酒醒后知道消息，大怒，但也无可奈何。司马元显以庐江太守、会稽人张法顺为主要谋士，多多引树亲党，朝廷权贵都畏惧、事奉他。

18 后燕散骑常侍余超、左将军高和等被控谋反，伏诛。

19 后凉国太子吕绍、太原公吕纂将兵讨伐北凉，北凉王段业求救于武威王秃发乌孤，秃发乌孤派骠骑大将军利鹿孤及杨轨前往救援。段业将战，沮渠蒙逊进谏说："杨轨仗恃鲜卑之强，有乘机图谋我们的野心，吕绍、吕纂孤军深入，置兵于非战不可的死地，很难抵抗。如今，我军不战，则安如泰山；出战，则危如累卵。"段业听从，按兵不战。吕绍、吕纂引兵撤退。

六月，秃发乌孤任命利鹿孤为凉州牧，镇守西平，召车骑大将军秃发傉檀回京，任录府国事（主持政府）。

【华杉讲透】

兵法首先不是战法，而是不战之法；不是战胜之法，而是不败之法。沮渠蒙逊的分析，到位了！

20 会稽王世子司马元显认为自己年纪尚轻（本年十八岁），不想现在就担负重任；六月四日，任命琅玡王司马德文为司徒。

21 北魏前河间太守、范阳人卢溥率领他的部曲（私人武装）数千户人家，在渔阳谋生，发展到占据数郡。秋，七月五日，后燕主慕容盛遣使拜卢溥为幽州刺史。

22 七月七日，后燕主慕容盛下诏说："法律规定，公侯有罪，可以用金帛赎罪，这个办法，不足以惩罚罪恶，却有利于王府，很不恰当。自今往后，皆令立功以自赎，不再接受金帛。"

23 西秦丞相、南川宣公出连乞都去世。

24 后秦齐公姚崇、镇东将军杨佛嵩入寇洛阳，晋国河南太守、陇西人辛恭靖婴城固守。雍州刺史杨佺期（镇所在襄阳）遣使求救于北魏常山王拓跋遵，北魏主拓跋珪任命散骑侍郎、西河人张济为拓跋遵的从事中郎，出使襄阳报聘。杨佺期问张济："当初魏国伐中山，有多少兵？"张济说："四十余万。"杨佺期说："以魏之强，姚崇那一群小小羌人，不足为道。况且晋、魏本是一家人，如今既然结好，道义上更不应该相互隐瞒。我这里兵弱粮寡，要救洛阳，全靠魏国而已。如果能保全，必有厚报；如果洛阳失守，与其让羌人得之，不如让魏国得到。"张济回来向拓跋珪报告。八月，拓跋珪派太尉穆崇率领六万骑兵前往救援。

25 后燕辽西太守李朗在郡十年，在境内威信很高，害怕后燕主慕容盛猜疑，累次征召，他都拒绝前往。因为他的家属都在龙城，也不敢公开叛变，于是秘密召引魏兵，许诺献出本郡，投降北魏。然后派使者到龙城，夸张贼寇声势。慕容盛说："这一定有诈。"召使者仔细诘问，果然是假。慕容盛屠灭李朗全族，八月十四日，派辅国将军李旱出兵讨伐。

26 当初，北魏奋武将军张衮因为有才干及谋略，被北魏主拓跋珪信任重用，委以腹心。拓跋珪向张衮询问中州士人，张衮推荐卢溥及崔逞，拓跋珪都给予任用。

拓跋珪包围中山，很久不能攻下，军粮缺乏，问计于群臣。崔逞为御史中丞，回答说："桑葚可以为佐粮。猫头鹰因为吃了桑葚，而声音变得好听，这是《诗经》上说的。"拓跋珪虽然采纳了他的建议，允许百姓以桑葚交租，但是认为崔逞故意侮辱自己，怀恨在心。

后秦入寇襄阳，雍州刺史郗恢写信向北魏常山王拓跋遵求救，信中有一句话说"贤兄虎步中原"。拓跋珪认为郗恢无君臣之礼，命张衮及崔逞写回信，信中一定要贬低晋国皇帝。张衮、崔逞称晋帝为"贵主"，拓跋珪怒道："我让你们贬低他，你们称他为'贵主'，比起他叫我'贤兄'，你们觉得怎么样？"

崔逞投降北魏时，认为天下大乱，担心全家被屠灭，不能留下后代，让他的妻子张氏与四个儿子都留在冀州，崔逞独自与幼子崔颐到平城，所留下的妻子和四个儿子于是投奔南燕。拓跋珪以此问责崔逞，赐崔逞死。卢溥接受后燕官爵，侵掠北魏郡县，杀北魏幽州刺史封沓干。

拓跋珪认为张衮所举荐的人都不恰当，将张衮贬为尚书令史。张衮于是紧闭家门，不与人来往，每天只是校订儒经古籍，过了一年多，去世了。

后燕主慕容宝败亡时，中书令、民部尚书封懿投降北魏。拓跋珪任命封懿为给事黄门侍郎、都坐大官（北魏前期官职，有三都大官：都坐大官、外都大官、内都大官）。拓跋珪问封懿后燕旧事，封懿应对疏略，不积极，也被废黜官职，闲居在家。

27 武威王秃发乌孤酒醉，坠马摔伤肋骨，去世，遗令立年长的人为君。国人立他的弟弟秃发利鹿孤，谥秃发乌孤为武王，庙号列祖。秃发利鹿孤大赦，将治所迁到西平。

28 南燕王慕容德遣使游说幽州刺史辟闾浑，想要和平取得幽州，辟闾浑不从。慕容德派北地王慕容钟率步骑兵二万人攻击，慕容德进据琅琊，徐州、兖州之民归附他的有十余万人。慕容德从琅琊引兵向北，任命南海王慕容法为兖州刺史，镇守梁父。

慕容德进攻莒城，守将任安弃城逃走。慕容德任命潘聪为徐州刺史，镇守莒城。

兰汗之乱，后燕吏部尚书封孚向南逃奔辟闾浑，辟闾浑表举他为渤海太守；等到慕容德兵到，封孚出降，慕容德大喜说："我得了青州并没有什么喜悦，喜的是得到了你！"于是将军国机密全部委任给封孚。

北地王慕容钟传檄青州诸郡，晓谕祸福之道，辟闾浑迁徙八千余户人家进入广固城固守，派司马崔诞驻守薄荀固，平原太守张豁驻守柳泉；崔诞、张豁都接受檄文，投降慕容德。辟闾浑惧怕，带着妻子、儿女逃奔北魏，慕容德派射声校尉刘纲追击，在莒城追上，斩辟闾浑。辟闾浑的儿子辟闾道秀见慕容德，请求与父亲死在一起。慕容德说："父虽不忠，而子能孝。"特别赦免了他。辟闾浑的参军张瑛为辟闾浑写檄文，言辞多有不逊，慕容德将他逮捕，斥责他。张瑛神色自若，细言慢语地说："辟闾浑有我，就好比韩信有蒯通。蒯通遇到汉高祖而生，我遭遇陛下而死。比起古人，我更加不幸罢了！"慕容德杀了他。定都广固。

【华杉讲透】

这一节，讲述了乱世中若干士人的命运，就是无枝可依。心无所属，身无所寄，举止失措，想要苟全性命，却终究家破人亡。一到乱世，人们就面临这样的选择，未来会怎样？往哪里去？归附谁？于是士人成为游士，人民成为流民。英雄逐鹿，鹿死谁手，大家就是那鹿，英雄也是鹿。

曹操《短歌行》的诗句：

> 月明星稀，乌鹊南飞。
> 绕树三匝，何枝可依？

这个问题在历史上一次又一次地摆在每个人面前。

29 后燕李旱率讨伐李朗的大军南下，走到建安，后燕主慕容盛紧急将他召回，群臣都不知道是什么缘故。九月十八日，再命他出发。

李朗听说他的家族被诛杀，集结二千余户以守城自固；后来听说李旱还师，认为京师有内变，不再防备，让他的儿子李养留守令支，自己去北平迎接北魏的军队。壬子日，李旱袭击令支，攻克，派广威将军孟广平追击李朗，在无终追上，斩李朗。

【华杉讲透】

慕容盛这一手，是《孙子兵法》中所说的"易其事，革其谋，使人无识"。行动经常变化，计谋不断更新，别人无法识破机关。任何人他都不告诉，包括自己的亲信大臣，这样一方面是为了保密，另一方面，万一李朗不中计，他也不会闹笑话，无损他的威信。

30 后秦主姚兴因为天灾和星象变异不断，降号由皇帝改称王，下诏令群公、卿士、将军、州牧、郡守、县令都各降一等；大赦，改年号为弘始。抚恤慰问孤老贫弱，举拔贤俊人才，简省法令，清查狱讼，郡守、县令有政绩的就赏，贪污残暴的诛杀，远近肃然。

31 冬，十月十一日，后燕中卫将军卫双有罪，被赐死。李旱回来，听闻卫双被杀，惧，弃军逃亡，到了板陉，又回来自首归罪。后燕主慕容盛恢复了他的爵位，对侍中孙勍说："李旱为将而弃军，罪在不赦。但是，之前先帝蒙尘，骨肉离心，公卿失节，唯有李旱，一个宦官，而忠勤不懈，始终如一，所以我念及他的功劳，赦免他吧。"

32 晋国河南太守辛恭靖固守一百余日，北魏救兵不至，后秦兵攻拔洛阳，生擒辛恭靖。辛恭靖见后秦王姚兴，不拜，说："我不做羌贼之臣！"姚兴将他囚禁，辛恭靖逃归。自淮河、汉水以北，诸城多请降，并送人质到后秦。

33 北魏主拓跋珪任命穆崇为豫州刺史，镇守野王。

34 会稽世子司马元显，性情苛刻，随意杀人；征发东方各郡的客户免奴（有罪被罚为官府奴隶的，称为"官奴"，户籍为"奴户"，公卿以下至九品官及宗室、国宾、先贤之后及士人子孙有权包荫若干官奴，称为"免奴"，户籍为"客户"），称他们为"乐属"，移置京师，以充兵役，东方各郡群情哗然，深以为苦。

孙恩（之前逃入海岛的变民首领）利用民心骚动，从海岛率领他的党羽杀回来，杀死上虞县令，进攻会稽郡。会稽内史王凝之，世代信奉道教，不出兵，也不设防备，每日在道室叩头念咒。官属请出兵讨孙恩，王凝之说："我已请大道，借鬼兵守诸渡口和要害，各有鬼兵数万，贼不足为忧也。"等到孙恩渐近，他才听任部属出兵，孙恩已到城下。

十一月二日，孙恩攻陷会稽，王凝之出走，被孙恩抓获，连同他的几个儿子，一同斩首。王凝之的妻子谢道韫，是谢弈的女儿，听闻贼寇杀到，举措自若，命婢女用肩舆抬着，抽刀出门，手刃数人，然后被擒。

吴国内史桓谦，临海太守、新蔡王司马崇，义兴太守魏隐，都弃郡逃走。于是会稽人谢针、吴郡人陆瓌、吴兴人丘尪、义兴人许允之、临海人周胄、永嘉人张永等及东阳、新安凡八郡人，一时起兵，杀地方长官以响应孙恩，十天之内，部众发展到数十万。吴兴太守谢邈、永嘉太守司马逸、嘉兴公顾胤、南康公谢明慧、黄门郎谢冲、张琨、中书郎孔道等都被孙恩党羽所杀。谢邈、谢冲，都是谢安的侄儿。当时三吴地区承平日久，人民不知道战争，所以郡县兵都望风奔溃。

孙恩占据会稽，自称征东将军，逼士人为官属，号称他的党羽为"长生人"，百姓有不跟从他的，连婴孩也一起杀死，居民死亡十分之七八。又将各县县令煮了，命他们的妻子、儿女吃掉，不肯吃的，就肢解处死。所过之处，抢掠财物，烧毁房屋，焚烧仓库，砍伐树木，填平水井，把人全部集中到会稽；妇人有婴儿不能逃离的，就投之于水中，说："祝贺你先登仙堂，我随后就来找你。"孙恩上表指控会稽王司马道子及世子司马元显之罪，请诛杀他们父子。

皇帝司马德宗即位以来，内外交困，石头城以南都被荆州刺史殷仲堪、江州刺史桓玄所占据，石头城以西则是豫州刺史司马尚之的地盘，京口及江北被刘牢之及广陵相高雅之所控制，朝廷诏命所能推行的地方，唯有三吴地区而已。等到孙恩作乱，八郡皆为孙恩所有，京畿地区各县，盗贼蜂起，孙恩的党羽也有潜伏在建康的，人情危惧，担心随时发生暴动，于是内外戒严。

皇帝加授司马道子黄钺，任命司马元显为领中军将军，命徐州刺史谢琰兼督吴兴、义兴军事以讨伐孙恩；刘牢之亦发兵讨伐孙恩，拜表之后，不等朝廷回复，即刻出兵。

35 西秦任命金城太守辛静为右丞相。

36 十二月二十四日，后燕燕郡太守高湖率居民三千户投降北魏。高湖，是高泰之子。

37 十二月二十四日，后燕主慕容盛封弟弟慕容渊为章武公，慕容虔为博陵公，儿子慕容定为辽西公。

38 十二月二十五日，后燕太后段氏卒，谥号惠德皇后。

39 晋国徐州刺史谢琰击斩许允之，迎接义兴太守魏隐回到本郡，进击丘尪，击破，与刘牢之一起转战向前，所向皆克。谢琰留下屯驻乌程，派司马高素协助刘牢之，进临浙江。皇帝下诏，任命刘牢之为都督吴郡诸军事。

当初，彭城人刘裕出生后母亲就死了，父亲刘翘侨居京口，家贫，将要遗弃他。同郡人刘怀敬的母亲，是刘裕的姨妈，生下刘怀敬不到一年，急奔刘翘家，将刘裕抱回，给刘怀敬断奶，喂养刘裕。刘裕长大后，勇健有大志，仅能识字，以卖鞋为业，喜好赌博，乡里人都看不起他。刘牢之攻打孙恩，任命刘裕为参军事，派他带几十个人去侦察敌情。与贼军数千人遭遇，刘裕即刻迎战，跟他同去的人全部战死，刘裕坠于河岸之下。贼人走到岸边，准备下来杀他，刘裕手舞长刀，仰面砍杀数人，奋勇登岸，大呼追逐贼军，贼人都退走，刘裕杀伤甚众。刘敬宣（刘牢之的儿子）奇怪刘裕怎么这么久还没回来，带兵去找他，看见刘裕一个人驱赶数千人，大为感叹。于是进击，大破贼军，斩获一千余人。

当初，孙恩听到八个郡都响应他的消息，对下属说："天下不再有战事了，我当与诸君身穿朝服到建康。"既而听说刘牢之抵达钱塘江北岸，说："我割浙江以东，也不失为勾践！"十二月二十六日，刘牢之引兵渡江，孙恩听闻，说："我不以撤走为羞耻。"于是驱赶男女二十余万人向东逃走，把很多金银财宝和女子抛弃在道路上，官军争相夺取，孙恩于是得以逃脱，又逃入海岛。

高素也在山阴击破孙恩党羽，斩孙恩所任命的吴郡太守陆環、吴兴太守丘尪、余姚县令吴兴人沈穆夫。

东土遭乱，盼望官军来救，既而刘牢之等纵军士暴掠，士民失望，郡县城中都空无一人，过了一个多月才稍稍有人回来。朝廷担忧孙恩再来，任命谢琰为会稽太守、都督五郡军事，率徐州文武官员沿海岸防备。

朝廷任命司马元显为录尚书事。当时的人称司马道子为东录，司马元显为西录。司马元显的西府门前车马喧嚣，而司马道子的东第就门可罗雀了。司马元显没有良师益友，所亲信者都是佞谀之人，有的说他是一时英杰，有的说他是风流名士。由是司马元显日益骄奢，暗示礼官倡议，说自己德隆望重，既然已经统领百官，百官对他的礼敬应该到位。于是公卿以下，见司马元显都要跪拜。当时战争不断，国用虚竭，自司徒以下，每天只领七升粮食，而司马元显聚敛不已，富裕超过皇室。

40 殷仲堪担心桓玄跋扈，于是与杨佺期结为姻亲，互为援手。杨佺期屡次想攻打桓玄，殷仲堪则每次都制止他。桓玄担心自己终将为殷、杨所灭，于是向执政司马元显报告，要求扩大他的统辖范围；司马元显也想插手挑拨，在他们之间制造矛盾，于是加授桓玄为都督荆州四郡军事，又任命桓玄的哥哥桓伟替代杨佺期的哥哥杨广为南蛮校尉。杨佺期既愤怒又惧怕。杨广想要拒绝桓伟入境，殷仲堪不听，外放杨广为宜都、建平二郡太守。杨佺期的堂弟杨孜敬，先前为江夏相，桓玄派兵袭击，劫持杨孜敬，任命他为自己的谘议参军。

杨佺期整顿部队，建立军旗，声称要出兵救援洛阳，实际上是要与殷仲堪一起袭击桓玄。殷仲堪虽然表面上和杨佺期结盟，但是内心并不信任他，苦苦制止；还担心止不住，派堂弟殷遹屯兵于北部州境，以遏制杨佺期。杨佺期既不能单独行动，又搞不清殷仲堪本意，于是解除行动。

殷仲堪多疑，总是不能决断，谘议参军罗企生对弟弟罗遵生说："殷侯仁而无断，必定蒙难。我蒙受他的知遇之恩，从道义上不可离去，必将为他而死。"

这一年，荆州大水，平地水深三丈，殷仲堪拿出全部仓储粮食，以赈济饥民。桓玄想要乘虚攻伐，于是发兵西上，也声言是要去救洛阳，写信给殷仲堪说："杨佺期受国恩而弃山陵（皇家陵墓在洛阳，指不救洛阳），你我应该一起向他问罪。如今，我当顺着沔水而上，讨伐铲除杨佺期，现已屯兵于江口（长江、沔水交汇处）。如果您的看法与我一样，可以逮捕杨广，诛杀他；如果和我不一样，我便当率兵进入长江（意思是攻打江陵）。"

当时巴陵仓库有储备粮食，桓玄先派兵袭取。梁州刺史郭铨前往州府上任，路经夏口，桓玄诈称朝廷派郭铨为自己的前锋，将之前兼并的江夏杨孜敬部队交给郭铨，命郭铨督诸军并进，又密报哥哥桓伟，令他为内应。桓伟遑遽不知所为，把信交给殷仲堪。殷仲堪逮捕桓伟为人质，令他写信给桓玄，言辞甚为悲苦。桓玄说："殷仲堪为人，没有决断，总是做成败两手准备，又为子孙考虑，我哥哥必定没有危险。"

殷仲堪派殷遹率领水军七千人到了西江口，桓玄派郭铨、苻宏攻击，殷遹等败走。桓玄屯兵巴陵，征用当地粮食；殷仲堪派杨广及侄子殷道护等拒战，都被桓玄击败。江陵震骇。城中缺乏粮食，军士以芝麻充饥。桓玄乘胜挺进到零口，距江陵二十里，殷仲堪急召杨佺期救援。杨佺期说："江陵无食，何以待敌？你可以到我这里来，共守襄阳。"殷仲堪志在保全军队和州境，不想弃州逃走，于是骗他说："最近收集粮食，已经有储备了。"杨佺期信了，率步骑兵八千人，精甲耀日，抵达江陵，殷仲堪仅以米饭犒劳军队（犒劳援军当有酒肉招待，殷仲堪拿不出来）。杨佺期大怒说："如今要败了！"不见殷仲堪，与哥哥杨广一起攻击桓玄。桓玄畏避他的锐气，退军到马头。第二天，杨佺期引兵急击郭铨，几乎将他抓获。这时桓玄救兵赶到，杨佺期大败，单骑奔回襄阳。殷仲堪出奔酂城。桓玄派将军冯该追击杨佺期及杨广，都追上抓获，诛杀，首级送到建康。杨佺期的弟弟杨思平、堂弟杨尚保、杨孜敬逃入蛮夷地区。殷仲堪听闻杨佺期已死，率领数百人准备逃奔长安，到了冠军城，被冯该带兵抓获，回军途中，走到柞溪，逼令殷仲堪自杀，并杀殷道护。殷仲堪信奉道教，祷请鬼神，出手大方，但是对真正需要周济的人，却十分吝啬。喜欢施一些小恩小惠以取悦于人，有人生病，他亲自为人诊脉分药。他工于心计，用计谋时过于烦琐缜密，但是缺乏判断和战略，所以失败。

殷仲堪离开时，文武官员没有一个去送行的，只有罗企生跟从他。路经家门，弟弟罗遵生说："我们如此分离，都不拉一下手吗？"罗企生停住马头，伸出手来，罗遵生力气大，一把把哥哥拉下马，说："家有老母，你哪里去？"罗企生挥泪说："今日之事，我只有一死，你等奉养母亲，不失子道。一门之中，有忠与孝，又有什么遗憾呢？"罗遵生将哥哥抱得更紧，殷仲堪在路上等待，见罗企生不可能挣脱，于是策马而去。

等到桓玄进城，荆州人士没有不去进见桓玄的，唯独罗企生不去，只是料理殷仲堪家事。有人说："你这样，大祸必至！"罗企生说："殷侯以国士待我，我被弟弟所制，不能跟随他共珍丑逆，有何面目去找桓玄求生呢？"桓玄听闻，怒，但是他待罗企生也一向优厚，先派人对他说："你如果来向我谢罪，我就放过你。"罗企生说："我身为殷荆州的官吏，荆州败，我不能救，怎么能去向你谢罪呢？"桓玄于是逮捕罗企生,又派人问罗企生有什么话说。罗企生说:"文帝杀嵇康,嵇绍为晋忠臣。乞求您给我留下一个弟弟,以奉养老母!"桓玄于是杀罗企生,而赦免了他的弟弟。

【华杉讲透】

人都是败在自己的弱点上,殷仲堪之败,桓玄说他"常怀成败之计",司马光写他"用计倚伏烦密,而短于鉴略",这是他的两个关键弱点。

常怀成败之计,是做成败两手准备,两头下注,希望保全自己。但是,作为领导者,是你坐庄,只有你明确地在一头下注,大家才能跟庄。当你两头下注,跟你的人也两头下注,这样就凝聚不起力量。

殷仲堪既防备桓玄,又不能信任杨佺期,抓了桓伟,又不敢杀。这是他的思维模式,无论什么决策,都是首先考虑风险和不良后果。但是,你不能试图防范一切风险,只能是让自己更强,能够承担更大的风险;其次选择承担哪一方面的风险。如果所有风险都不想承担,也就承担了所有风险。

"用计倚伏烦密,而短于鉴略",是说他的计谋很复杂,想得很"深",一环套一环。但是,计谋越复杂,需要的前提条件就越多,一个前提不成立,或者一个环节断掉,整个计谋就失算了。与其在复杂的计谋上胜过别人,不如简单直接地在行动上走在敌人前面。殷仲堪就是"机关算尽太聪明,反误了卿卿性命"。

"短于鉴略",是缺乏鉴别,缺乏判断,没有真正的战略。对于形势,对于人,缺乏判断,而一旦判断错了,连环计也就是连环错。

做人不能靠用计,要靠诚意和勇气。

41 凉王吕光病重,立太子吕绍为天王,自号太上皇帝,任命太原公吕纂为太尉,常山公吕弘为司徒,对吕绍说:"如今国家多难,三个邻国虎视眈眈,我死之后,让吕纂统率六军,吕弘掌管朝政,你拱手而治,国事都委任给两位兄长,或许还可以渡过难关。如果内相猜忌,则随时祸起萧墙。"又对吕纂、吕弘说："永业（吕绍）没有拨乱反正之才，只是因为立嫡子为君的原则，猥居于元首之位。如今外有强寇，人心未宁，你们如果能兄弟和睦，则国家福祚流传万世；如果内部互相图谋，则大祸马上就到。"吕纂、吕弘哭泣说："不敢。"吕光又拉着吕纂的手告诫他说："你性情粗暴，我非常担忧。希望你好好地辅佐永业，勿听谗言！"

当天，吕光去世。吕绍秘不发丧。吕纂强闯入宫哭丧，尽哀而出。吕绍惧，要把王位让给他，说："兄功高年长，宜承大统。"吕纂说："陛下是国家嫡子，臣怎敢僭越？"吕绍坚决辞让，吕纂不许。骠骑将军吕超对吕绍说："吕纂长年为大将，威震内外，临丧不哀，高视阔步，必有异志，应该及早铲除。"吕绍说："先帝言犹在耳，我怎么能不听！我以弱年负荷大任，正要依靠二位兄长以安定家国，纵然是他要害我，我也视死如归，终究不忍心害他。你不要再说！"吕纂见吕绍于湛露堂，吕超执刀侍奉在侧，瞪着吕纂，要吕绍下令逮捕他，吕绍不许。吕超，是吕光的弟弟吕宝的儿子。

吕弘秘密派尚书姜纪对吕纂说："主上暗弱，不能承担这多难之世。兄长您的威信一向很高，应该为社稷考虑，不可拘于小节。"吕纂于是乘夜率壮士数百人翻越北城，攻打广夏门，吕弘则率领东苑部众，用巨斧砍开洪范门。左卫将军齐从守卫融明观，迎上前问："什么人？"众人回答："太原公。"齐从说："国家有大变故，主上新立，太原公有路不走，夜入禁城，是要作乱吗？"于是抽剑直前，砍中吕纂额头。吕纂左右将他生擒。吕纂说："这是义士，不要杀！"吕绍派虎贲中郎将吕开率禁兵拒战于端门，吕超带士兵两千人攻打；众人一向惧怕吕纂，都不战而溃。吕纂从青角门进宫，登谦光殿。吕绍登紫阁自杀。吕超逃奔广武。

吕纂忌惮吕弘兵强，要把王位让给吕弘。吕弘说："我因为吕绍是弟弟，而承继大统，众心不顺，所以违背先帝遗命而废黜他，已经愧对先父于黄泉之下！现在如果我又越过兄长而继位，岂是吕弘的本心呢！"吕纂于是派吕弘出宫告诉众人："先帝临终遗诏，命我如此。"群臣都说："只要社稷有主，谁敢违抗？"吕纂于是即天王位。大赦，改年号为咸宁，谥吕光为懿武皇帝，庙号太祖；谥吕绍为隐王。任命吕弘为大都督、督中外诸军事、大司马、车骑大将军、司隶校尉、录尚书事，改封番禾郡公。

吕纂对齐从说："你之前砍我一刀，岂不是过分？"齐从哭泣说："隐王，是先帝所立；陛下虽然应天顺人，但我这小心眼还不能理解，当时唯恐陛下不死，怎么说是我过分呢？"吕纂赞赏他的忠诚，优待他。

吕纂的叔父、征东将军吕方镇守广武，吕纂遣使对吕方说："吕超实在是忠臣，义勇可嘉，但不识国家大体、权变之宜。现在国家正需要用他，以共度时艰，可以把我这意思告诉他。"吕超上疏谢罪，吕纂恢复他的爵位。

【华杉讲透】

吕光知道在这乱世，吕绍承担不了这个责任，而且他也知道，吕纂性情凶暴，他很担忧。既然他都知道，他为什么还要把吕绍推上这个他坐不了的位置呢？不仅如此，他还当面跟吕纂、吕弘说吕绍能力不行，是"猥居于元首之位"，可以说直接否定了吕绍，让吕绍作为君主，在吕纂、吕弘心中毫无分量。

吕光的安排，完全不像一个英雄所为，这是为什么？就是一厢情愿和过分自信，他居然相信儿子们在他死后还会听他的话。如果换位思考，在他年轻的时候，他是吕纂，他是绝对不会安心辅佐一个自己看不上的弟弟的。

还是那句老话，没有什么是理所应当，一切都是难能可贵；没有什么是一劳永逸，一切都需要不断获取。吕光却想做一个理所应当、一劳永逸的安排，铸下大错。

换过来看，吕绍应该怎么办？如果知道自己没这个能力，两个哥哥也不会服自己，就应该避位。避位不是让位，你嘴上说让，谁信？只有留下一封让位诏书，然后离宫出走，到一个偏远的地方，不回来了，那是真有"让国之贤"了。这个历史上不乏先例，商末周初孤竹国的伯夷、叔齐，周朝初年出走创立吴国的吴太伯，都是让国之贤。

博弈的局面摆在那里，只有走，彻底剪除自己的行动能力，才能和平，留下就只能斗。吕绍不能出走让国，那就只能一战，不战不行，你想和平，对方不想和平，你的手下和对方的手下都不想和平，根本没有别的选择。

吕绍既不能走，也不能斗，而且还不甘心，他秘不发丧，就是对吕纂、吕弘并没有开诚布公。既然相互猜疑，就要先下手为强，他又下不了手。人家一下手，他就自杀了。

要想不兄弟相残，吕绍应该一开始就推让得一干二净，并且让全国人民都看到他绝无反悔的可能，而不该扭扭捏捏、自欺欺人。只有绝对明确的归属，才能避免猜疑和争斗。

42 这一年，后燕主慕容盛任命河间公慕容熙为都督中外诸军事、尚书左仆射，领中领军。

43 匈奴部落酋长刘卫辰的儿子刘文陈投降北魏；北魏主拓跋珪把宗室女儿嫁给他为妻，拜为上将军，赐姓宿氏。

隆安四年（公元400年）

1 春，正月一日，后燕主慕容盛大赦，自贬号为庶人天王。

2 北魏材官将军和跋袭击叛魏投燕的卢溥于辽西，正月七日，攻克辽西城，生擒卢溥及其子卢焕，送到平城，车裂处死。后燕主慕容盛派广威将军孟广平救援卢溥，没有赶上，斩杀北魏新任命的辽西郡守、县令，而后还师。

3 正月二十四日，晋国大赦。

4 西秦王乞伏乾归迁都苑川。

5 秃发利鹿孤大赦，改年号为建和。

6 高句丽王高安，事后燕的态度逐渐傲慢；二月十五日，后燕王慕容盛亲自将兵三万人袭击，以骠骑大将军慕容熙为前锋，攻陷新城、南苏二城，开拓疆境七百余里，迁徙五千余户人家而还。慕容熙勇冠诸将，慕容盛说："叔父雄勇果敢，有世祖（慕容垂）之风，只是谋略稍有不如而已！"

7 当初，北魏主拓跋珪娶刘头眷的女儿，她宠冠后庭，生下儿子拓跋嗣。后来拓跋珪攻克中山，俘获后燕主慕容宝的幼女。将要立皇后，用本国的风俗传统，命她们各自铸金人以占卜（铸成金人表示天神眷顾，铸不成表示天神不悦），刘氏所铸不成，慕容氏铸成，三月八日，立慕容氏为皇后。

8 桓玄既克荆州、雍州，上表请求领荆州、江州二州。朝廷下诏，任命桓玄为都督荆州、司州、雍州、秦州、梁州、益州、宁州七州诸军事，荆州刺史，任命中护军桓修为江州刺史。桓玄上疏，坚决要求兼管江州，于是进授桓玄督八州及扬州、豫州八郡诸军事，并兼领江州刺史。桓玄便直接任命兄长桓伟为雍州刺史，朝廷不敢拒绝。桓玄又任命侄子桓振为淮南太守。

9 凉王吕纂因为大司马吕弘功高，地位又逼近自己，便猜忌他。吕弘也不能自安，于是以东苑之兵作乱，攻打吕纂。吕纂派他的部将焦辨迎击，吕弘部众崩溃，逃走。吕纂纵兵大肆抢掠，把东苑妇女全部赏给军士，吕弘的妻子、女儿也在其中。吕纂笑对群臣说："今日之战如何？"侍中房晷回答说："上天降祸给凉国，忧患不断。先帝刚刚崩逝，隐王就被废黜；陵墓刚刚完成，大司马（吕弘）就起兵；京师流血，兄弟接刃。虽然是吕弘自取灭亡，也是因为陛下缺少兄弟之情，陛下应当反省自己，向百姓谢罪。却反而纵兵大掠，囚辱士女。事情是吕弘挑起的，百姓何罪！况且，吕弘的妻子是陛下的弟妇，吕弘的女儿是陛下的侄女，为什么让无赖小人辱为婢妾！天地神明，岂能忍心见此！"于是唏嘘流涕。吕纂改容道歉，召吕弘的妻子、女儿，安置在东宫，优厚抚慰。

吕弘准备投奔秃发利鹿孤，路过广武，去见吕方。吕方见到他，大哭说："天下这么宽，你为什么要到这里来？"于是逮捕吕弘，关进监狱。吕纂派力士康龙前往，将吕弘拉杀。

吕纂立妃子杨氏为王后，任命王后的父亲杨桓为尚书左仆射、凉都尹。

10 辛卯日，后燕襄平县令段登等谋反，伏诛。

11 后凉王吕纂将要讨伐武威王秃发利鹿孤，中书令杨颖进谏说："秃发利鹿孤上下一心，国内也没有我们可乘之机，不可讨伐。"吕纂不听，出兵。秃发利鹿孤派他的弟弟秃发傉檀拒战，夏，四月，傉檀击败凉兵于三堆，斩首二千余级。

12 当初，陇西人李暠喜好文学，有美名。曾与郭黁及同母异父的弟弟、敦煌宋繇同宿，郭黁起身时对宋繇说："你当位极人臣，而李君终当成为一国之君。等到母马生下白额头小马驹的时候，我的预言就会应验。"

后来，孟敏做沙州刺史，任命李暠为效谷县令；宋繇事奉北凉王段业，为中散常侍。孟敏死后，敦煌护军、冯翊人郭谦，沙州治中、敦煌人索仙等都认为李暠温良刚毅，施政对百姓有恩惠，推举他为敦煌太守。李暠开始时觉得很为难，这时宋繇从张掖回来，对李暠说："段王没有远略，终究成不了事。兄长忘了郭黁的话了吗？白额小马驹如今已经生下来了。"李暠于是听从之，遣使向段业请求正式任命。段业于是任命李暠为敦煌太守。

右卫将军、敦煌人索嗣对段业说:"不能让李暠据有敦煌。"段业于是又让索嗣替代李暠为敦煌太守,让他率领五百骑兵前往就职。索嗣走到离敦煌二十里的地方,送公文给李暠,要他来迎接自己。李暠惊疑,准备出迎。效谷县令张邈及宋繇制止他说:"段王暗弱,正是英豪有为之日;将军据有一国成资,为何拱手授人?索嗣自恃是本郡人,以为人心都归附自己,想不到将军会突袭他,可以一战而擒。"李暠听从。先派宋繇去见索嗣,说好话稳住他。宋繇回来,对李暠说:"索嗣志骄兵弱,容易攻取。"李暠于是派张邈、宋繇与自己的两个儿子李歆、李让逆击,索嗣败走,回到张掖。李暠一向与索嗣关系友善,所以对他的作为尤其愤恨,上表给段业,请诛杀索嗣。辅国将军沮渠男成也厌恶索嗣,劝段业除掉他。段业于是杀索嗣,遣使向李暠道歉,擢升李暠为都督凉兴以西诸军事、镇西将军。

13 吐谷浑可汗慕容视罴去世,世子慕容树洛干年方九岁,弟弟慕容乌纥堤继位。慕容乌纥堤娶了慕容视罴的妻子、树洛干之母念氏,又生下慕容慕璝、慕容慕延。慕容乌纥堤懦弱荒淫,不能治国;念氏专制国事,有胆识、有智慧,国人都畏惧、服从她。

14 后燕前将军段玑,是太后段氏哥哥的儿子,被段登叛乱案所牵连,惧罪,五月三日,逃奔辽西。

15 五月十七日,晋国卫将军、东亭献侯王珣去世。

16 五月二十日,北魏主拓跋珪东到涿鹿,西到马邑,观看灅水发源地。

17 五月二十七日,后燕段玑又回国自首归罪;后燕王慕容盛赦免他,赐号为思悔侯,把公主嫁给他,命他入宫做侍卫。

18 谢琰因为资历和声望,而被委任镇守会稽,但是,他既不能怀柔,又不做武备。诸将都进谏说:"贼寇近在海滨,日夜窥探我们虚实,应该给他们开一条自新之路。"谢琰不听,说:"苻坚以百万之众,尚且送死于淮南;孙恩一个小贼,败死入海,怎么可能复出!如果他真敢出来,那就是天要杀他之时。"

既而孙恩入寇浃口,进入余姚,攻破上虞。挺进到邢浦,谢琰派参军刘宣之将他击破,孙恩退走。过了几天,又入寇邢浦,官军失利,孙恩乘胜径进。五月三十日,孙恩到了会稽。谢琰当时还没吃饭,说:"等我先灭了此贼,然后再吃饭。"于是跨马出战,兵败,被帐下都督张猛所杀。吴兴太守庾桓担心郡民再次响应孙恩,杀男女数千人。孙恩转身入寇临海。朝廷大震,派冠军将军桓不才、辅国将军孙无终、宁朔将军高雅之拒战。

19 后秦征西大将军、陇西公姚硕德将兵五千人讨伐西秦,从南安峡侵入。西秦王乞伏乾归率诸将拒战,驻军于陇西。

20 杨轨、田玄明阴谋刺杀武威王秃发利鹿孤,被处死。

21 六月一日,日食。

22 晋国任命琅邪王师何澄为尚书左仆射。何澄,是何准之子。

23 甲子日,后燕大赦。

24 后凉王吕纂将要袭击北凉,姜纪进谏说:"盛夏正是农忙时节,应该休兵。如今远出岭西,如果秃发氏乘虚袭击我京师,那怎么办?"吕纂不听,进军包围张掖,又西征建康,一路抢掠。秃发傉檀得到消息,率领一万骑兵袭击姑臧,吕纂的弟弟、陇西公吕纬登上北城守卫。秃发傉檀在姑臧朱明门城楼上大摆酒宴,鸣钟击鼓,犒赏将士,又在青阳门举行阅兵仪式，掳掠八千余户人家而去。吕纂听闻，引兵回京。

25 秋，七月四日，晋国太皇太后李氏崩逝。

26 七月十九日，晋国大赦。

27 西秦王乞伏乾归派武卫将军慕兀等沿边屯兵据守，截断了后秦军砍柴道路，后秦王姚兴秘密亲自引兵救援。乞伏乾归接到消息，派慕兀率中军二万人屯驻柏杨，镇军将军罗敦率外军四万人屯驻侯辰谷，乞伏乾归自己率轻骑数千人，向前侦察后秦兵虚实。结果正赶上大风昏雾，与中军失去联系，又被追兵所逼，进入外军。第二天天明时分，与后秦交战，大败，逃归苑川，其部众三万六千人全部投降后秦。姚兴进军枹罕。

乞伏乾归逃奔金城，对诸酋长说："我没有才能，勉强窃取名号，已超过一纪（12年），如今败散如此，没法再迎敌，我准备向西，据守允吾。但是，如果举国而去，必定被敌军追上；你们留在这里，各自带自己的部众降秦，以保全宗族，不要再跟随我了。"酋长们都说："死生愿从陛下。"乞伏乾归说："我如今将寄食于人，如果天不亡我，或许他日还能克复旧业，再与你们相见。如今相随而死，没有什么益处。"于是大哭而别。

乞伏乾归独自带数百骑兵逃奔允吾，向武威王秃发利鹿孤乞降。秃发利鹿孤派广武公秃发傉檀迎接，把他们安置在晋兴，待以上宾之礼。镇北将军秃发俱延对秃发利鹿孤说："乞伏乾归本是我们的属国，乘着天下大乱，自尊称帝，如今势穷归命，并不是他的本心，如果他逃归姚氏，必为国患，不如把他迁徙安置在乙弗一带，让他想逃也逃不掉。"秃发利鹿孤说："他穷途末路来投奔我，我们却怀疑他的心，怎么能勉励将来的人呢？"秃发俱延，是秃发利鹿孤的弟弟。

后秦兵既退，南羌梁戈等密招乞伏乾归，乞伏乾归也想回去。他的部属屋引阿洛告诉晋兴太守阴畅，阴畅飞驰报告秃发利鹿孤，秃发利鹿孤派他的弟弟吐雷率骑兵三千人屯驻扣天岭，监视乞伏乾归。乞伏乾归担心被秃发利鹿孤所杀，对他的太子乞伏炽磐说："我们父子在此，必定不为秃发利鹿孤所容。如今姚氏方强，我将去归顺他，如果我们全家一起走，必定被追兵赶上，我以你们兄弟及你的母亲为人质，他一定不会起疑心，我在长安，他们终究也不敢杀你。"于是送乞伏炽磐等到西平做人质。

八月，乞伏乾归南奔枹罕，投降后秦。

28 八月九日，晋国尚书左仆射王雅去世。

29 九月六日，地震。

30 后凉国吕方投降后秦，广武居民三千余户投奔武威王秃发利鹿孤。

31 冬，十一月，高雅之与孙恩战于余姚，高雅之战败，逃向山阴，士兵战死十分之七八。皇帝下诏，任命刘牢之为都督会稽等五郡，率众攻打孙恩，孙恩退走入海。刘牢之向东推进，屯驻上虞，派刘裕戍卫句章。吴国内史袁崧筑沪渎垒以防备孙恩。袁崧，是袁乔的孙子。

32 会稽王世子司马元显要求兼领徐州，皇帝下诏，任命司马元显为开府仪同三司，都督扬州、豫州、徐州、兖州、青州、幽州、冀州、并州、荆州、江州、司州、雍州、梁州、益州、交州、广州十六州诸军事，兼领徐州刺史，封他的儿子司马彦璋为东海王。

33 乞伏乾归抵达长安，后秦王姚兴任命他为都督河南诸军事、河州刺史、归义侯。

过了很久，在南凉为质的乞伏炽磐想要逃走，投奔乞伏乾归，被武威王秃发利鹿孤追获。秃发利鹿孤要杀乞伏炽磐，广武公秃发傉檀说："儿子投奔父亲，不应该责备，应该宽宥他，以求大度。"秃发利鹿孤听从。

34 后秦王姚兴将之前俘虏的晋国将领刘嵩等二百余人释放回国。

35 北凉晋昌太守唐瑶叛变，移檄六郡，推举李暠为冠军大将军、沙州刺史、凉公、领敦煌太守。李暠在其境内大赦，改年号为庚子。任命唐瑶为征东将军，郭谦为军谘祭酒，索仙为左长史，张邈为右长史，尹建兴为左司马，张体顺为右司马。派从事中郎宋繇率军向东攻伐凉兴郡，并攻打玉门关以西诸城，全部攻下。

酒泉太守王德也背叛北凉，自称河州刺史。北凉王段业派沮渠蒙逊讨伐。王德焚烧城池，率领部曲逃奔唐瑶，沮渠蒙逊追到沙头，大破王德部，俘虏他的妻子、儿女及部落居民而还。

36 十二月二日，有孛星出现在天津九星。会稽王世子司马元显承担星变责任，解除录尚书事职务，但不久又加授为尚书令。吏部尚书车胤认为司马元显骄恣，向会稽王司马道子报告，请他加以抑制。司马元显听说车胤去见了司马道子，但不知道说了些什么事，问司马道子说："车胤把左右打发走，单独跟您说什么事？"司马道子不回答。司马元显坚持要问清楚，司马道子怒道："你想幽禁我，不让我跟朝臣说话吗？"司马元显出来，对他的随从说："车胤离间我父子。"秘密派人责问车胤。车胤惧，自杀。

37 十二月六日，后燕主慕容盛设立燕台（单于台），统领诸部杂夷。

38 北魏太史屡次上奏说天上星象错乱。北魏主拓跋珪自己查阅了许多占卜书，书上大多说要改朝换代，于是下诏讽劝群臣，说帝王继统，都有天命，不可妄自追求。数次改变官名，希望以此来厌压灾异。

仪曹郎董谧献《服饵仙经》，拓跋珪设置仙人博士，立仙坊，煮炼百药，封锁西山以供应煮药薪柴。药成之后，令死刑犯试服，大多被毒死，效果不能应验；但拓跋珪还是相信，不停地访求新药方。

拓跋珪时常认为，后燕主慕容垂的儿子们各据一方，让权柄下移，所以败亡，深刻否定慕容垂的做法。博士公孙表投其所好，上《韩非》一书，劝拓跋珪以严刑峻法统御下属。左将军李栗性情散漫，在拓跋珪面前很放松自己，不严肃，随意咳嗽、吐痰。拓跋珪追查他之前的过错，将他诛杀，群臣震栗。

39 十二月二十一日，后燕王慕容盛尊献庄后丁氏为皇太后，立辽西公慕容定为皇太子。大赦。

40 这一年，南燕王慕容德即皇帝位于广固，大赦，改年号为建平。自己改名为慕容备德，让吏民容易避讳。追谥前燕主慕容儁为幽皇帝。任命北地王慕容钟为司徒，慕舆拔为司空，封孚为左仆射，慕舆护为右仆射。立王妃段氏为皇后。

卷第一百一十二　晋纪三十四

（公元401年—402年，共2年）

安皇帝丁

隆安五年（公元401年）

1 春，正月，武威王秃发利鹿孤想要称帝，群臣也都劝进。只有安国将军输勿苍说："我国从祖先到现在，都披头散发，衣襟向左（汉主衣襟向右），没有冠带之饰，逐水草迁徙，没有城郭室庐，所以能雄视沙漠，抗衡中夏。如今举大号，诚然是顺应民心，但是建都立邑，难以避患，储蓄仓库，又启发敌人掠夺之心。不如让汉人居住于城郭，劝课农桑以供资储，率我们本国人以习战射。邻国弱，则乘机攻击，邻国强，则避而远走，这才是长久之良策。况且称帝不过是一个虚名，又没有什么实利，只是让自己成为世上的砧板、箭靶而已，有什么用！"秃发利鹿孤说："安国将军说得对。"于是改称河西王，任命广武公秃发傉檀为都督中外诸军事、凉州牧、录尚书事。

2 二月一日，孙恩从浃口出击，攻打句章，不能攻拔。刘牢之迎击，孙恩再次退走入海。

3 后秦王姚兴派乞伏乾归返回他的故乡苑川镇守，将他的全部旧部配给他。

4 后凉王吕纂嗜酒好猎，太常杨颖进谏说："陛下应天受命，当以道守之。如今疆土狭小了很多（只有吕光时期的不足十分之一），局促在崎岖二岭之间的狭小地带，陛下不兢兢业业，早晚警以恢复弘扬先祖基业，反而沉湎于游猎，不以国家为事，臣私底下感到危急。"吕纂非常谦逊地道歉，但是并不改正。

番禾太守吕超擅自攻击鲜卑酋长思盘，思盘遭派他的弟弟乞珍向吕纂告状，吕纂命吕超及思盘一起入朝。吕超惧怕，到了姑臧，与殿中监杜尚深相结交。吕纂见到吕超，责备他说："你仗恃你们兄弟勇武，就敢欺我。我要斩了你，天下才能安定！"吕超叩头谢罪。吕纂本来只是吓一吓吕超，其实并无意杀他。于是领着吕超、思盘及群臣一起在内殿宴饮。吕超的哥哥、中领军吕隆数次劝吕纂饮酒，吕纂醉，乘着人力车，带着吕超等在禁中游览。到了琨华堂东阁，车过不去，吕纂的亲信将领窦川、骆腾把剑取下依靠在墙壁上，推车过门槛。吕超取剑攻击吕纂，吕纂下车要擒吕超，吕超刺吕纂，从胸到背洞穿；窦川、骆腾与吕超格战，都被吕超杀死。吕纂的王后杨氏命禁兵讨伐吕超，被杜尚制止，都放下武器不战。将军魏益多进入，取下吕纂首级，杨氏说："人已死，如土石，什么也不知道，为何忍心摧残他的尸骸！"魏益多骂杨氏，取吕纂首级示众，说："吕纂违背先帝之命，杀太子而自立，荒淫暴虐。番禾太守吕超顺人心而铲除之，以安宗庙。凡我士民，一起庆祝！"

吕纂的叔父、巴西公吕佗，弟弟、陇西公吕纬都在北城。有人对吕纬说："吕超为逆乱，公以兄弟之亲，仗大义而讨伐他。姜纪、焦辨在南城，杨桓、田诚在东苑，都是我们的死党，何愁大事不成！"吕纬严兵欲与吕佗共击吕超。吕佗的妻子梁氏制止他说："吕纬、吕超都是兄弟之子，为什么要舍弃吕超，帮助吕纬，自己去做祸首呢！"吕佗于是对吕纬说:"吕超举事已成,据武库,拥精兵,攻打他很难。况且我已经老了,做不成什么事了。"吕超的弟弟吕邈有宠于吕纬,对吕纬说:"吕纂贼杀兄弟,吕隆、吕超顺人心而讨伐他,正是为了尊立明公您而已。如今明公您是先帝之长子,当入主社稷,大家都没有异议,您还怀疑什么?"吕纬信了,于是与吕隆、吕超结盟,单马入城;吕超逮捕吕纬,杀了他。

吕超让位给吕隆,吕隆面有难色。吕超说:"如今就如乘龙上天,岂可中途下来!"吕隆于是即天王位,大赦,改年号为神鼎。尊母亲卫氏为太后,妻子杨氏为王后;任命吕超为都督中外诸军事、辅国大将军、录尚书事,封安定公;谥吕纂为灵帝。

吕纂的皇后杨氏将出宫,吕超担心她挟带珍宝,命人搜索。杨氏说:"你们兄弟不义,手刃相屠。我是马上就要死的人,要珍宝来做什么!"吕超又问玉玺在哪里,杨氏说:"已经毁掉了。"皇后有美色,吕超想要娶她,对他的父亲、右仆射杨桓说:"皇后如果自杀,大祸将及你的宗族!"杨桓告诉杨氏。杨氏说:"大人卖女与氐人以图富贵,卖一次也就够了,还要再卖一次吗?"于是自杀,谥号为穆后。杨桓逃奔至河西王秃发利鹿孤处,秃发利鹿孤任命他为左司马。

【华杉讲透】

吕纂被杀,这是流程问题。卫士怎么能把剑解下放在旁边,两只手一起去推车!而旁边就是刚刚被吕纂问罪声称要诛杀的吕超。吕纂把控的是一个草台班子的小朝廷,没有管理经验和流程规范,就送了性命。这个故事告诉我们,不抓流程,就会死人,跟工厂或工地的安全生产流程道理是一样的。

还有一个自己去送命的是吕纬。哥哥被杀,他不思报仇,也不知避祸,居然会相信人家杀了他哥是为了拥护他当皇帝。这也就该死了。这也是培根所说的"人类理解力的共性缺陷",容易被正面的东西激励,并拒绝接收负面信息,甚至自己给已经很明显的负面信息找理由解释,来支持正面信息的成立。别人一说要拥护他当皇帝,不管这种说法多么不可思议、多么荒谬,他都能排除万难去相信。

5 三月，孙恩北行到海盐，刘裕尾随而至，在海盐旧城址上构筑阵地。孙恩随即前来攻城，刘裕屡次击破孙恩，斩其将姚盛。城中兵少不敌，刘裕夜里偃旗息鼓，在城内布置埋伏，第二天早晨开城门，派老病残兵数人登城。贼军遥问刘裕在哪儿，回答："夜里已经走了。"贼军相信了，争相入城。刘裕伏兵奋击，大破贼军。孙恩知道这城攻不下来，便向沪渎进发，刘裕也弃城追击。

海盐县令鲍陋派儿子鲍嗣之率吴兵一千，请求做先锋。刘裕说："贼兵十分精锐，吴人不习于战斗，如果前锋失利，反而影响我军；你们可以在后面，壮大声势。"鲍嗣之不听。

刘裕乃埋伏大量军旗战鼓，前锋刚一接战，各处伏兵一齐出动。刘裕举旗鸣鼓，贼军以为四面都有军队，于是退走。鲍嗣之追击，战死。刘裕且战且退，所率领的部队死伤且尽，回到之前接战的地方，刘裕令左右脱取死人衣服，以示从容不迫。贼军疑心，不敢进逼。刘裕大声呼喊，反攻，贼军惧而退走，刘裕也带兵回营。

6 河西王秃发利鹿孤伐后凉，与后凉王吕隆战，大破后凉军，迁徙二千余户人家而归。

7 夏，四月十七日，北魏撤销邺城行台，以所统六郡设置相州，任命庾岳为相州刺史。

8 乞伏乾归到了苑川，任命边芮为长史，王松寿为司马，公卿、将帅皆降格为僚佐偏裨。

9 北凉王段业忌惮沮渠蒙逊的勇略，想要把他放逐到远方。沮渠蒙逊也了解自己的处境，非常谨慎，韬光养晦，段业任命门下侍郎马权替代沮渠蒙逊为张掖太守。马权一向为人豪情俊杰，为段业所亲信重用，经常轻侮沮渠蒙逊。沮渠蒙逊对段业进谗言说："天下不足为虑，需要担忧的，就一个马权而已。"段业于是杀马权。

沮渠蒙逊对沮渠男成说："段公没有鉴别和判断力，不是能拨乱反正之主，之前我们所忌惮的，唯有索嗣、马权。如今这二人已死，我想要除掉他，拥戴兄长您为君，如何？"沮渠男成说："段业本是一个异乡人，是我们家支持他为君，他仗恃的，就是我们兄弟而已，就像鱼儿需要水一样。人家亲信我们，我们反而要图谋他，这是不祥之事。"

沮渠蒙逊于是请求外放为西安太守。段业喜出望外，批准。

沮渠蒙逊约沮渠男成一起去祭祀兰门山，但又秘密派司马许咸告诉段业说："沮渠男成打算在休假日作乱。如果他要求去祭兰门山，臣的话就应验了。"到了假期，果然。段业逮捕沮渠男成，赐死。沮渠男成说："沮渠蒙逊先与臣谋反，臣因为兄弟之故隐瞒不报。如今因为有臣在，沮渠蒙逊担心部众不听从他，所以约臣祭山而反诬臣，其用意就是要大王杀臣。请大王诈称臣已死，并宣布臣的罪状，沮渠蒙逊必反；臣然后奉王命而讨伐他，战无不克！"段业不听，杀沮渠男成。

沮渠蒙逊泣告部众说："沮渠男成忠于段王，而被段王无故冤杀，诸君能为他报仇吗？况且当初我们共立段王，是为了安定人心，如今州土纷乱，不是段王所能解决的。"沮渠男成一向得人心，众人都愤恨哭泣，奋勇争先，到了氐池，部众发展到超过一万。镇军将军臧莫孩率所部投降沮渠蒙逊，羌人、匈奴人也多起兵响应。沮渠蒙逊进逼侯坞。

段业起先怀疑右将军田昂，将他囚禁。至此召田昂，向他道歉，赦免他，派他与武卫将军梁中庸共同讨伐沮渠蒙逊。别将王丰孙对段业说："西平田氏，世代都有造反的。田昂表面恭顺，而内心险恶，不可信。"段业说："我也怀疑他很久了，但是除了田昂，没人能讨伐沮渠蒙逊。"

田昂到了侯坞，率骑兵五百人投降沮渠蒙逊，段业军队于是崩溃，梁中庸也到沮渠蒙逊军前投降。

五月，沮渠蒙逊到了张掖，田昂哥哥的儿子田承爱打开城门，接应叛军进城，段业左右都散走。沮渠蒙逊到了，段业对他说："孤孑然一身，被你们家推举，不得不为君，希望您给我留一条性命，让我回东方老家，与妻子相见。"沮渠蒙逊斩段业。

段业，是一个儒生长者，没有什么权略，没有威信，令不能行，禁不能止，群下各自擅自行事；又尤其相信占卜、巫术，所以败亡。

沮渠男成的弟弟沮渠富占、将军俱僚率领五百户人家投降河西王秃发利鹿孤。俱僚，是俱石子的儿子。

【华杉讲透】

司马光说段业是一个"儒素长者"，他真不是。随意杀无罪之人，相信占卜、巫术，既不是儒家君子，也不是仁厚长者所为。倒是沮渠蒙逊说他"无鉴断之才"，才是准确的评价。

孔子说："仁者不忧，智者不惑，勇者不惧。"所以智、勇、仁被称为"三达德"。段业呢，不仁、不智、不勇，他背叛了所有人，不值得任何人拥戴和追随，在这乱世，他当然该死。

10 孙恩攻陷沪渎，杀吴国内史袁崧，死者四千人。

11 凉王吕隆杀人立威，杀了很多豪门望族，内外嚣然。人人不能自保。魏安人焦朗遣使游说后秦陇西公姚硕德说："吕氏自从武皇吕光去世后，兄弟相攻，政纲不立，竞为威虐。百姓饥馑，死者过半。如今乘其篡夺之际，取之易如反掌，机不可失。"姚硕德把这话告诉后秦王姚兴，然后率步骑兵六万人伐凉，乞伏乾归率骑兵七千人跟从。

12 六月一日，孙恩从海上进入长江，逆流而上，突击丹徒，战士十余万，楼船千余艘，建康震骇。六月二日，东晋都城内外戒严，百官都住在各自的衙门。冠军将军高素等镇守石头城，辅国将军刘袭用木栅切断淮口，丹杨尹司马恢之在长江南岸布防，冠军将军桓谦等驻守白石，左卫将军王嘏等屯驻皇宫，又征召豫州刺史、谯王司马尚之入卫京师。

刘牢之从山阴引兵准备拦击孙恩，还没有赶到，孙恩大军已过，于是他派刘裕从海盐入京救援。刘裕士兵不满一千人，倍道兼行，与孙恩同时抵达丹徒。刘裕兵少，加上涉远疲劳，而丹徒守军毫无斗志。孙恩率众鼓噪，登上蒜山，当地居民都扛着扁担，站在一旁观战。刘裕率所部奔击，大破孙恩军，投崖赴水死者甚众，孙恩狼狈逃回船上。但是，孙恩仍然仗恃人多，很快整兵，直扑京师。后将军司马元显率兵拒战，频频失利。会稽王司马道子束手无策，唯有每天在蒋侯庙祷告（蒋侯庙在蒋山，东汉末年蒋子文追击匪徒，在山上战死。孙权为他立庙祭祀。江东朝野每每到蒋侯庙祭祀，常有应验）。孙恩日渐迫近，百姓恟惧。谯王司马尚之率精锐部队驰至，屯驻积弩堂。孙恩军楼船高大，逆风走不快，过了几天才到白石。孙恩本以为官军分散，想要攻其不备；但到白石后知道司马尚之已到建康，又听闻刘牢之已回，到了新洲，不敢再进，掉头而去，由海路北上郁洲。孙恩别将攻陷广陵，杀三千人。宁朔将军高雅之在郁洲攻击孙恩，被孙恩生擒。

桓玄厉兵训卒，时常窥伺朝廷的变化，听闻孙恩进逼京师，立即竖起军旗，动员部队，上疏请讨伐叛军。司马元显大惧。正好孙恩退兵，司马元显以诏书制止桓玄，桓玄于是解除动员。

13 梁中庸等共同推举沮渠蒙逊为大都督、大将军、凉州牧、张掖公，在其境内大赦，改年号为永安。沮渠蒙逊任命堂兄沮渠伏奴为张掖太守、和平侯，弟弟沮渠挐为建忠将军、都谷侯，田昂为西郡太守，臧莫孩为辅国将军，房晷、梁中庸为左、右长史，张鹭、谢正礼为左、右司马。他擢升任用贤才，文武官员都很高兴。

14 河西王秃发利鹿孤命群臣畅所欲言政事得失。西曹从事史暠说："陛下命将出征，战无不捷。但是不以安抚人民为先，而是强迫他们迁徙；人民安于故土，不愿迁徙，所以很多离叛，这就是我们斩杀敌将、攻破敌城，而疆土不能扩大的原因。"秃发利鹿孤赞赏他的话。

【华杉讲透】

终于有人讨论迁徙人民的问题，战乱时期，人口是稀缺资源，因为人口既是劳动力，也是兵源，还有女子是战利品。所以，每次攻打敌国，打胜了都是把当地百姓强迫迁回自己国内，给人民带来无限的痛苦。

15 秋，七月，北魏兖州刺史长孙肥率领步骑兵二万人南征许昌，向东挺进到彭城，晋国将军刘该投降。

16 后秦陇西公姚硕德从金城渡过黄河，直扑广武，河西王秃发利鹿孤急令广武守军撤退，避开后秦军攻击。后秦军到了姑臧，后凉王吕隆派辅国大将军吕超、龙骧将军吕邈等逆战，姚硕德大破凉军，生擒吕邈，俘虏斩首数以万计。吕隆婴城固守，巴西公吕佗率东苑部众二万五千人投降于后秦。西凉公吕暠、河西王秃发利鹿孤、沮渠蒙逊各遣使奉表，入后秦进贡。

当初，凉将姜纪投降于河西王秃发利鹿孤，广武公秃发傉檀与他讨论兵略，非常喜爱看重他，坐则连席，出则同车，每此谈论，通宵达旦。秃发利鹿孤对秃发傉檀说："姜纪确实有美才，但是眼光太高，必定不会久留于此，不如杀了他。姜纪如果入秦，必定成为祸患。"秃发傉檀说："臣以布衣之交待姜纪，姜纪必定不会辜负我。"

八月，姜纪率数十骑兵投奔后秦军，对姚硕德说："吕隆孤城无援，明公以大军压境，他势必请降；但他只是表面投降而已，并非心服口服。请您给我步骑兵三千，与王松忽一起，利用凉国降将焦朗、华纯的部队，窥伺机会，则可攻取吕隆。否则，如今秃发氏在南方，兵强国富，如果他们占据了姑臧，威势更盛，沮渠蒙逊、李暠无力抵抗，必将归附秃发氏，如此，则成为国家之大敌了。"姚硕德于是表举姜纪为武威太守。配兵二千，屯据晏然。

后秦王姚兴听闻杨桓有贤才，征召他，秃发利鹿孤不敢留。

17 皇帝司马德宗下诏，任命刘裕为下邳太守，讨伐孙恩于郁洲，累次作战，大破孙恩。孙恩由此衰弱，又沿着海岸向南逃走，刘裕也紧追不放，不断向其进攻。

18 后燕王慕容盛认为父亲慕容宝是因为懦弱而失国，所以用严刑峻法立威，又自以为聪明洞察，多所猜忌，群臣中稍微有一点嫌疑的，他都先下手诛杀了再说。于是宗亲、勋旧，人人不能自保。

八月十五日，左将军慕容国与殿上将军秦舆、段赞密谋率禁兵袭击慕容盛，事情泄露，被处死者五百余人。

八月二十日夜，前将军段玑与秦舆之子秦兴、段赞之子段泰秘密潜入宫中，鼓噪大呼。慕容盛听闻事变，率左右出战，贼众逃溃。段玑受伤，藏匿在厢屋之间。突然有一个贼寇从暗中袭击慕容盛，慕容盛受伤，坐辇车到前殿，指挥禁卫军布置警戒，事态平静后，去世。

中垒将军慕容拔、冗从仆射郭仲报告太后丁氏，认为国家多难，宜立年龄较大的人为君。当时众望所归，都希望立慕容盛的弟弟、司徒、尚书令、平原公慕容元，但是河间公慕容熙一向为丁氏宠幸，丁氏于是废太子慕容定，秘密迎接慕容熙入宫。第二天早上，群臣入朝，才知道事态有变，于是纷纷上表劝进于慕容熙。慕容熙推让给慕容元，慕容元不敢当。

八月二十一日，慕容熙即天王位，捕获段玑等，都夷灭三族。

八月二十二日，大赦。

八月二十四日，平原公慕容元因为受猜嫌，赐死。

闰八月十九日，葬慕容盛于兴平陵，谥号为昭武皇帝，庙号中宗。丁氏送葬，还未回城，中领军慕容提、步军校尉张佛等密谋拥立故太子慕容定，事情泄露，伏诛，慕容定也被赐死。

闰八月二十四日，大赦，改年号为光始。

19 后秦陇西公姚硕德接连包围姑臧数月，东方之人在城中者多密谋外叛，北魏也反复引诱煽动，想要杀死凉王吕隆及安定公吕超，事情泄露，连坐而死者三百余家。姚硕德抚慰、接纳夷人、汉人，分别设置郡守、县令，节约并蓄积粮食，为持久之计。

凉国群臣请求与后秦联和，吕隆不许。安定公吕超说："如今资储已经枯竭，上下嗷嗷待哺，就算是张良、陈平复生，也束手无策。陛下应当考虑权变，能屈能伸，何必爱惜一尺书信，不愿派出一个使者，以卑微的言辞来退敌！敌去之后，修德政以养息人民，如果国运还未到尽头,何愁旧业不能恢复!如果天命已去,也可以保全宗族。不然,坐守困穷,最终又能怎么办呢?"吕隆于是听从,九月,遣使请降于后秦。姚硕德表举吕隆为镇西大将军、凉州刺史、建康公。吕隆派子弟及文武旧臣慕容筑、杨颖等五十余家到长安做人质。姚硕德军令严整,秋毫不犯,祭先贤,礼名士,西土士民都很喜悦。

沮渠蒙逊所部酒泉、凉宁二郡叛变,投降西凉,又听闻吕隆投降后秦,大惧,派他的弟弟、建忠将军沮渠挐、牧府长史张潜到姑臧见姚硕德,请求率自己部众东迁。姚硕德大喜,拜张潜为张掖太守,沮渠挐为建康太守。张潜劝沮渠蒙逊东迁。沮渠挐私底下对沮渠蒙逊说:"姑臧并未被攻下,吕氏实力还在,姚硕德粮食吃尽,将要东归,不能持久。我们何必抛弃自己的土地,受制于人呢?"臧莫孩也以为然。

沮渠蒙逊派儿子沮渠奚念到河西王秃发利鹿孤处做人质以求援,秃发利鹿孤不接受,说:"沮渠奚念年少,可以派沮渠挐来。"

冬,十月,沮渠蒙逊又遣使上疏于秃发利鹿孤说:"臣之前派沮渠奚念来做人质,是诚心诚意,但是您的圣旨没有批准,又要征召我的弟弟沮渠挐。臣心里认为,如果有诚信,则儿子不为轻;如果不信,则弟弟不为重。如今寇难未平,不能奉诏,愿陛下谅解。"秃发利鹿孤怒,派张松侯秃发俱延、兴城侯秃发文支率领骑兵一万人袭击沮渠蒙逊,到了万岁、临松,抓获沮渠蒙逊的堂弟沮渠鄯善苟子,掳掠他的人民六千余户。沮渠蒙逊的堂叔沮渠孔遮入朝于秃发利鹿孤,许诺送沮渠挐为人质。秃发利鹿孤于是归还所抢掠的人口财物,召秃发俱延等还师。秃发文支,是秃发利鹿孤的弟弟。

20 南燕主慕容备德在延贤堂大宴群臣,酒酣耳热之际,问群臣说:"朕可以与自古以来哪位君主相比?"青州刺史鞠仲说:"陛下中兴圣主,可以与少康、光武帝相比。"慕容备德环顾左右,吩咐赏赐鞠仲绸缎一千匹,鞠仲说这赏赐太重了,推辞。慕容备德说:"你跟我开玩笑,我就不能跟你开玩笑吗?你没有说实话,我的赏赐也是一句空话而已。"韩范说:"天子无戏言。今日之论,君臣都有过失。"慕容备德大悦，赐给韩范绢五十匹。

慕容备德的母亲及兄长慕容纳都在长安，慕容备德派平原人杜弘前往访求。杜弘说："臣到了长安，如果找不到太后，当西入张掖，继续寻找，死而后已。臣的父亲杜雄年逾六十，请求赐给他本县一份俸禄，以回报他对我的养育之恩。"中书令张华说："杜弘还没出发，就索求俸禄，这是要挟君王的大罪。"慕容备德说："杜弘为君王去迎接母亲，为自己的父亲申请俸禄，忠孝兼备，何罪之有？"任命杜雄为平原县令。杜弘走到张掖，为盗贼所杀。

21 十一月，刘裕追孙恩到沪渎、海盐，又击破他，俘虏斩首数以万计，孙恩于是从浃口远窜入海。

22 十二月二十一日，北魏主拓跋珪派常山王拓跋遵、定陵公和跋率众五万人袭击后秦车骑将军没弈干于高平。

23 十二月十五日，北魏虎威将军宿沓干讨伐后燕，攻打令支；二十五日，后燕中领军宇文拔率军救援。壬午日，宿沓干攻陷令支，留下驻守。

24 吕超攻姜纪，不能攻克，于是转攻焦朗。焦朗派他的弟弟的儿子焦嵩到河西王秃发利鹿孤处做人质，投降秃发利鹿孤，并请派兵救援，秃发利鹿孤派车骑将军秃发傉檀前往。秃发傉檀赶到时，吕超已经退兵，焦朗关闭城门，拒绝秃发傉檀进城。秃发傉檀怒，将要攻城，镇北将军俱延进谏说："安于故土，不愿迁走，这是人之常情。吕朗坐守孤城，没有粮食，今年不降，再过一年自然屈服，何必多杀士卒以攻城？如果不能攻下，他必定又去投降他国。抛弃州境士民，让他们去资助邻国敌人，不是好计策，不如好言晓谕他们。"秃发傉檀于是与焦朗联和，进军凉国首都姑臧，在城外举行盛大的阅兵仪式，然后在胡阮扎营。

秃发傉檀知道吕超必定来劫营，于是准备火把等待。吕超夜里派中垒将军王集率精兵两千人偷袭秃发傉檀军营，秃发傉檀下令全军不动。等王集进入营中，突然内外一齐点燃火把，火光照如白昼；秃发傉檀纵兵攻击，斩王集及甲首三百余级。吕隆惧，假意与秃发傉檀通好，请他到城苑内结盟，秃发傉檀派秃发俱延入城结盟，秃发俱延担心对方有埋伏，不走大门，凿开苑墙而入。吕超果然发伏兵攻击，秃发俱延失去了战马，步行且战且走，凌江将军郭祖力战保护，秃发俱延才得以逃脱。秃发傉檀怒，攻打昌松太守孟祎于显美。吕隆派广武将军荀安国、宁远将军石可率骑兵五百人前往救援。荀安国等畏惧秃发傉檀兵强，逃回。

25 桓玄表举他的哥哥桓伟为江州刺史，镇守夏口；司马刁畅为辅国将军、督八郡军事，镇守襄阳；又派遣他的部将皇甫敷、冯该驻防湓口。将沮水、漳水蛮夷二千户人家迁移到江南，设立武宁郡；又招集流民，设置绥安郡。朝廷下诏，征召广州刺史刁逵、豫章太守郭昶之回京，桓玄将二人都留下，不让去。

桓玄认为自己已经拥有晋国三分之二的土地，数次指使人给自己敬献符瑞，以此迷惑众心；又写信给会稽王司马道子说："之前盗贼（孙恩）杀到京师近郊，因为刮风，不能前进；又因为下雨，不能放火，粮食吃尽，自行离开罢了，并非打不过官军。当初王国宝死后，王恭并没有乘着威势入统朝政，足见他的内心，并没有要欺凌你的意思，而你却说他不忠。如今，位居朝廷显贵要职的，有没有清流名望呢？当然是有的！只是你不能信他罢了！如此日积月累，遂成今日之祸。朝中君子，都畏惧招祸，不敢说话，我在远方任职，所以敢向你指出事实。"司马元显读了信，大惧。

张法顺对司马元显说："桓玄承籍家世资历，又一向有豪气，兼并了殷仲堪、杨佺期之后，独霸荆楚，阁下所能控制的，只有三吴地区而已。孙恩为乱，东土肝脑涂地，公私困竭，桓玄必定乘此机会，纵其奸凶，我私底下非常担忧。"司马元显说："怎么办？"张法顺说："桓玄刚刚得到荆州，人心还未归附他。他正着力于安抚接纳，来不及做其他图谋。如果乘此机会，派刘牢之为前锋，而阁下以大军继进，则可拿下桓玄。"司马元显赞同。

这时，武昌太守庾楷认为桓玄与朝廷结怨，担心他大事不成，连累自己招祸，秘密派人向司马元显投靠，说："桓玄大失人心，众人都不愿意为他所用，如果朝廷派出军队，我当为内应。"司马元显大喜，派张法顺到京口，与刘牢之商议；刘牢之认为很难扳倒桓玄。张法顺回来，对司马元显说："观察刘牢之的言语和脸色，必定与我们有二心，不如召他回朝，杀了他；否则，将要坏大事。"司马元显不听。于是大治水军，征兵装舰，准备讨伐桓玄。

元兴元年（公元402年）

1 春，正月一日，朝廷下诏，历数桓玄罪状，任命尚书令司马元显为骠骑大将军、征讨大都督、都督十八州诸军事，假黄钺，又以镇北将军刘牢之为前锋都督，前将军谯王司马尚之为后部，因大赦，改年号，内外戒严；加授会稽王司马道子为太傅。

司马元显想要将桓氏家族全部诛杀。中护军桓修，是骠骑长史王诞的外甥，王诞有宠于司马元显，向司马元显保证桓修等与桓玄不是一条心，司马元显才停止。王诞，是王导的曾孙。

张法顺对司马元显说："桓谦兄弟总是为桓玄做耳目，应该斩杀他们，以杜绝奸谋。况且大事能不能成功，关键在于前锋，而刘牢之反复无常，万一有变，则祸败立至。可以令刘牢之杀桓谦兄弟，以示他没有二心，如果刘牢之不受命，则在祸患未至之前，我们可以先行处置（杀刘牢之）。"司马元显说："如今除了刘牢之，没人能敌过桓玄；况且刚开始行动，就诛杀大将，人情不安。"再三不同意。又认为桓氏世代为荆州百姓所依附，桓冲尤其留下对人民的恩惠、恩情，而桓谦是桓冲的儿子，于是将桓谦从骠骑司马擢升为都督荆州、益州、宁州、梁州四州诸军事，荆州刺史，想以此来收买四方之心。

2 正月八日,后燕慕容拔反攻被北魏夺取的令支,攻克,宿沓干逃走,抓获北魏任命的辽西太守那颉。后燕任命慕容拔为幽州刺史,镇守令支,任命中坚将军、辽西人阳豪为辽西太守。正月十八日,任命章武公慕容渊为尚书令,博陵公慕容虔为尚书左仆射,尚书王腾为右仆射。

3 正月十九日,北魏材官将军和突攻击黜弗、素古延等诸部,击破。

当初,北魏主拓跋珪派北部大人贺狄干向后秦献上一千匹马,求婚。后秦王姚兴听闻拓跋珪已经立慕容氏为皇后,拒绝联姻,并扣留贺狄干。没弈干、黜弗、素古延,都是后秦的属国,北魏却攻打他们,由此后秦、北魏两国有了矛盾。

正月二十一日,拓跋珪举行大阅兵,命并州诸郡在平阳郡乾壁储备粮食,以防备后秦。

柔然部落酋长郁久闾社仑与后秦邦交和睦,派将领救援黜弗、素古延。

正月二十二日,和突逆击,大破柔然军,郁久闾社仑率其部落远遁漠北,夺取高车部落土地居住。斛律部落酋长斛律倍侯利袭击郁久闾社仑,反而被打得大败,斛律倍侯利逃奔北魏。郁久闾社仑于是向西北攻击匈奴的后裔日拔也鸡,大破之,于是吞并诸部,人马繁盛,雄踞北方。其地西至焉耆,东接朝鲜,南临大漠,周边小国都成为他的属国。郁久闾社仑自号为豆代可汗。开始建立制度,以一千人为一军,军有将;一百人为一幢,幢有帅。攻战时奋勇争先的,赏赐给所俘获的战利品;畏缩懦弱的,用石块砸破他的头处死(新兴的柔然汗国崛起)。

4 秃发傉檀攻克显美,抓获孟祎,责备他为何不早降。孟祎说:"我受吕氏厚恩,赐给兵符,守卫国土,如果明公您大军刚到,我就望旗归附,恐怕您也会降罪于我。"秃发傉檀释放他,以礼相待,将二千余户人家迁走,班师,任命孟祎为左司马。孟祎推辞说:"吕氏将亡,圣朝必取河右,人们无论愚智,都知道这将要发生。但是,我为人守城,却不能保全,反而到敌国担任显要官职,我于心不安。如果能蒙明公您的恩惠，让我回姑臧承担战败的责任，伏诛，死且不朽。"秃发傉檀被他的道义打动，释放他归国。

5 晋国东部遭孙恩之乱，加上闹饥荒，漕运也跟不上。桓玄封锁长江，商贩旅客全部断绝，官府和民间都陷于严重的物资短缺的情况，以谷皮和橡果给士卒做军粮。桓玄认为朝廷有太多忧患，必定顾不上来讨伐自己，可以蓄积力量，观察机会。等到朝廷大军将发，桓玄的堂兄、太傅长史桓石生写密信向他报告。桓玄大惊，打算聚集军队，坚守江陵。长史卞范之说："明公英威震于远近，而司马元显只是一个乳臭小儿，刘牢之早已失去人心，如果我军兵临京畿，示以祸福，他们土崩瓦解之势，可以翘足而待，怎么能让他们进入我境，自取穷迫呢？"桓玄听从，留桓伟守江陵，上表朝廷抗议，又传檄四方，数落司马元显罪状，举兵东下。檄文一到，司马元显大惧。

二月七日，皇帝在西池设宴为司马元显饯行，司马元显下船，却不出发。

6 二月十四日，北魏常山王拓跋遵等抵达高平，没弈干抛弃其部众，率数千骑兵与刘勃勃逃奔秦州。北魏军追到瓦亭，没有追上，班师，缴获没弈干府库全部蓄积，马四万余匹，其他牲畜九万余头，将他的民众迁徙到平城，没弈干所属其他部落分崩离析。

北魏平阳太守贰尘再次入侵后秦河东，长安大震，关中诸城大白天都紧闭城门，后秦选兵训卒，准备伐魏。

7 后秦王姚兴立儿子姚泓为太子，大赦。姚泓孝顺友爱，宽厚和气，喜爱文学，善于谈文咏诗，但懦弱多病。姚兴想要立他为嗣子，而狐疑不决，过了很长时间，才下决心立他。

8 凉国首都姑臧大饥荒，米一斗值钱五千，人相食，饿死十余万人。城门白天禁闭，砍柴的道路都断绝了，居民请求出城给匈奴人做奴婢的，每天都有数百人，吕隆厌恶他们沮丧人心，全部活埋坑杀，道路两旁，都堆满尸体。沮渠蒙逊引兵攻打姑臧，吕隆遣使求救于河西王秃发利鹿孤，秃发利鹿孤派广武公秃发傉檀率骑兵一万人救援，援军还没到，吕隆已经击破沮渠蒙逊军，沮渠蒙逊请求与吕隆结盟，留下谷物一万余斛给吕隆，班师。秃发傉檀到了昌松，听闻沮渠蒙逊已退，于是迁徙凉泽、段冢居民五百余户而还。

中散骑常侍张融对秃发利鹿孤说："焦朗兄弟盘踞魏安，暗中与姚氏勾结，数次反复，今天如果不消灭他，以后必定成为朝廷之忧。"秃发利鹿孤派秃发傉檀讨伐，焦朗自己反绑双手，出城投降，秃发傉檀将他送到西平，把魏安居民迁徙到乐都。

9 桓玄从江陵发兵，担心不能取胜，随时准备向西撤退。等到大军过了寻阳，还看不见官军，非常欢喜，将士们士气也振作起来。庾楷泄露计谋，桓玄将他囚禁。

二月十八日，皇帝下诏，派齐王司马柔之携带驺虞幡，向荆州、江州二州部队宣示，命他们罢兵；桓玄的前锋将领杀了司马柔之。司马柔之，是司马宗之子。

二月二十八日，桓玄到了姑孰，命部将冯该等攻打历阳，襄城太守司马休之婴城固守。桓玄军截断洞浦对外交通，焚烧豫州舟舰。豫州刺史、谯王司马尚之率步卒九千人在洞浦列阵，派武都太守杨秋屯驻横江，杨秋向桓玄投降。司马尚之部众崩溃，逃到涂中，被桓玄捕获。司马休之出战而败，弃城逃走。

刘牢之一向厌恶骠骑大将军司马元显，担心如果桓玄被消灭，司马元显会更加骄恣，又担心自己功名越盛越不为司马元显所容。况且自恃才武，拥强兵，想要借刀杀人，用桓玄的力量铲除司马元显，再利用桓玄的弱点和漏洞助自己取得政权，所以不肯讨伐桓玄。司马元显日夜饮酒昏醉，以刘牢之为前锋。刘牢之有一次没有预约就去见司马元显，不得进见，等到皇帝给司马元显钱行，两人才在此公开场合见到一面。

刘牢之驻军在溧洲，参军刘裕请求攻击桓玄，刘牢之不许。

桓玄派刘牢之族舅何穆去游说刘牢之："自古功高震主，功劳大到已经没法再赏赐他，而能保全自己性命的又有谁呢？越国的文种，秦国的白起，汉朝的韩信，都是事奉明主，为之尽力，而功成之日，犹不免被诛杀夷族，更何况你事奉的，只是一个凶狠愚蛮之主呢！你如今，战胜则倾宗，战败则覆族，无论胜败，都是灭族的命，你准备往哪条路走？不如幡然改图，则可以长保富贵。古人之中，管仲曾经射中齐桓公衣钩，勃鞮曾经斩断晋文公衣襟，最终都不妨碍他们成为齐桓公、晋文公的辅佐大臣，何况桓玄与你并没有什么宿怨呢！"

当时谯王司马尚之已经兵败，人心惊恐，刘牢之颇为何穆的话所打动，与桓玄交通。东海中尉、东海人何无忌，是刘牢之的外甥，与刘裕一起极力进谏，刘牢之不听。刘牢之的儿子、骠骑从事中郎刘敬宣进谏说："如今国家衰危，天下之重在于大人与桓玄。桓玄仗恃着父亲桓温、叔父桓冲的声威，据有全楚，割晋国三分之二，如果一朝纵容他，使他能凌驾于朝廷之上，桓玄威望既成，恐怕就再难对付他了，董卓之变，就在今日。"刘牢之怒道："这些道理，我岂不知？今日取桓玄，易如反掌；但是，平定桓玄之后，我又怎么对付司马元显？"

三月一日，刘牢之派刘敬宣到桓玄处请降。桓玄私底下要诛杀刘牢之，于是与刘敬宣宴饮，陈列名书画，带他观看，以安悦其意。刘敬宣毫无察觉，而桓玄佐吏无不相视而笑。桓玄任命刘敬宣为谘议参军。

司马元显准备发兵，听闻桓玄已经到了新亭，弃船，退屯国子学。

三月三日，司马元显陈兵于宣阳门外。军中相惊，传言说桓玄已经到了南桁，司马元显引兵准备还宫。桓玄的先遣部队已到，拔刀随后大呼："放下武器！"司马元显军霎时崩溃，司马元显乘马走入东府，唯有张法顺一个人骑马跟随。司马元显问计于父亲司马道子，司马道子只是对着他涕泣。桓玄派太傅、从事中郎毛泰逮捕司马元显，送到新亭，捆缚在船头栏杆上，列出一条条罪状数落他。司马元显说："我只是被王诞、张法顺所误而已。"

三月四日，恢复隆安年号，皇帝派侍中到安乐渚为桓玄劳军。桓玄进入京师，宣称皇帝诏书，解除戒严，以桓玄总揽百官、都督中外诸军事、丞相、录尚书事、扬州牧，领徐州、荆州、江州三州刺史，假黄钺。桓玄任命桓伟为荆州刺史，桓谦为尚书左仆射，桓修为徐州、兖州二州刺史，桓石生为江州刺史，卞范之为丹杨尹。

当初，桓玄举兵时，侍中王谧曾到江陵送皇帝诏书给桓玄，桓玄对他非常亲近、礼敬。桓玄担任辅政大臣之后，任命王谧为中书令。王谧，是王导之孙。新安太守殷仲文，是殷觊的弟弟，桓玄的姐姐是殷仲文的妻子。殷仲文听闻桓玄已攻克京师，弃郡投奔桓玄，桓玄任命他为谘议参军。刘迈前往晋见桓玄，桓玄说："你不怕死，还敢来吗？"刘迈说："管仲射中齐桓公衣带钩，勃鞮曾经斩断晋文公衣襟，加上我就是第三个了。"桓玄大悦，任命他为参军。

三月五日，有司上奏，指控会稽王司马道子酗酒、不孝，应当斩首弃市，皇帝下诏，将他流放到安成郡；斩司马元显及东海王司马彦璋、谯王司马尚之、庾楷、张法顺、毛泰等于建康街市。桓修坚持为王诞求情，得以流放岭南。

桓玄任命刘牢之为会稽内史。刘牢之说："刚刚开始便夺我兵权，大祸将至了！"刘敬宣向桓玄请求回去劝刘牢之，让他接受命令，桓玄派他回去。刘敬宣劝刘牢之袭击桓玄，刘牢之犹豫不决，移师屯驻班渎，私下对刘裕说："如今我军当向北与高雅之在广陵会合，然后举兵以匡社稷，你能跟我去吗？"刘裕说："将军以劲卒数万，望风降服，而桓玄刚刚得志，威震天下，朝野人情都已归附于他，你还到得了广陵吗？我当脱下军服，回到京口而已。"何无忌对刘裕说："我何去何从？"刘裕说："我看刘牢之在劫难逃，你可以跟我回京口。桓玄如果能守臣节，我与你一起侍奉他；如果他不守臣节，我与你图谋他。"

于是刘牢之大集僚佐，商议占据江北以讨伐桓玄。参军刘袭说："最不可以做的事，莫大于造反。将军往年反王恭，近日反司马元显，如今又要反桓玄；一人三反，何以自立？"说完，起身就走，佐吏多散走。刘牢之惧，派刘敬宣去京口迎接家属。到了约定的时间，刘敬宣还没有回来，刘牢之以为事情已经泄露，家属都被桓玄杀了，于是率部曲向北而走，到了新洲，自缢而死。刘敬宣赶到，来不及哭，即刻渡江奔广陵。将吏们一起收敛刘牢之遗体，将灵柩送到丹徒。桓玄下令砍开棺材，将尸体斩首，暴尸于市。

【华杉讲透】

一场大战，往往就是这样，其实双方主帅对对方都怕得要死，随时准备逃跑、投降甚至束手就擒。最后的结果呢，就是你怕我，架不住我更怕你！桓玄本来怕得要死，但是司马元显更怕。争夺全国权力，是你死我活的残酷斗争，但有时候就会这么容易得不可思议，因为你的对手都被这残酷吓傻了。桓玄本来也吓得发抖，但是几乎没打什么仗，就轻松夺取了政权，因为司马元显到最后也没出发。

司马元显要成事，全靠刘牢之，他却跟刘牢之没有任何交流，只是在皇帝的宴会上见过一面，他怎么做领导呢？所谓力小而任大，德薄而位尊，那力与任、德与位的差距，真是比天还大！

刘牢之也不值得同情，算计来算计去，最后也是自己把自己吓死了。他和司马元显，都是被吓死的。

时无英雄，遂令竖子成名。桓玄就是这样的竖子了。而真正的英雄，正在冷眼旁观。

10 晋国大赦，改年号为大亨。

11 桓玄辞让丞相及荆州、江州、徐州三州刺史职位，改授为太尉、都督中外诸军事、扬州牧、领豫州刺史，总领百官；任命琅玡王司马德文为太宰。

12 司马休之、刘敬宣、高雅之都逃奔洛阳，各送子弟到后秦为人质以求救。后秦王姚兴赐给他们兵符，让他们在关东募兵，得数千人，再回到彭城一带驻防。

13 孙恩入寇临海，被临海太守辛景击破，孙恩所掳掠的三吴男女，死亡殆尽。孙恩担心被官军生擒，于是投海自杀，其党羽及妓妾从死者以百计，被称为"水仙"。残部数千人又推举孙恩的妹夫卢循为主。卢循，是卢谌的曾孙，神采清秀，雅有才艺。年少时，和尚惠远曾经对他说："你虽然风采儒雅，但是志存不轨，如何？"

太尉桓玄想要抚安东土，于是任命卢循为永嘉太守。卢循虽然受命，但是仍然寇暴不已。

14 三月六日，后燕大赦。

15 河西王秃发利鹿孤病重，遗嘱将国事委托给弟弟秃发傉檀。

当初，秃发思复鞬爱重秃发傉檀，对儿子们说："秃发傉檀的器局和见识，不是你们所赶得上的。"所以兄长们都不传位给儿子，而传给弟弟。秃发利鹿孤在位时，也是垂拱而已，军国大事都委托给秃发傉檀。秃发利鹿孤去世，秃发傉檀袭位，改称凉王，改年号为弘昌，迁都到乐都，谥秃发利鹿孤为康王。

【胡三省注】

春秋时期，吴国国君寿梦认为小儿子季札最贤，所以他的儿子们就以兄弟相传，一直传到季札，但季札最终没有接受。秃发乌孤、秃发利鹿孤兄弟相传于秃发傉檀，也是效仿吴国吧。但是他们哪里能想到，国家就亡于秃发傉檀之手呢！

自此史称秃发氏为"南凉"。

16 夏，四月，晋国太尉桓玄离开京城，屯驻姑孰，辞去录尚书事，皇帝下诏批准，而大政仍要到姑孰向桓玄请示，小事则由尚书令桓谦及卞范之决定。

自从司马德宗登基以来，祸乱不断，全国人民都深感厌倦。桓玄刚到的时候，黜免奸佞，擢升俊贤，京师欣然，希望能稍微安定下来。但不久之后，桓玄奢豪纵逸，政令无常，朋党纷起，陵侮朝廷，裁损皇室供应，甚至皇帝也要挨冻受饿，由是众心失望。

三吴地区发生大饥荒，户口减少一半，会稽郡减少十分之三四，临海、永嘉几乎全部死亡殆尽，富裕人家都穿着绫罗绸缎，怀里揣着黄金美玉，闭门相守饿死。

17 被扣留在南凉的乞伏炽磐从西平逃归苑川，南凉王秃发傉檀归还了他的妻子儿女。乞伏乾归派乞伏炽磐入朝于后秦，后秦主姚兴任命乞伏炽磐为兴晋太守。

18 五月，卢循从临海进入东阳，太尉桓玄派抚军中兵参军刘裕将兵攻击，卢循战败，退走永嘉。

19 高句丽攻击后燕宿军城，后燕平州刺史慕容归弃城逃走。

20 后秦主姚兴动员大军出征，派义阳公姚平、尚书右仆射狄伯支等将步骑兵四万伐魏，姚兴自将大军为后继，命尚书令姚晃辅佐太子姚泓守长安，没弈干暂时镇守上邽，广陵公姚钦镇守洛阳。姚平攻打北魏乾壁六十余日，攻拔。

秋，七月，北魏主拓跋珪派毗陵王拓跋顺及豫州刺史长孙肥率领六万骑兵为前锋，自将大军为后继，迎击后秦军。

21 八月，太尉桓玄暗示朝廷，以桓玄平定司马元显的功勋封豫章公，以平定殷仲堪、杨佺期的功勋封桂阳公，之前的本封南郡公照常保持。桓玄将豫章封给他的儿子桓昇，桂阳封给他哥哥的儿子桓俊。

22 北魏主拓跋珪到了永安，后秦义阳公姚平派骁将率精锐骑兵二百人侦察北魏军虚实，长孙肥逆击，将后秦侦察骑兵全部俘虏。姚平退走，拓跋珪追击，八月九日，在柴壁追上。姚平婴城固守，北魏军围城。后秦王姚兴将兵四万七千人前来救援，打算进军天渡，运粮给姚平。

北魏博士李先说："兵法说：居于高处，将被敌人围困；居于低洼处，将被敌人包围。如今秦军两条都犯，应该趁姚兴未到，先派奇兵占据天渡，则柴壁可不战而取。"拓跋珪下令增加修筑长墙，将柴壁重重包围，对内防止姚平突围，对外阻挡姚兴进城。

广武将军安同说："汾水以东有一个地方叫蒙坑，东西三百余里，没有道路可通。姚兴来，必定从汾水直抵柴壁；如此，敌人声势相接，我们的包围圈虽然坚固，也不能制服他们。不如架设浮桥，渡河到汾水西岸，修筑阵地阻挡他们。敌人来了，也无计可施。"拓跋珪听从。

姚兴到了蒲阪，畏惧北魏兵强，过了很久才敢进兵。

八月二十八日，拓跋珪率步骑兵三万人逆击姚兴于蒙坑之南，斩首一千余级，姚兴退走四十余里，姚平也不敢出城接应。拓跋珪于是分兵四面据守险要，使后秦兵不得靠近柴壁。姚兴屯驻汾水西岸，依靠山陵沟壑，构筑营垒，砍伐柏树，捆成一束，从汾水上游放下，想要撞毁北魏军浮桥，北魏兵把树木钩起来当柴烧。

冬，十月，姚平粮食吃完了，箭也射光了，夜里，全军向西南突围而出。姚兴列兵于汾水西岸，举烽火鼓噪呼应。姚兴希望姚平力战突围，姚平希望姚兴进攻北魏包围圈来接应，但是姚兴只能呼应，不能接应，不敢出战。姚平无法突围，计穷，于是率麾下赴水求死，诸将多跟从姚平投水；拓跋珪派水性好的人将他们全部钩捕，没有一个逃脱的。抓获狄伯支及越骑校尉唐小方等四十余人，余众二万余人全部束手就擒。

姚兴坐视其败，力不能救。举军恸哭，声震山谷。数次遣使求和于北魏，拓跋珪不许，乘胜进攻蒲阪，后秦晋公姚绪固守不战。这时，柔然谋伐北魏，拓跋珪接到消息，十月十三日，引兵撤退。

有人举报说太史令晁崇和他的弟弟、黄门侍郎晁懿秘密勾结后秦军，拓跋珪到了晋阳，赐晁崇、晁懿死。

23 后秦迁徙河西豪门大户一万余户到长安。

太尉桓玄杀吴兴太守高素，将军竺谦之及竺谦之堂兄竺朗之，刘袭和刘袭的弟弟刘季武，都是刘牢之的北府兵旧将。刘袭的哥哥冀州刺史刘轨邀约司马休之、刘敬宣、高雅之等一起占据山阳，想要起兵攻打桓玄，不能战胜，撤退。将军袁虔之、刘寿、高长庆、郭恭等都追随他们，准备投奔北魏，到了陈留南，分为两批：刘轨、司马休之、刘敬宣投奔南燕；袁虔之、刘寿、高长庆、郭恭投奔后秦。

北魏主拓跋珪起初听说司马休之等要来，大喜。后来奇怪怎么人没到，令兖州刺史长孙肥求访，找到他们的随从，问其缘故，都说："魏朝声威远播，所以司马休之等人都想归附；既而听闻崔逞被杀，所以投奔另外二国。"拓跋珪非常后悔。从此士人有过，都能优容。

24 南凉王秃发傉檀攻打吕隆于姑臧。

25 后燕王慕容熙娶了已故中山尹苻谟的两个女儿，大女儿叫娀娥，为贵人，小女儿叫训英，为贵嫔，贵嫔尤其受宠。丁太后怨恨，与哥哥的儿子、尚书丁信密谋废黜慕容熙，立章武公慕容渊。事情泄露，慕容熙逼丁太后自杀，以皇后礼仪安葬，谥号为献幽皇后。十一月三日，杀慕容渊及丁信。

十一月六日，慕容熙在北原打猎，石城县令高和与尚方兵（御库房卫队）在京师作乱，杀司隶校尉张显，进入宫殿抢掠，取出武器库兵器，胁迫各军营及官府衙门，紧闭城门，登城固守。慕容熙飞驰回来，城上人都放下武器，打开城门；将造反的人全部诛杀，唯有高和逃脱。

十一月九日，大赦。

26 北魏任命庾岳为司空。
十二月十七日，北魏主拓跋珪返回云中。

柔然可汗郁久闾社仑听闻拓跋珪讨伐后秦，从参合陂出兵入侵北魏，到了豻山及善无以北的草泽地带，然后撤退，北魏常山王拓跋遵率一万骑兵追击，没有追上，撤回。

27 晋国太尉桓玄派御史杜林前往安成,防卫会稽文孝王司马道子,杜林秉承桓玄旨意,将司马道子毒杀。

28 沮渠蒙逊任命的西郡太守梁中庸叛变,投奔西凉。沮渠蒙逊接到消息,笑道:"我待梁中庸,恩如骨肉,而梁中庸却不信任我,那是他自己辜负自己而已,我岂在乎一个人吗?"于是将梁中庸的家眷全部送去。

西凉公李暠问梁中庸说:"我比索嗣如何?"梁中庸回答:"不能相比。"李暠说:"索嗣的才能如果高过我,我怎么能在千里之外,以长绳套住他的脖颈呢?"梁中庸说:"智有短长,命有成败。殿下与索嗣,成败的详细情形,我实在也不知道。但如果以胜败为标准,死掉的就算低,得计的就算高,那公孙瓒岂不是比刘虞更贤能?"李暠默然。

29 袁虔之等到了长安,后秦王姚兴问道:"桓玄的才略比他父亲如何?他最终能成功吗?"袁虔之说:"桓玄乘晋室衰乱,盗取宰相之位,猜忌残忍,刑赏不公。在我看来,远远不如他的父亲。桓玄如今已执大柄,其势必将篡逆,不过那是为他人开道,扫除障碍罢了。"姚兴很欣赏他的回答,任命袁虔之为广州刺史。

30 这一年,后秦王姚兴立昭仪张氏为皇后,封儿子姚懿、姚弼、姚洸、姚宣、姚谌、姚愔、姚璞、姚质、姚逵、姚裕、姚国儿为公爵,遣使拜秃发傉檀为车骑将军、广武公,沮渠蒙逊为镇西将军、沙州刺史、西海侯,李暠为安西将军、高昌侯。

后秦镇远将军赵曜率二万人驻防西部的金城,建节将军王松忽率骑兵协助吕隆守姑臧。王松忽到了魏安,秃发傉檀的弟弟秃发文真发动突击,俘虏王松忽。秃发傉檀大怒,将王松忽送回长安,上疏深自责备。

卷第一百一十三　晋纪三十五

（公元403年—404年，共2年）

安皇帝戊

元兴二年（公元403年）

1 春，正月，卢循派司马徐道覆入寇东阳。二月八日，建武将军刘裕击破贼军。徐道覆，是卢循的姐夫。

2 二月二十二日，任命太尉桓玄为大将军。

3 二月二十四日，桓玄杀冀州刺史孙无终。

4 桓玄上表请求率诸军扫平关中、洛阳，随后又暗示朝廷下诏不许，于是说："奉诏停止。"桓玄起初还假装整理行装，先命制造轻便快艇，装载服装、珍玩、书画。有人问他缘故，桓玄说："兵凶战危，如有意外，吃水浅的船只跑得快。"众人都笑他。

5 夏，四月一日，日食。

6 南燕主慕容备德因老部下赵融从长安来，才得到母亲及兄长的死讯。慕容备德号恸吐血，卧病在床。

司隶校尉慕容达谋反，派牙门将皇璆率众攻打端门，殿中帅侯赤眉开门接应；中黄门孙进搀扶慕容备德翻墙逃出宫城，藏匿在孙进家里。段宏等听闻宫中有变，勒兵屯守四面城门。慕容备德入宫，诛杀侯赤眉等。慕容达逃奔北魏。

慕容备德优待迁徙来的人民，长期免除他们的赋税和徭役；人民于是不停地冒名顶替，有的一百家一个户口，有的一个户籍里竟有一千人，以逃避赋税、徭役。尚书韩𬤇请求核查，慕容备德听从，派韩𬤇巡行郡县，查出隐藏户口五万八千人。

7 泰山盗贼王始聚众数万，自称太平皇帝，署置公卿；南燕桂林王慕容镇讨伐，将他生擒。临刑，有人问他的父亲及兄弟在哪儿，王始说："太上皇蒙尘于外，征东将军、征西将军为乱兵所害。"他的妻子怒骂："你就是这张嘴！还不消停！"王始说："皇后不知，自古岂有不亡之国？朕则崩矣，终不改号！"

【华杉讲透】

每个中国人，从小都受着皇帝梦的熏陶，一到改朝换代，就是"英雄逐鹿"之时，又曰："王侯将相宁有种乎！"史书如此，戏剧小说更是如此。孙悟空的口头禅："皇帝轮流做，明年到我家。"他知道自己实在是做不了玉皇大帝，但他也给自己想了一个称号，叫"齐天大圣"。

中国历来不缺乏"上升通道"。一万年来谁著史，三千里外欲封侯。想要封侯拜相，还是比较克制的，稍有机会，就想称王成帝，王始并不可笑，他和慕容德、桓玄，也不过是五十步笑一百步罢了。

8 五月，后燕王慕容熙兴筑御花园龙腾苑，方园十余里，从事工程的民夫有两万人。筑景云山于苑内,地基广五百步,峰高十七丈。

9 秋,七月二十七日,北魏主拓跋珪北巡,在豺山修筑行宫。

平原太守和跋奢侈豪华,又喜好名声,拓跋珪很厌恶他,下令诛杀,派他的弟弟和毗等人前去与他诀别。和跋说:"漯水北岸土地贫瘠,你可迁到漯水以南,勉为生计。"又让他背对着自己,说:"你怎么忍心看着我死?"和毗等听懂了他的暗示,诈称使者,逃入后秦。拓跋珪怒,屠灭和氏全家。中垒将军邓渊的堂弟、尚书邓晖与和跋关系友善,有人向拓跋珪打小报告说:"和毗出逃,邓晖去送行。"拓跋珪怀疑邓渊知道他们的出逃计划,赐邓渊死。

10 南凉王秃发傉檀及北凉王沮渠蒙逊轮流出兵攻吕隆,吕隆苦不堪言。后秦的谋臣对后秦王姚兴说:"吕隆靠着先祖传下的资源,控制河西走廊,如今虽然饥窘,自己还能支持,如果将来富足,终将不再为我们所有。凉州险绝,土田肥沃,不如乘其危而取之。"姚兴于是遣使征召吕超入侍。吕隆考虑到姑臧终究无法自存,于是派吕超请后秦派兵来迎接。姚兴派尚书左仆射齐难、镇西将军姚诘、左贤王乞伏乾归、镇远将军赵曜率步骑兵四万人到河西迎接吕隆,南凉王秃发傉檀下令驻防昌松、魏安的两支军队让出道路回避。

八月,齐难等抵达姑臧,吕隆素车白马迎于道旁。吕隆劝齐难攻击沮渠蒙逊,沮渠蒙逊派臧莫孩拒战,击败后秦前军。齐难于是与沮渠蒙逊结盟,沮渠蒙逊派弟弟沮渠挐入贡于后秦。齐难任命司马王尚代理凉州刺史,配兵三千人,镇守姑臧,任命将军阎松为仓松太守,郭将为番禾太守,分别戍守二城,迁徙吕隆宗族、僚属及居民一万户到长安,姚兴任命吕隆为散骑常侍,吕超为安定太守,其余文武官员,根据才能,分别任用。

当初,郭黁常预言说"代吕者王",所以他起兵,先推王详,后推王乞基;等到吕隆东迁,王尚替代了吕隆。郭黁跟从乞伏乾归降后秦,又认为"灭秦者晋也",投奔晋国,被后秦派人追上,杀死。

沮渠蒙逊的伯父、中田护军沮渠亲信、临松太守沮渠孔笃，都骄纵不法，成为民患，沮渠蒙逊说："乱我法令的，就是二位伯父。"逼他们自杀。

后秦派使者梁构到了张掖，沮渠蒙逊问道："秃发傉檀封公爵，而我只能封侯，为什么？"梁构说："秃发傉檀凶狠狡诈，并不是真心忠诚，所以朝廷以重爵虚名来羁縻他。将军的忠心，直贯白日，应该到朝廷辅佐君王，岂能以虚情假意来对待您？圣朝封爵，必定要和他的功劳相称，比如尹纬、姚晃是佐命之臣，齐难、徐洛是一时猛将，爵位都不过侯爵、伯爵，将军怎么能排在他们前面呢？当初窦融归顺光武帝，坚决辞让，不愿意居于旧臣之上，我想不到将军忽然会问我这样的问题！"沮渠蒙逊说："朝廷何不就近封给我张掖，而远封为西海侯呢？"梁构说："张掖，将军自己已经占有了，之所以远远地授你为西海侯，是要扩大将军的地盘。"沮渠蒙逊喜悦，接受任命。

【华杉讲透】

史书记载梁构这一段说辞，显然是很欣赏他的"机智"。梁构的行为形成一种价值导向，即只要能忽悠别人，达到目的，无所谓信义。沮渠蒙逊不知道梁构的心机，轻易就被糊弄过去了。

11 荆州刺史桓伟去世，大将军桓玄以桓修接替他的职位。从事中郎曹靖之对桓玄说："桓谦、桓修兄弟，一个在内，一个在外，都掌握大权，权势太重。"桓玄于是任命南郡相桓石康为荆州刺史。桓石康，是桓豁的儿子。

12 刘裕击破卢循于永嘉，一路追击到晋安，每战必胜，卢循从海上向南逃走。

何无忌秘密去见刘裕，劝刘裕于山阴起兵讨伐桓玄。刘裕与当地土豪孔靖商议，孔靖说："山阴距离京师遥远，举事难成；况且桓玄并未篡位，不如等他篡位，在京口起事。"刘裕听从。孔靖，是孔愉的孙子。

13 九月，北魏主拓跋珪进入南平城，规划在灅水以南修建新都。

14 侍中殷仲文、散骑常侍卞范之劝大将军桓玄早日接受司马德宗禅让，秘密撰写了加授九锡的文告及册命。任命桓谦为侍中、开府、录尚书事，王谧为中书监、领司徒，桓胤为中书令，加授桓修抚军大将军。桓胤，是桓冲的孙子。

九月十六日，册命桓玄为相国，总领百官，封十个郡，为楚王，加九锡，楚国设置丞相以下官员。

桓谦私下问彭城内史刘裕："楚王勋德隆重，朝廷大多数人的想法都认为应该有揖让，你认为如何？"刘裕说："楚王，是宣武公的儿子，勋德盖世。晋室微弱，民心早已改变，乘运禅代，有何不可？"桓谦喜道："你都认为可以，就一定可以！"

新野人庾仄，是殷仲堪的党羽，听说桓伟已死，桓石康还没到，于是起兵袭击雍州刺史冯该于襄阳，逐走冯该。庾仄有部众七千人，设坛，祭七庙，声称要讨伐桓玄，江陵震动。桓石康到了州境，发兵攻襄阳，庾仄战败，投奔后秦。

15 高雅之上表南燕主慕容备德，请求讨伐桓玄，说："纵使未能廓清东吴，至少也可收江北之地。"中书侍郎韩范也上疏说："如今晋室衰乱，江、淮南北，人口稀少，戎马单弱。再加上桓玄悖逆，上下离心；以陛下之神武，发步骑兵一万人，大兵压境。他们必定土崩瓦解，士兵都会逃亡。得到了江南土地，后秦、北魏也就不足为敌了。拓地定功，正在今日。失时不取，等他们的豪杰诛灭桓玄，更修德政，那就不只是建康不可得，江北也无望了。"慕容备德说："朕因为旧国覆没，想要先定中原，再平荡荆州、扬州，所以没有南征而已。这事让公卿们讨论讨论。"于是在城西阅兵，有步卒三十七万人，骑兵五万三千人，战车一万七千乘。公卿们都认为桓玄新得志，不可图谋，于是停止。

16 冬，十月，楚王桓玄上表请求回到藩国，又让皇帝作手诏坚决挽留。又诈称钱塘临平湖开（临平湖常为水草所覆盖，水草打开则寓意着天下太平），江州降下甘露，命百官集贺，作为自己受命之符。又以前世皆有隐士，耻于现在没有，访求得西晋时期的隐士、安定人皇甫谧的六世孙皇甫希之，给其资用，让他隐居山林；再征召他为著作郎，又让皇甫希之坚决推辞不就，然后下诏表彰，称他为高士。时人称之为"充隐"（冒充的隐士）。

桓玄又打算废除货币，用谷物、布帛作为交易媒介，以及恢复肉刑。各种新制度纷纷纭纭，也没有一定的目标，就是来回改来改去，最终什么都没执行。桓玄又性情贪鄙，别人有好的书法、好画及好的花园住宅，他就要找人家赌博，把它赢过来；尤其喜爱珠玉，从未离手。

【华杉讲透】

桓玄就一个字：玩！玩珠玉，玩字画，玩园林美宅，玩国家。很多男人都是长不大的男孩，什么东西到他手里，都像小时候的玩具一样，执掌了一个城市，他就要玩一玩这个城市；执掌了一个国家，他就要玩一玩这个国家。既然要玩，就要玩出点新花样，不玩别人玩剩下的，所以恨不得把所有制度都改一遍。别人觉得我的天哪！国家怎么能这么搞？他其实也知道恐怕不能这么搞，他就是玩一玩看看会怎样，既然是游戏心态，你不执行，他也不会强力坚持，因为搞得那么严肃，就不好玩了。所以桓玄一会儿要废除货币，一会儿要恢复肉刑，要各种纷纷纭纭的新制度，都是驰骋自己的想象力，玩国丧志而已。

17 十月二十五日，北魏主拓跋珪立他的儿子拓跋嗣为齐王，加授为相国；拓跋绍为清河王，加授为征南大将军；拓跋熙为阳平王；拓跋曜为河南王。

18 十月二十七日，北魏将军伊谓率骑兵二万人袭击高车残余的袁纥部落、乌频部落；十一月十一日，大破之。

19 皇帝司马德宗下诏,楚王桓玄行天子礼乐,王妃改称王后,世子为太子。

十一月十八日,卞范之起草禅位诏书,让临川王司马宝逼皇帝抄写。司马宝,是司马晞的曾孙。

十一月二十一日,皇帝登殿,派兼太保、兼司徒的王谧奉玺绶,禅位于楚。

十一月二十三日,皇帝出居永安宫。

十一月二十四日,把太庙先祖神位迁到琅邪国,穆章何皇后(司马聃的皇后)及琅邪王司马德文皆迁居司徒府。百官到姑孰劝进。

十二月一日,桓玄筑坛于九井山北,十二月三日,即皇帝位。即位诏书多贬低晋室,有人劝谏他,桓玄说:"揖让之文,不过是愚弄人民罢了,岂可欺上帝乎!"

大赦,改年号为永始。把南康郡平固县封给司马德宗,封他为平固王,降何皇后为零陵县君,琅邪王司马德文为石阳县公,武陵王司马遵为彭泽县侯。追尊父亲桓温为宣武皇帝,庙号太祖,母亲南康公主为宣皇后,封儿子桓昇为豫章王。任命会稽内史王愉为尚书仆射,王愉的儿子、相国左长史王绥为中书令。王绥,是桓玄的外甥。

十二月九日,桓玄进入建康皇宫,登御座,而座位突然塌陷,群臣失色。殷仲文说:"陛下圣德深厚,地不能载。"桓玄大悦。

梁王司马珍之的官属孔朴护送司马珍之逃奔寿阳。司马珍之,是司马晞的曾孙。

20 十二月十九日,后燕王慕容熙尊后燕主慕容垂的贵嫔段氏为皇太后。段氏,是慕容熙的母亲。十二月二十日,立苻贵嫔为皇后,大赦。

21 十二月二十二日,桓玄把皇帝司马德宗迁到寻阳。

22 后燕任命卫尉悦真为青州刺史,镇守新城;光大夫卫驹为并州刺史,镇守凡城。

23 十二月二十四日，将桓温神位供奉进太庙。桓玄到听讼观审阅囚徒，罪行无论轻重，大多得到释放；有人在道路上拦住他的乘舆乞讨的，也常常得到施舍。他就是喜欢搞这些小恩小惠。

24 这一年，北魏主拓跋珪始命有司制作冠服，以官阶大小划分等级。但是法度草创，大多与古制不合。

元兴三年（公元404年）

1 春，正月，桓玄立其妻刘氏为皇后。刘氏，是刘乔的曾孙女。桓玄认为他的祖父桓彝以上的祖先，名位都不显赫，就不再追尊立庙。散骑常侍徐广说："敬其父则子悦，请按惯例立七庙。"桓玄说："按礼制，太祖的祭庙向东，然后左昭右穆（二世、四世、六世位于始祖的左方，朝南，称昭；三世、五世、七世位于右方，朝北，称穆）。晋立七庙，宣帝不得正东向之位，何足效法！"秘书监卞承之对徐广说："如果宗庙的祭祀竟然不祭祀祖先，就知道楚国的国运不长了。"徐广，是徐邈的弟弟。

桓玄自从即位之后，内心时常不能自安。二月一日，夜，长江波涛汹涌，大水冲入石头城，淹死和卷走很多人，欢哗震天。桓玄听闻，惧怕，说："奴才们要造反了！"

桓玄性格苛刻琐碎，喜欢表现自己。主管官员奏事，如果有一个字不恰当，或者一句话不恰当，都一定要加以纠正，以示聪明。尚书答服诏书，将"春蒐"误写为"春菟"，自左丞王纳之以下，凡是所有经手签署的人，全部被降级或黜免。又插手指派值日官，或直接任命尚书令的下属官吏，诏令频繁纷纭，有司奉答都答不过来，而纪纲不治，奏书停摆积压，他却不知道。又喜好游猎，有时一天要出宫好几次。迁居东宫，重新缮宫室，大兴土木，严厉地催促工期，朝野骚然，人人都盼望赶紧有叛乱。

桓玄遣使加授益州刺史毛璩为散骑常侍、左将军。毛璩扣留桓玄使节，不接受任命。毛璩，是毛宝的孙子。桓玄任命桓希为梁州刺史，分别命令诸将驻防三巴（巴郡、巴东郡、巴西郡），以防备毛璩。毛璩传檄远近，列桓玄罪状，派巴东太守柳约之、建平太守罗述、征虏司马甄季之击破桓希等，率军东下，进屯白帝。

刘裕跟从徐州、兖州二州刺史，安成王桓修入朝。桓玄对王谧说："刘裕风骨不凡，是人中豪杰。"每次游宴集会，必定引接殷勤，赏赐赠与非常丰厚。桓玄的皇后刘氏，有智慧见识，对桓玄说："刘裕龙行虎步，双目炯炯不凡，恐怕终将不为人下，不如早日铲除他。"桓玄说："我正要平荡中原，除了刘裕，无人可用；等关中及黄河地区平定，再行计议。"

桓玄任命桓弘为青州刺史，镇守广陵；刁逵为豫州刺史，镇守历阳。桓弘，是桓修的弟弟；刁逵，是刁彝的儿子。

刘裕与何无忌同舟回到京口，密谋兴复晋室。刘迈的弟弟刘毅家住京口，也与何无忌密谋讨伐桓玄。何无忌说："桓氏强盛，有办法对付吗？"刘毅说："天下自有强弱，如果失去道义，强大也会变为弱小，只是难得找到一个起事的领袖罢了。"何无忌说："天下草泽之中，并非没有英雄。"刘毅说："我所见到的，唯有刘裕。"何无忌笑而不答，回去告诉刘裕，于是与刘毅定谋。

当初，太原人王元德与弟弟王仲德为苻氏起兵攻打后燕主慕容垂，不能取胜，投奔晋国，朝廷任命王元德为弘农太守。王仲德见桓玄称帝，对人说："自古闹革命的也不止一个人，但是看今天这位，恐怕不足以成大事。"

平昌人孟昶为青州主簿，桓弘派孟昶到建康，桓玄见了，很欣赏他，对刘迈说："我在士人中发现一位尚书郎的人选，与你是同乡，你认识吗？"刘迈一向与孟昶关系不好，回答说："臣在京口，没听说孟昶有什么特别的才能，只听说他们父子之间，经常写诗相互赠送。"桓玄笑笑，打消了任用孟昶的念头。孟昶听闻，怀恨在心，回到京口，刘裕对孟昶说："草莽之间，当有英雄兴起，你有听说吗？"孟昶说："今天的英雄还能有谁？正是你啊！"

于是刘裕、刘毅、何无忌、王元德、王仲德、孟昶及刘裕的弟弟刘道规、任城人魏咏之、高平人檀凭之、琅玡人诸葛长民、河内太守随西人辛扈兴、振威将军东莞人童厚之，相与合谋起兵。刘道规任桓弘的中兵参军，刘裕派刘毅到江北去见刘道规及孟昶于江北，一起击杀桓弘，占据广陵。诸葛长民任刁逵的参军，派诸葛长民杀刁逵，占据历阳；王元德、辛扈兴、童厚之在建康，派他们聚众攻桓玄为内应，约期一起发动。

孟昶的妻子周氏家财万贯，孟昶对她说："刘迈在桓公面前诋毁我，让我一生沦陷，我决心反叛做贼。你最好与我离婚，如果我成功，得了富贵，再迎娶你回来，也不算晚。"周氏说："你父母都还健在，却有此非常之谋，岂是我一个妇人所能劝阻的呢？事情不成，我就是做官奴来奉养公婆，也不会离开你。"孟昶怅然良久，起身走开。周氏追上来说："我看你的做派，也不是有大事要找妇人商量的，不过是想要我的钱财罢了。"指着怀中的孩子说："如果这孩子可以卖钱，我也在所不惜。"于是将所有钱财交给孟昶。孟昶的弟弟孟颛的妻子，是周氏的堂妹，周氏哄她说："昨晚做了一个不祥之梦，你把家中红色的布都给我，我用来镇魇之用。"堂妹信了，全部给她，于是都用来缝制军装。

何无忌夜里在屏风后面起草檄文，他的母亲是刘牢之的姐姐，站到凳子上偷窥看见，流泪说："我赶不上东海吕母（见公元17年记载），你能如此，我还有什么遗憾！"问他同谋者是谁，回答说："刘裕。"母亲尤其欢喜，分析了一番桓玄必败、举事必成的道理，勉励他。

二月二十七日，刘裕假称游猎，与何无忌收合徒众，得一百余人。

二月二十八日，清晨，京口城门刚刚打开，何无忌穿着传诏服装，自称朝廷敕使，走在前面，徒众随之一齐入城，即斩桓修示众。桓修的司马刁弘带着文武佐吏听说后急忙赶来，刘裕登城，对他们说："江州刺史郭昶之已经奉皇帝乘舆于寻阳，我等都接到密诏，诛除逆党，如今逆贼桓玄的首级恐怕已经悬挂在朱雀桥示众。诸君不是大晋之臣吗？你们此来，是要做什么？"刁弘等相信，收众而退。

刘裕问何无忌说："如今急需一位主簿，谁合适？"何无忌说："谁也赶不上刘道民。"刘道民，就是东莞人刘穆之。刘裕说："这人我也认识。"即刻派人飞马送信召他。当时刘穆之听到京口欢噪声，早晨起来，到街头观看，正好与信使碰见。刘穆之直视书信，良久不发一言，既而回到家中，撕下衣裳做绑腿，去见刘裕。刘裕说："刚刚举动大义，创业艰难，急需一位军吏，你看谁能胜任？"刘穆之说："贵府始建，军吏实须其才，仓促之际，恐怕没人比我更合适。"刘裕笑道："你能屈才接任，我的大事就成了！"刘穆之即刻上任主簿。

孟昶在广陵劝桓弘当天出城打猎，天还没亮，开城门放打猎的人出城；孟昶与刘毅、刘道规率壮士数十人直入，见桓弘正在喝粥，就在饭桌上把他斩了。然后集结部队，渡过长江。

刘裕派刘毅诛杀刁弘。

之前，刘裕派同谋周安穆进入建康，报告刘迈，刘迈虽然答应同谋，但是心中惶惧。周安穆担心事情泄露，即刻飞驰回去。桓玄任命刘迈为竟陵太守，刘迈希望赶紧离开京城，到竟陵上任。当天晚上，桓玄送信给刘迈说："北府（京口）人情如何？你最近见到刘裕，他有说过什么话？"刘迈以为桓玄已经知道他们的阴谋，早晨起来，向桓玄告密。桓玄大惊，封刘迈为重安侯。既而又想起刘迈没有逮捕周安穆，让他逃去，于是杀刘迈，并诛杀王元德、辛扈兴、童厚之等。

众人推举刘裕为盟主，总督徐州事，以孟昶为长史，镇守京口，檀凭之为司马。彭城人响应招募的，刘裕全部交给郡主簿刘钟统率。

二月二十九日，刘裕率二州部众一千七百人，驻军于竹里，移檄远近，声称益州刺史毛璩已平定荆楚，江州刺史郭昶之奉迎皇帝复位于寻阳，镇北参军王元德等已率部曲保据石头，扬武将军诸葛长民已经占据历阳。

桓玄从太子宫搬回皇宫，召侍官全部住进皇宫内官署；加授扬州刺史、新野王桓谦为征讨都督，任命殷仲文替代桓修为徐州、兖州二州刺史。桓谦等请亟遣兵攻击刘裕，桓玄说："他们锐气正盛，而且知道自己干的是万死一生的事，如果我军初战不利，那么他们的气势就成了，而我大势去矣；不如屯大军于覆舟山，等他们来。他空行二百里，无所得，锐气已挫，忽然见到大军，必定惊愕；我按兵坚阵，不与他交锋，他求战不得，自然散走，这才是上策。"桓谦等坚决要求出战，于是派顿丘太守吴甫之、右卫将军皇甫敷相继北上。

桓玄忧惧特甚。有人说："刘裕等乌合之众，兵力微弱，势必无成，陛下何必这么担忧！"桓玄说："刘裕足为一世之雄，刘毅家里连一石粮食都没有，但赌博的时候，就敢一掷百万，何无忌则酷似其舅（刘牢之）；他们共举大事，怎么能说他们成不了事？"

【华杉讲透】

桓玄说，刘裕"计出万死"，干的是万死一生的事，他却不知道，他自己干的更是万死一生的事，也应该"计出万死"，而没有什么万全之计。他以为刘裕是光脚的不怕穿鞋的，却不知道自己是非法篡位，并没有穿稳皇帝这双鞋，比光脚的还不如。

2 南凉王秃发傉檀畏惧后秦之强，于是取消自己的年号，撤销尚书丞及各郎官，派参军关尚出使后秦。后秦王姚兴说："车骑将军（后来姚兴任命秃发傉檀为车骑将军）献款称藩，而又擅自动员部队，修筑大城，这是为臣之道吗？"关尚说："王公修筑要塞，以守其国，这是先王定下的制度。车骑将军远在偏僻的边疆藩国，紧邻贼寇（指吐谷浑汗国），这只是为国家加强边防，没想到陛下却起了疑心。"姚兴很欣赏他的回答。秃发傉檀请求兼管凉州，姚兴不许。

3 初，袁真杀朱宪（事见公元370年记载），朱宪的弟弟朱绰逃奔桓温。桓温攻克寿阳，朱绰挖出袁真棺材，戮其尸。桓温怒，要杀他，桓冲求情，朱绰得以免死。朱绰事奉桓冲，就像对父亲一样，桓冲薨逝，朱绰呕血而死。刘裕攻克京口，任命朱绰的儿子朱龄石为建武参军。

三月一日，刘裕军与吴甫之在江乘遭遇，将要交战，朱龄石对刘裕说："我家世代受桓氏厚恩，不忍心以兵刃相向，请派我在军后。"刘裕嘉许他的义气，同意。

吴甫之，是桓玄帐下骁将，他的部队非常精锐。刘裕手执长刀，大呼冲杀，楚军不能抵挡，当即斩了吴甫之，挺进到罗落桥。皇甫敷率数千人逆战，宁远将军檀凭之战死，而刘裕攻势更加猛烈，皇甫敷将刘裕重重包围，刘裕倚靠着大树挺战。皇甫敷说："你想怎么死？"拔戟将要刺他，刘裕怒目呵斥，皇甫敷一时退避。刘裕的部众及时赶到，一箭射中皇甫敷额头，皇甫敷扑倒，刘裕提刀直进。皇甫敷说："你有天命，我把子孙托付给你。"刘裕斩皇甫敷，优厚地抚恤他的遗孤。刘裕将檀凭之的部队拨付给参军檀祗。檀祗，是檀凭之的侄子。

桓玄接到两位猛将战死的消息，大惧，召诸巫师法师推算及作法厌胜。问群臣："朕要败了吗？"吏部郎曹靖之回答说："民怨神怒，臣实在恐惧。"桓玄说："民怨或许有理，神为什么要发怒呢？"回答说："晋氏宗庙，漂泊江滨，大楚之祭，又上不及祖，这就是神怒的原因。"桓玄说："你当初为何不谏？"回答说："满朝君子都认为现在是尧、舜之世，我怎么敢说话？"桓玄默然。桓玄派桓谦及游击将军何澹之屯驻东陵，侍中、后将军卞范之屯驻覆舟山以西，一共有兵力二万人。

三月二日，刘裕军吃完饭，抛弃全部余粮，进军到覆舟山以东，派羸弱残兵登山，大张旗帜为疑兵，数道并前，布满山谷。桓玄的侦察兵回来，说："刘裕军四面都是，不知多少。"桓玄更加忧恐，派武卫将军庾赜之率精兵增援诸军。桓谦帐下士卒多是北府人，一向畏服刘裕，没有斗志。刘裕与刘毅等分为数队，进军突击桓谦阵地；刘裕身先士卒，将士皆殊死作战，无不以一当百，呼声震动天地。当时东北风急，刘裕军顺风纵火焚烧，浓烟烈火直冲云霄，鼓噪之声震动京邑，桓谦等诸军大溃。

桓玄这时虽然派军队拒战刘裕，而逃跑的主意已决，秘密派领军将军殷仲文在石头城准备舟船；听闻桓谦等战败，率亲信数千人，声称要前往迎敌，带着他的儿子桓昇、哥哥的儿子桓浚出南掖门。遇到前相国参军胡藩，拉住桓玄的马缰进谏说："如今羽林军射手尚有八百人，都是一直受到厚待的旧部，西方百姓，也累世受桓氏之恩，不驱令他们一战，一旦放弃，还能往哪里去？"桓玄不回答，只举着马鞭指天，然后鞭马而走，向石头城而去，与殷仲文等顺江南下。一整天都不吃东西，左右进上粗饭，桓玄不能下咽，桓昇抱着他的胸口，抚摩安慰，桓玄悲不自胜。

【华杉讲透】

胡三省说，桓玄以鞭指天，大概是项羽所谓"天要亡我"之意。不过，既然天要亡我，要么殊死一战，要么自杀了断，要逃到哪里去？刘裕与桓玄，一个视死如归，一个贪生怕死，胜败就由此决定了。桓玄称帝，一场游戏一场梦，就这么结束了。

刘裕进入建康，王仲德抱着王元德的儿子王方回站在路边等候刘裕，刘裕在马上抱起王方回，与王仲德对哭。追赠王元德为给事中，任命王仲德为中军参军。刘裕住进桓谦故营，派刘钟接收东府。

三月三日，刘裕屯驻石头城，建立留台，设置百官，将桓温神位焚毁于宣阳门外，另行制造晋朝先祖神位，迎入太庙。派诸将追击桓玄，尚书王嘏率百官到寻阳奉迎皇帝乘舆，诛杀桓玄留在建康的宗族。

刘裕派臧熹入宫，收图书、器物，封闭府库。其中有金饰乐器，刘裕问臧熹："你想不想得到这些东西？"臧熹正色说："皇上被幽禁逼迫，流放到远方，将军首建大义，为皇室辛劳，我虽然不肖，实在也没有心情享乐。"刘裕笑道："我跟你开玩笑而已。"臧熹，是臧焘的弟弟。

三月五日，桓玄的司徒王谧与众人建议推举刘裕领扬州，刘裕坚决推辞，仍旧以王谧为侍中，兼领司徒、扬州刺史、录尚书事，王谧推举刘裕为使持节，都督扬州、徐州、兖州、豫州、青州、冀州、幽州、并州八州诸军事，徐州刺史，刘毅为青州刺史，何无忌为琅玡内史，孟昶为丹杨尹，刘道规为义昌太守。

刘裕初到建康，大政决策都委托给刘穆之，刘穆之仓促之间决策指挥，无不恰当。刘裕于是托之以腹心，一举一动都向他咨询；刘穆之也竭节尽诚，毫无保留。当时晋政宽弛，纲纪不立，豪族横行霸道，小民穷苦屈辱，再加上司马元显政令反复无常。桓玄虽然想要冲正纲纪，但他的科条繁密，众人无所适从。刘穆之斟酌时宜，随方矫正；刘裕以身作则，威严禁止；于是内外百官皆肃然奉职，不到十天，气象一新。

【华杉讲透】

《大学》所谓"一人定国"，就是此意。以身作则，率先垂范，《大学》称之为"絜矩之道"。絜是度量，矩是尺子，絜矩之道，就是规范，就是示范，就是你要别人怎么做，你先怎么做。所谓管理，不是管别人，而是管自己。如果你管不住自己，那就绝不可能管住别人；只要你管住了自己，《大学》说"修身齐家治国平天下"，你就能管住全天下。

谁不想把国家搞好呢？不管是明君、昏君、暴君、混账君，没有一个人不想把国家搞好，没有一个想让全国人民受苦，个个都发自内心地希望国家井井有条，人民生活幸福。但是，他管不住自己，当他的利欲和国家人民的利益冲突时，他就纵容自己，把国家搞坏了。

司马元显和桓玄，都不是暴君，而是顽劣混账，德不配位，所以天下大乱。而换了一个刘裕，只用了十天，就拨乱反正了，容易得很，就是这么快，就在领导者那一个人，是不是诚意正心。

当初，诸葛长民到了豫州，耽误了约定的日期，未能发动。刁逵逮捕诸葛长民，用槛车送给桓玄。槛车到了当利，接到桓玄失败的消息，负责押送的士兵一起打破槛车，放出诸葛长民，转头回历阳。刁逵弃城逃走，被他的部下逮捕，斩于石头，他的子侄无论少长，全部被处死，唯独赦免了他的弟弟、给事中刁骋。刁逵的旧部藏匿他弟弟的儿子刁雍，送到洛阳，后秦王姚兴任命其为太子中庶子。

刘裕任命魏咏之为豫州刺史，镇守历阳，任命诸葛长民为宣城内史。

当初，刘裕没有什么名望，官位又低微，性情又轻浮狡黠，没有德行，上层人士都和他没有交集，唯独王谧对他另眼相看，对刘裕说："卿当为一代英雄。"刘裕曾经与刁逵赌博，赌输了没钱还赌债，刁逵把他捆缚在拴马桩上。王谧见了，责备刁逵，将刘裕松绑，替他还债。由此刘裕深恨刁逵，而感恩王谧。

萧方等（南朝梁宗室，梁元帝萧绎长子）说：

"蛟龙潜伏，鱼虾都要欺负他。所以汉高祖刘邦赦免雍齿，魏武帝曹操赦免梁鹄，怎么能因为平民时期的矛盾，而以万乘之威来报复呢？如今王谧为公，刁逵亡族，酬恩报怨，也太狭隘了！"

4 尚书左仆射王愉及儿子、荆州刺史王绥密谋袭击刘裕，事情泄露，被灭族。王绥弟弟的儿子王慧龙为和尚彬（姓不详）所藏匿，得以免死。

5 北魏因为中土萧条，下诏说，户口不满一百户的县，撤销。

6 三月十日，刘裕迁回东府（京口）镇守。

7 桓玄到了寻阳，郭昶之给他供应武器、军用，补充兵力。三月十四日，桓玄挟持皇帝司马德宗西上，刘毅率何无忌、刘道规等诸军追击。桓玄留龙骧将军何澹之、前将军郭铨与郭昶之镇守湓口。桓玄在路上自己写作《起居注》，叙述讨伐刘裕的事，自称经略算无遗策，但是诸军不听指挥，以致败逃。桓玄一路专心致志地写书，都没有时间与群下商议时事。《起居注》写完后，宣示远近。

【华杉讲透】

太可笑了！桓玄这样的人很典型，就是非常在意自己的形象，死到临头了，急眼了，把史官都撵走，自己给自己书写历史。

所谓《起居注》，是由宫廷史官撰写，每日记录皇帝言谈举止的书，桓玄居然自己去写，还广为散发，为自己辩护，给自己形象打广告，来维护自己的形象。

人的形象是从哪里来的呢？是从形象广告来的吗？非也！是从你的行为来的。你有什么样的行为，就有什么样的形象。但是，人的毛病，就是不注意自己的行为，却很在意自己的形象。

行为和形象有什么区别呢？你的行为，是你身边的人最清楚，形象呢，是离你远的人对你的看法，或者说，是不了解你的人对你的看法。你是在意离你近的人，还是在意离你远的人？和很多人一样，桓玄是在意离他远的人，因为离他近的人，他骗不了，他管理不了自己的行为，就没法在身边人面前维护形象。

我们要学习自省的是：

不要在意什么形象，不要在意别人对你的看法。别人是谁呢？就是离得远的人，没有直接打交道的人，甚至正在洽谈的客户，都不必在意。在意谁呢？在意你身边的人，公司的员工，正在合作的客户。他们对你的看法，才是唯一重要的。不要反过来，外面的人觉得你很好很了不起，身边的人却觉得你不过如此，甚至认为你欺世盗名。

理解了这一点，知行合一，就理解了"近悦远来"，就理解了"修身、齐家、治国、平天下"。真正的形象，是由内而外，由近及远。真正的好人，了不起的人，离他越近的人越觉得他好，越觉得他了不起；跟他接触时间越长，越不断发现他的好，不断理解自己之前没理解的伟大。这就是颜渊说孔子——颜渊喟然叹曰："仰之弥高，钻之弥坚，瞻之在前，忽焉在后。"

一般来说，好人不愿意自己有太好的"形象"，因为他要保留自己做"坏"事的权力，不要别人用好形象来道德绑架他。坏人就很在意"形象"，因为坏事干得太多了，不让别人说。

政治家自己给自己写历史，提升形象和政治影响力，也有先例，恺撒的《高卢战记》和《内战记》就是这样，当时是给他自己造势夺权，之后也流传千古。但人家那是打了胜仗，像桓玄这样，打了败仗还自己写书为自己辩护的，古今中外可能只有一例。可惜他的《起居注》没有传下来，否则我们也可以当个笑话看看。

8 三月二十九日，刘裕声称接到皇帝司马德宗密诏，任命武陵王司马遵承制（代行皇帝职权），总领百官行事，加授为侍中、大将军，并大赦，唯独桓玄一族不赦。

9 投奔南燕的刘敬宣、高雅之交结青州大姓及鲜卑豪帅，密谋杀死南燕主慕容备德，推举司马休之为主。慕容备德任命刘轨为司空，对他非常宠信。高雅之想要邀请刘轨同谋，刘敬宣说："刘公衰老，只想终老天年，不能告诉他。"高雅之还是告诉了刘轨，刘轨不从。阴谋渐渐泄露，刘敬宣等向南逃走，南燕人逮捕刘轨，诛杀，追上高雅之，也杀了他。刘敬宣、司马休之逃到淮河、泗水一带，听闻桓玄兵败，于是归国，刘裕任命刘敬宣为晋陵太守。

10 南燕主慕容备德听闻桓玄兵败，命北地王慕容钟等将兵，准备夺取江南，不巧慕容备德生病，于是停止。

11 夏，四月二日，武陵王司马遵入居东宫，接受朝廷内外的最高礼敬；任免百官的命令称为"制书"，政令称"令书"。任命司马休之为监荆州、益州、梁州、宁州、秦州、雍州六州诸军事，兼领荆州刺史。

四月三日，桓玄挟持皇帝司马德宗到了江陵，桓石康迎接。桓玄重新署置百官，任命卞范之为尚书仆射。桓玄自以为奔败之后，担心威令不行，于是更加严刑峻法，众人则越发离心怨恨。殷仲文进谏，桓玄怒道："如今因为诸将不听指挥，加之天象不利，所以回到楚国旧都；而群小纷纷，妄议朝政！正当纠之以猛，不可施之以宽。"荆州、江州诸郡听闻桓玄西撤，有上表来问候起居的，桓玄一概不接受，下令他们重新上表祝贺喜迁新都。

当初，王谧是桓玄的开国元勋，桓玄受禅，是王谧亲手解下皇帝司马德宗的玺绶。等到桓玄失败，众人都说王谧应该诛杀，刘裕特别保全他。刘毅曾经在朝会的时候，问王谧皇帝玺绶在哪里。王谧心中不能自安，逃奔曲阿。刘裕写信给武陵王司马遵，迎接王谧回来，官复原位。

12 桓玄哥哥的儿子桓歆带着氐人酋帅杨秋入寇历阳，豫州刺史魏咏之率诸葛长民、刘敬宣、刘钟共同将他击破，斩杨秋于练固。

桓玄派武卫将军庾稚祖、江夏太守桓道恭率数千人增援何澹之，一起镇守湓口。何无忌、刘道规挺进到桑落洲。四月二十三日，何澹之等率水军逆战。何澹之平常乘坐的战船羽仪旗帜甚盛，何无忌说："贼帅必定不在这船上，是要诈我们而已，应该急攻他。"众人说："何澹之既然不在其中，攻之无益。"何无忌说："如今敌众我寡，没有全胜把握，何澹之既然不在这船上，战士必弱，我们以劲兵攻击，必定得手；多了这条船，则敌人士气沮丧，而我军气势倍增，再乘胜攻击，必定击破贼军。"刘道规说："善！"于是进攻，果然夺得，然后传呼说："已经俘虏了何澹之！"何澹之军中惊扰。何无忌的部众则信以为真，乘胜进攻，大破何澹之军。何无忌等攻克湓口，进据寻阳，遣使奉送宗庙神主牌位及装牌位的石匣回京师。朝廷加授刘裕为都督江州诸军事。

桑落之战，桓玄部将胡藩所乘战舰为官军所烧，胡藩全身铠甲落水，在水中潜行三十余步，才得以登岸。当时前往江陵的道路已经断绝，于是回豫章。刘裕一向听闻胡藩为人忠直，任命他为参领军军事。

13 桓玄收集荆州兵，不到三十天，又集结部众二万人，楼船、器械都很齐备壮观。四月二十七日，桓玄再率诸军，挟持皇帝东下，任命苻宏兼领梁州刺史，为前锋；又派散骑常侍徐放先行，对刘裕等人说："如果你们能向后撤退，将军队解散，可以给你们一个重新做人的机会，各自授以官位，不会让你们失望。"

刘裕任命诸葛长民为都督淮北诸军事，镇守山阳；任命刘敬宣为江州刺史。

14 柔然可汗郁久闾社仑的堂弟郁久闾悦代大那阴谋袭杀郁久闾社仑，未能成功，逃奔北魏。

15 后燕王慕容熙在龙腾苑修筑逍遥宫，房屋相连数百间，又开凿人工湖曲光海，盛夏时节，士卒不得休息，中暑死亡者超过三分之二。

16 西凉世子李谭去世。

17 刘毅、何无忌、刘道规和下邳太守、平昌人孟怀玉率众从寻阳西上,五月十七日,与桓玄在峥嵘洲遭遇。刘毅等兵不满万人,而桓玄战士数万,众人都畏惧,想要退回寻阳。刘道规说:"不可!彼众我寡,强弱异势,如果畏懦不进,必定被他们追杀,就算回到寻阳,又能守得住吗?桓玄欺世盗名,虽然号称雄豪,内心其实胆怯,加上已经奔败,军心不稳。决机两阵,将雄者克,不在人多。"然后他麾众先进,刘毅等跟从。

桓玄总是准备一艘快艇在旗舰旁,随时准备败走,于是众人都没有斗志。刘毅等乘风纵火,尽锐争先,桓玄部众大溃,烧毁辎重,乘夜逃遁。

郭铨到刘毅处投降。桓玄故将刘统、冯稚等聚党羽四百人袭破寻阳城。刘毅派建威将军刘怀肃讨伐平定。刘怀肃,是刘怀敬的弟弟。

桓玄挟持皇帝司马德宗,乘一艘舰艇向西逃走,留永安何皇后(司马聃的皇后)及王皇后(司马德宗的皇后)于巴陵。殷仲文当时在桓玄的船上,请求另乘一艘船去收集散卒,得到桓玄批准后,即刻背叛桓玄,带着两位皇后奔夏口,然后回到建康。

五月二十三日,桓玄与皇帝进入江陵。冯该劝他再次东下决战,桓玄不听,想要奔汉中,投奔桓希(时任梁州刺史),但是军心乖离沮丧,号令不行。

五月二十四日,深夜,桓玄准备妥当,计划出发,城内已乱,于是与亲近腹心一百余人乘马出城西走。到了城门,左右于暗中砍向桓玄,没有砍中,于是卫士们互相砍杀,尸体前后交横。桓玄仅得逃上船舰,左右分散,只有卞范之一人在侧。(注意:再次出现这种情况,造反之人一旦失势,大概率就是被自己身边人杀死。因为杀了他一人,就解决了所有人的问题。)

五月二十五日,荆州别驾王康产侍奉皇帝司马德宗进入南郡郡府官舍,太守王腾之率文武官员担任侍卫。

桓玄准备逃往汉中,屯骑校尉毛修之,是毛璩弟弟的儿子,引诱桓玄入蜀，桓玄听从。宁州刺史毛璠，是毛璩的弟弟，死在任上。毛璩派他哥哥的孙子毛祐之及参军费恬率数百人，送毛璠灵柩回江陵，五月二十六日，与桓玄在枚回洲相遇。毛祐之、费恬即刻迎击桓玄，箭如雨下，桓玄宠嬖的丁仙期、万盖等以身体遮蔽桓玄，都被射死。益州督护、汉嘉人冯迁抽刀，上前要杀桓玄，桓玄拔下头上玉导（发饰，簪绾定头发，再用导插入固定，皇帝的导为玉制，称为玉导）给他，说："你是何人，敢杀天子！"冯迁说："我杀天子之贼！"于是斩桓玄（时年三十六岁），又斩桓石康、桓濬、庾赜之，将桓昇押送到江陵，斩于街市（时年六岁）。

皇帝司马德宗在江陵复位，任命毛修之为骁骑将军。

五月二十八日，大赦，对因畏惧和被逼从逆者，一概不问。

戊寅日（5月无此日），奉司马氏先祖神主于太庙。刘毅等传送桓玄首级，悬挂在大桁（朱雀桥）示众。

刘毅等既战胜，以为大事已定，不急于追击，又遇风，船未能前进，所以桓玄死了十天，诸军还未抵达江陵。当时桓谦藏匿在沮中，扬武将军桓振藏匿于华容浦，桓玄故将王稚徽驻防巴陵，派人报告桓振说："桓歆已攻克京邑，冯稚攻克寻阳，刘毅诸军都在中途败退。"桓振大喜，聚集党羽得二百人，袭击江陵，桓谦也聚众响应。

闰五月三日，桓振再次攻陷江陵，杀王康产、王腾之。桓振见皇帝司马德宗于行宫，跃马奋戈，直至阶下，问桓昇所在。听说桓昇已死，瞋目质问皇帝说："臣一家有什么地方对不起国家，竟然被如此屠灭！"琅玡王司马德文起身说："此岂是我们兄弟的意思吗？"桓振要杀皇帝，桓谦苦劝拦住他，桓振于是下马，正色向皇帝致拜，告辞出去。（这段对话有意思，桓振质问他们桓家有什么对不起国家的地方，不知道他几个意思，都篡位了，还问自己有什么错。不过，此时他已经自称为"臣"，没有继承桓玄帝位的意思了。司马德文的回答则很实在，谁要杀谁，我们兄弟管得了吗？）

闰五月六日，桓振为桓玄举哀，立丧庭，谥号为武悼皇帝。

闰五月七日，桓谦等率群臣奉玺绶于皇帝说："主上效法尧禅位于舜，如今楚祚不终，百姓之心复归于晋矣。"任命琅玡王司马德文兼领徐州刺史，桓振为都督八州诸军事、荆州刺史，桓谦复任侍中、卫将军，加授江州、豫州二州刺史，皇帝左右侍御，都是桓振心腹。

桓振少年时德行轻薄，桓玄不把他当自己侄儿看待。至此，桓振叹息说："公当年不早用我，致有今日之败。假使公在，我为前锋，天下不足定也。如今我孤身一人，能走到哪一步呢？"于是纵意酒色，肆行诛杀。桓谦劝桓振引兵东下决战，自己镇守江陵，桓振一向轻视桓谦，不听。

刘毅到了巴陵，诛杀王稚徽。何无忌、刘道规进攻桓谦驻守的马头和桓蔚驻守的龙泉，都攻破。桓蔚，是桓秘之子。

何无忌想要乘胜直取江陵，刘道规说："兵法有屈有伸，不可冒进。诸桓世代居于西楚，群下都为他们竭心尽力；桓振勇冠三军，难与争锋。且可息兵养锐，徐徐以计策羁縻，不愁不能攻克。"何无忌不听。桓振迎战何无忌于灵溪，冯该率军兵会师，何无忌等大败，死者千余人。退还寻阳，与刘毅等上笺请罪。刘裕因为刘毅节度诸军，免了他的青州刺史官职。桓振任命桓蔚为雍州刺史，镇守襄阳。

巴东太守柳约之、建平太守罗述、征虏司马甄季之听闻桓玄已死，从白帝城进军，到了枝江，听闻何无忌等败于灵溪，也引兵撤退，不久，罗述、甄季之都生病，柳约之到桓振处伪降，密谋袭击桓振，事情泄露，桓振杀柳约之。柳约之的司马时延祖、涪陵太守文处茂收集余众，退保涪陵。

六月，益州刺史毛璩遣将攻打汉中，斩桓希，毛璩自己兼管梁州事务。

18 秋，七月二十三日，永安皇后何氏崩逝。

19 后燕苻昭仪病重，龙城人王荣自称能给她治好。昭仪去世，后燕王慕容熙将王荣绑到公车门，肢解处死并焚尸。

20 八月十九日，晋国葬穆章皇后（何皇后）于永平陵。

21 北魏设置六个"谒官"，比照古代的六卿。

22 九月，刁骋谋反，伏诛，刁氏遂亡（还有一脉，刁逵的侄儿刁雍，之前逃到洛阳）。刁氏一向豪富，奴仆宾客横行霸道，垄断山泽物产利益，成为京口人民一大祸害。刘裕将他家资财积蓄散发，让百姓自己来搬取，能拿多少就拿多少，如此也一整天都搬不完。当时州郡饥馑困顿，百姓靠着刁家的财产，才渡过难关。

23 后秦归义侯乞伏乾归与"氐王"杨盛战于竹岭，被杨盛击败。

24 西凉公李暠立他的儿子李歆为世子。

25 北魏主拓跋珪登上昭阳殿，遴选及调任百官，接见文武朝臣，亲自加以评定，根据他们各自的才能授以官职。列爵位四等：王封大郡，公封小郡，侯封大县，伯封小县。官位分为九品，一品到四品，追封给旧臣中有功劳但是没有爵位的人，血缘关系疏远的宗室及异姓继承先祖爵位的，一律降低爵位。设置散官五等，从五品到九品；文官才能优异，和武官能做将帅的，也列到五品到九品范围；百官有缺额时，就于其中选取补任。官名多不用汉、魏旧名，仿照上古时代的龙官、鸟官，称诸曹信差为凫鸭，取快步如飞的意思；担任侦察兵的斥候，则称为白鹭，取伸长脖子远望的意思；其他官名，也都是此类。

26 卢循入寇南海，攻打番禺。广州刺史、濮阳人吴隐之拒守一百余日。冬，十月九日，卢循夜袭，攻陷番禺，官府、民室，全部烧毁殆尽，俘虏了吴隐之。卢循自称平南将军，摄广州事。将尸体聚集火化，在沙洲上葬为一个大冢，得髑髅三万余枚。又派徐道覆攻打始兴，俘虏始兴相阮腆之。

27 刘裕兼领青州刺史。

刘敬宣在寻阳，聚集粮草，修缮战船，积极准备，所以何无忌等虽然败退，靠着他又重新振作起来。桓玄哥哥的儿子桓亮自称江州刺史，入寇豫章，被刘敬宣击破。

刘毅、何无忌、刘道规等再度从寻阳西上，抵达夏口。桓振派镇东将军冯该据守长江东岸，扬武将军孟山图据守鲁山城，辅国将军桓仙客据守偃月垒，部众合共一万人，水陆呼应。刘毅攻打鲁山城，刘道规攻打偃月垒，何无忌监视长江中流，自早晨激战到中午，两座城垒都崩溃，生擒孟山图、桓仙客。冯该逃向石城。

28 十月二十八日，北魏大赦，改年号为天赐，修筑西宫。

十一月，北魏主拓跋珪进入西宫，命宗室设置宗师，八个封国，分别设置大师、小师，州郡也各自设置师，以辨别宗室子弟，举拔有才行的人，如同魏、晋时期的"中正"官职。

29 后燕王慕容熙与苻王后游猎，北登白鹿山，东逾青岭，南临沧海而还，士卒为虎狼所杀及冻死者五千余人。

30 十二月，刘毅等攻克巴陵。刘毅号令严整，所过百姓安悦。刘裕再次任命刘毅为兖州刺史。桓振任命桓放之为益州刺史，屯驻西陵；文处茂击破西陵，桓放之逃走，回到江陵。

31 高句丽入侵后燕。

32 十二月十六日，北魏主拓跋珪前往豺山宫。

33 这一年，晋民躲避战乱，扶老携幼逃往淮河以北，道路上连绵不绝。